V&R

Walter Hinck

Stationen der deutschen Lyrik

Von Luther bis in die Gegenwart –
100 Gedichte mit Interpretationen

Mit 9 Abbildungen

Vandenhoeck & Ruprecht

Die Deutsche Bibliothek – CIP-Kurztitelaufnahme

Stationen der deutschen Lyrik : von Luther bis in die Gegenwart;
100 Gedichte mit Interpretationen / Walter Hinck. –
Göttingen : Vandenhoeck und Ruprecht, 2000
ISBN 3-525-20810-3

© 2000 Vandenhoeck & Ruprecht, Göttingen.
Internet: http://www.vandenhoeck-ruprecht.de
Alle Rechte vorbehalten. Das Werk einschließlich seiner Teile ist
urheberrechtlich geschützt. Jede Verwertung außerhalb der engen Grenzen
des Urheberrechtsgesetzes ist ohne Zustimmung des Verlages unzulässig
und strafbar. Das gilt insbesondere für Vervielfältigungen, Übersetzungen,
Mikroverfilmungen und die Einspeicherung und Verarbeitung in
elektronischen Systemen. Printed in Germany.
Satz: Schwarz auf Weiß GmbH, Hannover
Druck und Bindung: Hubert und Co., Göttingen

Inhalt

Das Gedicht: Entschlackte Sprache 13

Das »Morsealphabet« der Lyrik – Abwerfen von Ballast – Punktuelle Welterfahrung – Aufbewahrung und Überschreitung der Geschichte – Lyrikgeschichte als Mosaik – Lyrik im Widerstand gegen Meinungsdiktatur

Lieder zur Glaubensstärkung 25

Harren auf Gnade
    Martin Luther (1483–1546): Aus tiefer Not schrei ich zu dir 25
Tod der schönen Mitbürgerin
    Volksballade: Die Bernauerin 28
Die güldnen Waffen Gottes
    Paul Gerhardt (1607–1676): Abend-Lied 32

Die deutsche Sprache gewinnt Eleganz 37

Der Liebsten Augenschein
    Martin Opitz (1597–1639): Jetzund kömpt die Nacht herbey 37
Das Sonett lernt tanzen
    Sibylla Schwarz (1621–1638): LIebe schont der Götter nicht 39

Unter dem Damoklesschwert der Zeit 41

Im Labyrinth
    Paul Fleming (1609–1640): Gedanken / über der Zeit 41
Verheißung und Traumwäscherei
    Andreas Gryphius (1616–1664): Abend –
    Ingeborg Bachmann (1926–1973): Reklame 43
Alles ist Blendwerk
    Christian Hofmann von Hofmannswaldau (1617–1679): Die Welt 46

Umfangen von Natur 49

Irdisches Vergnügen in Gott
    Barthold Hinrich Brockes (1680–1747): Kirschblüte bei der Nacht 49
Mond, der Gedankenfreund
    Friedrich Gottlieb Klopstock (1724–1803): Die frühen Gräber –
    Die Sommernacht 51
Im Labyrinth der Brust
    Johann Wolfgang Goethe (1749–1832): An den Mond 53
Poesie in der Poesie
    Joseph Freiherr von Eichendorff (1788–1857): Sehnsucht 56
Die tönende Welt
    Eduard Mörike (1804–1875): Gesang zu Zweien in der Nacht 58

Rebellion 61

Tyrannenlästerung
    Gottfried August Bürger (1747–1797): Der Bauer 61

Klassische Zeit der Elegien 63

Ehrenrettung für einen Dichter
    Matthias Claudius (1740–1815): An – als Ihm die – starb 63
Fragment, dem keine Zeile fehlt
    Ludwig Christoph Heinrich Hölty (1748–1776): Ihr Freunde 65
Das Doppelglück der Töne wie der Liebe
    Johann Wolfgang Goethe (1749–1832): Trilogie der Leidenschaft,
    dritter Teil: Aussöhnung 66
Über die Sterblichkeit des Schönen
    Friedrich Schiller (1759–1805): Nänie 69
Götterlose Gegenwart
    Friedrich Hölderlin (1770–1843): Sonnenuntergang 71
Heilignüchtern
    Friedrich Hölderlin (1770–1843): Hälfte des Lebens 73

Das Wort 75

Aug in Auge
    Johann Wolfgang Goethe (1749–1832): Wink 75
Das Eine geheime Wort
    Novalis (Friedrich Leopold Freiherr von Hardenberg, 1772–1801):
    Wenn nicht mehr Zahlen und Figuren 77

Der lange Atem des Volkslieds 79

Volkslied und Kunstlied zugleich
   Volkslied: Röslein auf der Heiden –
   Johann Wolfgang Goethe (1749–1832): Heidenröslein 79
Betrüben, das auf Lieben reimt
   Clemens Brentano (1778–1842): Ich wollt ein Sträußlein binden 79
Nun muss sich alles, alles wenden
   Ludwig Uhland (1787–1862): Frühlingsglaube 85

Die Republik – ein Traum 87

Nur noch im Land der Träume?
   August Graf von Platen (1796–1835): Venedig liegt nur noch
   im Land der Träume 87
Lasst die Harfen uns zertrümmern!
   Georg Herwegh (1817–1875): An die deutschen Dichter. 1840 89
Sprache als Vaterland
   Heinrich Heine (1797–1856): Ich hatte einst ein schönes Vaterland 91

Die Wirklichkeit der Landschaften 93

Der Buhle Mond
   Heinrich Heine (1797–1856): Die Lotosblume ängstigt / Sich vor der
   Sonne Pracht – Emanuel Geibel (1815–1884): Die stille Wasserrose ... 93
Weinend muss mein Blick sich senken
   Nikolaus Lenau (Nikolaus Franz Niembsch Edler von Strehlenau,
   1802–1850): Schilflieder, Nr. 5 – Joseph Freiherr von Eichendorff
   (1788–1857): Mondnacht 96
Alle Poren zur Natur geöffnet
   Annette von Droste-Hülshoff (1797–1848): Im Grase 98
Wendepunkte
   Friedrich Hebbel (1813–1863): Sommerbild – Herbstbild 100
Fest des Gleichklangs
   Theodor Storm (1817–1888): Die Nachtigall 102
Ein alter Brauch – erhaltenswert
   Gottfried Keller (1819–1890): Sommernacht 104

Riss im Dasein 107

Aber ist das eine Antwort?
   Heinrich Heine (1797–1856): Laß die heilgen Parabolen ... –
   Walter Helmut Fritz (geb. 1929): Also fragen wir beständig 107

Ohne Jammern
    Theodor Fontane (1819–1898): Ausgang 109
Wie gemeißelt
    Conrad Ferdinand Meyer (1825–1898): Luther 110
Winter-Wanderschaft
    Friedrich Nietzsche (1844–1900): Abschied [Vereinsamt] 112

Ein frischer Ton 115

Frech und salopp
    Detlev von Liliencron (1844–1909): Der Handkuß 115
Revolution der Lyrik?
    Arno Holz (1863–1929): Brücke zum Zoo 117
Moritat
    Frank Wedekind (1864–1918): Der Tantenmörder 119

Feier später Schönheit 123

Schönheit als Droge
    Hugo von Hofmannsthal (1874–1929): Was ist die Welt? 123
Kein Laufplatz für Jogger
    Stefan George (1868–1933): Komm in den totgesagten park 125
Wer jetzt kein Haus hat
    Rainer Maria Rilke (1875–1926): Herbsttag 127
Erfüllung und Abschied
    Georg Trakl (1887–1914): Der Herbst des Einsamen 129

Der Sturm ist da 131

Die wilden Meere hupfen
    Jakob van Hoddis (Hans Davidsohn, 1887–1942): Weltende 131
Die Poesie ist tot – es lebe die Poesie!
    Richard Huelsenbeck (1892–1974): Dada-Schalmei 133
Welt im Extrakt
    August Stramm (1874–1915): Sturmangriff – Kriegsgrab 135
Formvollendeter Abschied von der Form
    Ernst Stadler (1883–1914): Form ist Wollust 136
Mützen aus Ruß
    Georg Heym (1887–1912): Berlin 138

Sachlich unterkühlt 141
Die Botschaft des Geldes
   Yvan Goll (Isaak Lang, 1891–1950): Kölner Dom 141
Das sentimentale Vokabular hat ausgedient
   Erich Kästner (1899–1974): Sachliche Romanze 143

Magie der Natur 145
Jeder ist allein
   Hermann Hesse (1877–1962): Im Nebel 145
Letzte Fahrt
   Bertolt Brecht (1898–1956): Vom ertrunkenen Mädchen –
   Georg Heym: (1887–1912): Ophelia 147
Heilende Welt
   Hans Carossa (1878–1956): Der alte Brunnen 149
Zwei Gränchen Staub im Wind
   Oskar Loerke (1884–1941): Brief –
   Wilhelm Lehmann (1882–1968): Auf sommerlichem Friedhof
   (1944) 151

Lyrik in Henkerszeit 155
Gottes Welt in Menschenhand
   Hermann Kasack (1896–1966): Grabschrift 155
Selbstgericht
   Reinhold Schneider (1903–1958): Entfremdet ist das Volk mir ... –
   Albrecht Haushofer (1903–1945): Schuld 156
Begegnung mit dem künftigen Henker
   Gertrud Kolmar (Gertrud Chodziesner, 1894–1943):
   Ludwig XVI., 1775 158
Die Dinge mystisch bannen durch das Wort
   Gottfried Benn (1886–1956): Gedichte 161

Exildichtung 163
Hilferuf
   Else Lasker-Schüler (1869–1945): Mein blaues Klavier 163
Atemholen auf der Flucht
   Bertolt Brecht (1898–1956): Zufluchtsstätte 165
Der verlorene Sohn
   Hans Sahl (1902–1993): Charterflug in die Vergangenheit 166

Kain und Abel 169

Das Gedicht am Rande seiner selbst
  Paul Celan (Paul Antschel, 1920–1970): Tübingen, Jänner 169
Abschiede, Todeswunden
  Nelly Sachs (1891–1970): Ihr meine Toten 171
Viersprachig verbrüderte Lieder
  Rose Ausländer (1901–1988): Bukowina 172
Dennoch die Hoffnung
  Hilde Domin (geb. 1909): Abel steh auf 174

Erneuerungs- und Warngedicht 177

Heimkehr ins Leben
  Elisabeth Langgässer (1899–1950): Frühling 1946 177
Das freundliche Grün
  Bertolt Brecht (1898–1956): Die Pappel vom Karlsplatz 179
Lebensbühne
  Marie Luise Kaschnitz (1901–1974): Gleichzeitig 181
Minimalgepäck
  Günter Eich (1907–1972): Inventur 183
Die Mitwisser
  Günter Grass (geb. 1927): Prophetenkost 185
Mahnung zur Wachsamkeit
  Hans Magnus Enzensberger (geb. 1929):
  ins lesebuch für die oberstufe 186

Sackgassen der Naturlyrik 189

Schönheit mit Widerhaken
  Elisabeth Borchers (geb. 1926): Die große Chance 189
Harmonie in Überfülle
  Johannes R. Becher (1891–1958): Spreewald –
  Bertolt Brecht (1898–1956): Der Rauch 191
Vom Ende der Landschaftsmalerei
  Jürgen Becker (geb. 1932): Natur-Gedicht –
  Erich Fried (1921–1988): Gespräch über Bäume 193

Das Liebesgedicht kommt in Fahrt 195

Ein Lachen, eine Spur
  Karl Krolow (1915–1999): Was blieb zurück? 195

Schneeweißer Geliebter
    Sarah Kirsch (geb. 1935): Die Luft riecht schon nach Schnee 196
Liebe nach dem Gesetz des Kehrreims
    Ulla Hahn (geb. 1946): Anständiges Sonett 198

Der Lyriker als Laut-Mime und Sprach-Virtuose 201

Des Mühltals Idylle in Moll
    Peter Rühmkorf (geb. 1929): Auf eine Weise des Joseph Freiherrn
    von Eichendorff 201
Entfesselung des Chaos
    Ernst Jandl (1925–2000): das fanatische orchester 203
Das Fräulein Drakula
    H.C. (Hans Carl) Artmann (geb. 1921): seht, die flinke fledermaus ... 204
Das Karussell
    Oskar Pastior (geb. 1927): Heißer Abend im alten Tulcea 206
Das abgeschnittene Wort
    Robert Gernhardt (geb. 1937): Ach 208

Dichtung im Schatten der Mauer 211

Menschenfang
    Peter Huchel (1903–1981): Ophelia. Shakespeare-Variationen 211
Partisan zwischen den Parteien
    Wolf Biermann (geb. 1936): Ballade vom preußischen Ikarus 213
Stacheldrahtlandschaft
    Uwe Kolbe (geb. 1957): Hineingeboren 215
Die Hoffnung – eine Falle
    Volker Braun (geb. 1939): Das Eigentum 217
Ratlos stehe ich
    Heinz Czechowski (geb. 1935): Am Bahndamm 218
Marodeure des Kalten Krieges
    Harald Hartung (geb. 1932): In der Nähe der Glienicker Brücke 220

An den Scheidewegen der Zeit 223

Ein paar Fetzen Hoffnung
    Günter Kunert (geb. 1929): Atlas 223
Vision eines Alptraums
    Wulf Kirsten (geb. 1934): Die Fähre 225
Umarmung durch den Reim
    Johannes Bobrowski (1917–1965): Dorfmusik 226

Staubsauger Zeit
    Durs Grünbein (geb. 1962): Epitaph 229
Aufatmen für einen Moment
    Rolf Dieter Brinkmann (1940–1975): Einen jener klassischen 231

Quellen 233

Literaturhinweise 239

Zu den Abbildungen 240

Das Gedicht: Entschlackte Sprache

Das »Morsealphabet« der Lyrik

Wer als Liebhaber von Lyrik einmal mit Morsetaste und Funkgerät umgehen lernte, weiß von der geheimen Ähnlichkeit des Funkverkehrs mit der Vermittlung und Aufnahme von Lyrik: die Benutzung eines Morsealphabets dort, der Gebrauch sprachlich-lyrischer Zeichen hier. Man muss, um die Funkzeichen aufzufangen, das Funkgerät auf die richtige Wellenlänge eingestellt haben; Offenheit für Gedichte setzt die Erwartung eines lyrischen Zeichensystems (also nicht der Prosasprache) voraus. Nicht jeder, nicht einmal jeder Kunstkenner ist empfangsbereit. Der Kunstsoziologe Alphons Silbermann hat im Fragebogen der »Frankfurter Allgemeinen Zeitung« auf die Frage nach dem meistgeschätzten Lyriker geantwortet, er lese keine Gedichte. Das muss man hinnehmen; bei ihm war für Gedichte keine Antenne ausgefahren.

Nur der wird die Form- und Sinnvielfalt der Gedichte wahrnehmen, der mit dem »Morsealphabet« der Lyrik vertraut ist (schon das Hören und Nachsprechen von Kinderversen und Abzählreimen, neuerdings auch Werbeversen sorgt für erste Bekanntschaft). Zum lyrischen »Morsealphabet« gehören das Metrum (zum Beispiel das Versmaß) und der das Metrum überspielende Rhythmus, die Wortbedeutung (Semantik) und der Wortklang, der Reim, die rhetorischen Figuren, das lyrische Bild, die Metapher, in früheren Zeiten das Emblem, in neueren die Chiffre, das Symbol, der Satzbau und die Abweichung von der grammatischen Norm, die Sprechhaltung und die Perspektive, gehören aber auch die Vers- und Strophenformen und die verschiedenen Gedichtmuster von der Ode und Elegie über das Sonett bis hin zum freirhythmischen und zum Prosagedicht. Diese Elemente wollen, soweit ihnen im Einzelgedicht Bedeutung zufällt, bei der Aufnahme der Verse mitgehört werden.

Der Funker kann Klartext senden oder aber einen kodierten, einen Geheimtext, zu dem man den Schlüssel besitzen muss. In der Lyrik bedienen sich des Geheimkodes am entschiedensten das Kryptogramm, das mit versteckten Buchstaben eine vom eigentlichen Text unabhängige Mitteilung enthält und von der Antike bis ins 18. Jahrhundert beliebt war, und im allgemeineren Sinne das hermetische Gedicht, dessen dunkler Beziehungsreichtum nicht offen liegt, zumindest einem Nichteingeweihten verschlossen bleibt. Solche verrätselnden Gedichtformen verlangen vom Leser eine Auflösung mit Hilfe eines Geheimschlüssels.

Doch da dem »Morsealphabet« der Lyrik eine besondere Vielschichtigkeit des Gedichts entspricht, eine – wie man gesagt hat – »Überstrukturiertheit« des Textes, setzt das Gedicht auch eine besondere Sensibilität des Lesers und in jedem Falle eine »Entschlüsselung« des Textes voraus. Das umso mehr, als das »lyrische Gedicht«, die »Einzelrede in Versen« (Dieter Lamping), eine Konzentrationsform der Dichtung ist. Ich erinnere mich an ein Gespräch mit Elisabeth Borchers, in dem die Lyrikerin meinte, unsere Sprache überschütte uns mit Worten, die zu Hülsen geworden seien; Dichten heiße Ballast abwerfen. Diese Befreiung von Worthülsen ist zumindest eine der Bedingungen für den Vorgang der Zusammenziehung und Verdichtung, als dessen Ergebnis der lyrische Text entsteht.

Abwerfen von Ballast

Als Beispiel taugt ein Vierzeiler Bertolt Brechts, das Gedicht *Meine Mutter*, geschrieben auf den Tod der Mutter im Jahre 1920:

> Als sie nun aus war, ließ man in Erde sie
> Blumen wachsen, Falter gaukeln darüber hin ...
> Sie, die Leichte, drückte die Erde kaum
> Wieviel Schmerz brauchte es, bis sie so leicht ward!

Hier wird keiner »sanft Entschlafenen« gedacht. Den Vorrat an Motiven und Danksagungen für unvergessliche Mutterliebe, das Vokabular des Schmerzes über den Verlust schlägt Brecht aus. Wer die geölten Wendungen von Bestattungsunternehmen und die Versatzstücke der gestanzten Kondolenzsprache im Ohr hat, ist erfrischt von dieser unverbrauchten lyrischen Sprache. Nicht mit Roheit verwechselt werden darf die Unterkühltheit des ersten Verses. In der Wendung »Als sie nun aus war« lagern sich die Bedeutungen von »als es nun aus war mit ihr (oder ihrem Leben)«, »als es vorbei war mit ihrem Leiden« oder »als sie ausgelitten hatte« übereinander. Als eine Kreatur ist die Mutter gestorben, als eine Kreatur »ließ man in Erde sie«.

Freundlich begegnen der toten Mutter die Erde und die Natur und für einen Augenblick scheint das Gedicht mit den Bildern der Blumen und des gaukelnden Falters auf Beschwichtigungspoesie zuzudriften. Aber dann geht die Sprache wieder auf Gegenkurs, in Opposition zur Grabreden-Floskel »Möge ihr die Erde leicht werden«: »Sie, die Leichte, drückte die Erde kaum.« Hier meldet sich biographische Wirklichkeit; wie ein Kommentar liest sich im *Lied von meiner Mutter*, das sich unter den sogenannten *Psalmen* Brechts findet, der Satz: »Dann starb sie, und man fand einen Kinderleib.«

Der Schlussvers holt noch einmal ihr Leiden, ihr Dahingehen, ihr Verschwinden in die Erinnerung zurück. Diese Zeile steht unter dem starken Außendruck, mit dem sich der Sprachvorrat für Gemütsbewegungen anbietet. Sie wehrt den Ballast ab. Nur das Ausrufungszeichen gibt die starke Empfindung zu erkennen. – Diesen Vierzeiler des zweiundzwanzigjährigen Brecht konnten auch die späten *Buckower Elegien* an Schlackenlosigkeit und verdichtender Kürze nicht übertreffen.

Punktuelle Welterfahrung

Keinesfalls presst, auch das zeigt der Vierzeiler, das Gebot der Kürze den lyrischen Text in eine Zwangsjacke. Selbstverständlich kann eine lyrische Langform legitim sein. Sie ist es im Lehrgedicht, im philosophischen oder im Erzählgedicht. Aber für Lyrik im engeren Sinne gilt immer noch der Grundgedanke von Friedrich Theodor Vischers[1] Bestimmung, lyrische Poesie sei »ein punktuelles Zünden der Welt im Subjekte: in *diesem* Moment erfasst die Erfahrung *dieses* Subjekt auf *diese* Weise«; das Subjekt werde »in *dieser* Situation von einem Punkt aus der Totalität der Welt berührt«.

Das Gedicht verdankt sich – als Kronzeugen seien *Wandrers Nachtlied* von Goethe und Hölderlins Ode *Hälfte des Lebens* aufgerufen – einem markanten Moment, in dem an einem Kristallisationspunkt Erregungen, Empfindungen und Gedanken, Erinnerungen, Anstöße aus der Wirklichkeit und Zukunftsahnungen zusammenschießen. Anders als in erzählender und dramatischer Literatur ist hier der Weg zwischen dem Zündpunkt, dem schöpferischen Einfall und seiner Ausformung in Sprache verhältnismäßig kurz. Das gibt der Lyrik gegenüber den anderen Gattungen den frischen Atem des Unmittelbaren, des Spontanen. Andererseits bescheidet sie sich so mit dem Ausdruck einer punktuellen Welterfahrung.

Das soll heißen, dass sich Lyrik nicht in die Domänen literarischer Großformen wie Epos, Roman oder Drama drängt, in die Darstellungen dessen, was sich großräumig und in langwierigem Prozess entwickelt – also die Darstellung von Lebenswelt und gesellschaftlichen Wechselbeziehungen, von den vielfachen Reibungen des Individuums mit der Umwelt oder von Konflikten gesellschaftlicher Gruppen. Lyrik bleibt auf deren Spiegelung in Facetten angewiesen, auf den Erfahrungsradius des Subjekts, sofern sie nicht »Wir«-Lyrik sein will – das politische Gedicht hat als Sonderform der Lyrik ja durchaus sein Recht.

Auch die Reflexion zur Zeitsituation besetzt einen großen Bezirk lyrischer Dichtung. Das mag Goethes Gedicht *Die Vereinigten Staaten* zeigen:

> Amerika, du hast es besser
> Als unser Kontinent, das alte,

---

[1] Ästhetik oder Wissenschaft des Schönen, § 886.

Hast keine verfallene Schlösser
Und keine Basalte.
Dich stört nicht im Innern,
Zu lebendiger Zeit,
Unnützes Erinnern
Und vergeblicher Streit.

Benutzt die Gegenwart mit Glück!
Und wenn nun eure Kinder dichten,
Bewahre sie ein gut Geschick
Vor Ritter-, Räuber- und Gespenstergeschichten.

Das Gedicht aus den *Zahmen Xenien*, der Spruchsammlung des späten Goethe, ist mit seinen ersten Versen ins Stoßseufzer-Repertoire der deutschen Sprache eingegangen und unser Jahrhundert hat das ›geflügelte Wort‹ nicht widerrufen. Die Empfänger von Care-Paketen in den ersten Jahren nach dem Zweiten Weltkrieg erhielten den handgreiflichen Beweis für seine Richtigkeit mit der Post und erst mit dem Vietnam-Krieg ist die Goldene Legende vom unaufhörlichen Gesegnetsein des transatlantischen Landes angeschlagen. Goethe beneidet Amerika darum, dass es nicht an eine durch ihre Ruinen aufdringliche Vergangenheit gefesselt ist. Er bewundert die noch jugendliche amerikanische Wissenschaft, die nicht von verbissenem Dauerzwist geplagt wird wie die in Europa, wo gerade der Kampf der »neptunistischen« und der »vulkanistischen« Theorien zur Entstehung des Basaltgesteins tobt. Und er verteilt bei dieser Gelegenheit ironische Seitenhiebe gegen die Welle der romantischen Vergangenheitsverklärung und gegen die Schaumberge von Schloss- und Ritterpoesie wie auch gegen abstruse Räuber- und Gespensterliteratur, die in ihrem Sog mitschwimmt. So wird dieses Gedicht der Form des zwar zuspitzenden, aber polemisch »zahmen« Epigramms gerecht.

Nicht anvertraut wird der lyrischen Kurzform die Auseinandersetzung mit staats- und gesellschaftspolitischen Ideen und Entwürfen. Sie bleibt dem *Wilhelm Meister*-Roman, und zwar sowohl den *Lehrjahren* wie den *Wanderjahren*, vorbehalten. In den *Lehrjahren* wird ein »republikanisches« Muster mit freien Wahlen und Frauenstimmrecht innerhalb der Schauspielertruppe erwogen. Und in den *Wanderjahren* gilt der Kassandraruf, der schon den Beginn des technischen Zeitalters (das »Gewitter« des »überhand nehmenden Maschinenwesens«) begleitet, nicht für Amerika. Geradezu als Gegenwelt, als Wirkungsfeld für schöpferische europäische Kolonisatoren lockt Amerika. Und am utopischen Horizont erscheint die Wiederherstellung antik-gesunder Lebensformen auf amerikanischem Boden, eine Art Erneuerung des alten Griechenlands – allerdings auf der Grundlage einer adlig-bürgerlichen und eben deshalb auch unamerikanischen Ständeordnung.

Schiller hat in großen poetisch-philosophischen Texten wie dem Gedicht *Der Spaziergang* geschichts- und kulturphilosophische Konzeptionen entwickelt, ist damit aber auch wissentlich in einen Grenzbereich der Lyrik vorgestoßen. Goethe, dessen Gedichte sich um den Kern des Lyrischen bewegen, hat also folgerichtig die Erörterung gesellschaftsutopischer und geschichtstheoretischer Entwürfe in die epische Gattung verwiesen.

Aufbewahrung und Überschreitung der Geschichte

Stiehlt sich damit das lyrische Subjekt aus der Geschichte, aus der geschichtlichen Wirklichkeit davon? Selbst die idealistische Ästhetik bestreitet es energisch. Nach Hegels *Ästhetik* ist auch in der Lyrik »eine konkrete Behandlung nur in zugleich historischer Weise« möglich. Denn »fast in keiner anderen Kunst« bestimmen »in gleichem Maße die Besonderheiten der Zeit und Nationalität sowie die Einzelheit des subjektiven Genius« den »Inhalt und die Form der Kunstwerke«. Hegel setzt nämlich voraus, dass sich das »poetische konkrete Subjekt, der *Dichter*«, als Mittelpunkt und eigentlicher Inhalt des Gedichts behauptet. Von hier führt paradoxerweise eine Linie zur Poetik Brechts, die sich so gar nicht als idealistisch begreift. »Alle großen Gedichte haben den Wert von Dokumenten. In ihnen ist die Sprechweise des Verfassers enthalten, eines wichtigen Menschen«, schreibt Brecht aus Anlass eines Lyrik-Wettbewerbs im Jahre 1927. Erfahrung, Mentalität und Denkhaltung des »wichtigen« Individuums aber sind in einer bestimmten historischen und nationalen, sozialen und kulturellen Situation und auf deren »Stufe des Bewusstseins und der Bildung« (Hegel) verankert.

Wie können Gedichte ferner Jahrhunderte und fremder Kulturen noch »Gedichte für uns« sein? Natürlich ist von der Lyrik früherer Epochen nicht das Brandneue zu erwarten. Die Qualität von Kunst unterliegt nicht der Aktualität der Moden. Aber in jedem bedeutenden Gedicht aufbewahrt und transportabel gemacht ist eine menschliche Erfahrung, die uns angeht. Die »punktuelle Welterfahrung« allerdings muss einmal historisch konkret gewesen sein, um den geschichtlichen Moment überdauern zu können. »Wir überschreiten die Geschichte, wenn uns der Mensch in seinen höchsten Werken gegenwärtig wird, durch die er das Sein gleichsam aufzufangen vermochte und mittelbar macht«, sagt Karl Jaspers.[2] »In der Anschauung des Großen – dem Geschaffenen, Getanen, Gedachten – leuchtet die Geschichte wie ewige Gegenwart.« Zu diesem Unverlierbaren kommt in der Dichtung die Unausschöpflichkeit des bedeutenden Sprachkunstwerks – es bleibt offen für die Entdeckung neuer Sinn- und Deutungsvarianten und kann so den historischen Abstand verkürzen.

---

2 Vom Ursprung und Ziel der Geschichte.

Aufbewahrung eines historisch bestimmten »Moments« im Einzelwerk und gleichzeitige Überschreitung der Geschichte sind die Grundgedanken der vorliegenden Gedicht- und Kommentarsammlung. Diese lyrikgeschichtliche Sammlung geht »vor Ort«, sucht in etwa hundert Einzelgedichten bestimmte Momente oder Stationen der deutschen Lyrik seit Luther auf. Sie lässt also ein Mosaik entstehen, dessen Einzelteile sowohl ein historisches Gesamtbild ergeben wie gegeneinander abgegrenzt bleiben.

Lyrikgeschichte als Mosaik

Die religiösen Gedichte vieler Autoren des 16. und 17. Jahrhunderts sind – zum Teil neulateinische – Gelehrtendichtung, adressiert an ein gebildetes Publikum. Das protestantische Kirchenlied, ein Grundpfeiler von Luthers liturgischer Neuordnung des Gottesdienstes, sucht als Gemeindelied die Nähe zum geistlichen und weltlichen Volkslied. In Luthers Kirchenlied befestigt bleibt eine bis ins 18. Jahrhundert hinein machtvolle Überlieferungskette. Auch das katholische Kirchenlied sucht die Verbindung zum Volkslied, gewinnt aber im Gemeindeleben nicht dasselbe Gewicht. Wie sich katholische Frömmigkeit einer historischen Gestalt bemächtigt, zeigt die volksliedhafte Ballade vom Ertränkungstod der Agnes Bernauer.

Die Abschwächung der konfessionellen literarischen Fehde zwischen Reformation und Gegenreformation schafft Freiheit für die Pflege der Sprachkultur. In poetischen Texten von Martin Opitz, so in einem Abend- und Liebesgedicht, erreicht die neuhochdeutsche Sprache eine bisher unbekannte dichterische Grazilität. Mit der leichten Gangart ihrer Verse tut es die noch nicht einmal achtzehnjährige Sibylla Schwarz ihrem poetischen Lehrer Opitz gleich. Daneben behaupten sich halsbrecherische Wort- und Sprachspiele, so in Paul Flemings *Gedanken über der Zeit*. Im katastrophengeschüttelten 20. Jahrhundert haben Dichter der Vergänglichkeitsklage wie Hofmannswaldau und vor allem Andreas Gryphius den Ruhm von Opitz als dem »Vater« der deutschen Dichtung des 17. Jahrhunderts etwas verdunkelt. Auf Gryphius' Sonett *Abend* scheint Ingeborg Bachmanns Gedicht *Reklame* zu antworten: Die Frage der Endlichkeit menschlichen Lebens, im Barockgedicht mit der Inbrunst des Glaubens gestellt, wird in unserer Zeit von der Werbeindustrie aus dem Bewusstsein verdrängt.

Abendlieder verknüpfen und trennen die Epochen. So auch Paul Gerhardts *Abend-Lied*, ein Kirchenlied, das den Schrecknissen der Zeit (des Dreißigjährigen Krieges) das Schutzversprechen Gottes entgegenhält, und Matthias Claudius' *Abendlied*, in dessen Fürbitte für den »kranken Nachbar« christliche Nächstenliebe um die Regung der »Menschlichkeit«, um einen Gedanken des 18. Jahrhunderts, erweitert wird. Schon verbindet sich mit der »malenden« Naturpoesie in Barthold Hinrich Brockes' *Kirschblüte bei der Nacht* eine fast wissenschaftliche Detailgenauigkeit, doch bleibt die physische Welt immer noch ein Ort religiöser Erfahrung, eines »Irdischen Vergnügens in Gott«.

Weit hinter sich lässt Klopstock die »Friedhofspoesie« seiner Zeit, und souverän lockert die rhythmische Bewegung das Metrum seiner Oden auf. Zu prägnanter Kürze findet die elegische Ode bei Hölty. Der Wiederentdeckung alter Volkslieder verdankt die deutsche Lyrik ihre Neugeburt; in Goethes *Heidenröslein* verwandelt sich das Volkslied ins Kunstlied, um wieder Volkslied zu werden. Die Dynamisierung der Verskunst, die Klopstocks Entbindung des Rhythmus aus dem Metrum einleitete, feiert ihren Triumph in Goethes Freien Rhythmen. Mit Klopstocks Freundschaftsode *Der Zürchersee* verbindet Goethes *An den Mond* der Schlussakkord, doch führt Goethe das Gedicht »nach innen«, zur Beseelung der Freundschaftsdichtung. Künstlerische Selbstreflexion, Poetik, wird in Gedichten Goethes zur vollendeten Poesie. Und von tiefster existenzieller Erschütterung und der lindernden, lösenden Kraft der Kunst handelt die *Trilogie der Leidenschaft*.

Schillers *Nänie*, ein Klagelied über die Sterblichkeit des Schönen, ist zugleich ein Klagelied über die Grenzen der Kunst; das rhetorische Element, sonst als antikes und barockes Erbe bei Schiller noch wirkungsmächtig, tritt in diesem Gedicht zurück. Trauer ist ein Hauptmotiv auch in Hölderlins Dichtung. Inspiration durch den griechischen Mythos und Klage über die götterlose Gegenwart verknüpfen sich in der Ode *Sonnenuntergang*, zum Ausdruck einer Bewusstseinskrise wird *Hälfte des Lebens*.

Die wechselseitige Durchdringung von Ich und Natur in Gedichten des jungen Goethe wird noch einmal verinnerlicht bei Eichendorff, die Seele schwärmt aus in der Natur; aber schon überschattet auch Melancholie das Landschaftsbild (*Sehnsucht*). Kategorisch wird die Absage an das rationale zugunsten des mythisch-geheimsprachlichen Worts bei Novalis. Ganz dem Sog der Volkspoesie und der Musikalität des Wortes vertraut sich Clemens Brentano an, zur Naivität des Volkslieds findet Ludwig Uhland zurück, eine tönende Welt beschwört Mörikes *Gesang zu Zweien in der Nacht*. Dem Vokabular der Schwermut fällt das *Schilflied* Nikolaus Lenaus anheim. Aus der Klage über den Untergang der Republik löst sich die Vision einer sterbenden Stadt im *Venedig*-Sonett August von Platens. Die konkreten Elemente der Natur bleiben Bausteine des Tagtraums, Rückhalt für die Ahnung eines gesteigerten Daseins in Annette von Droste-Hülshoffs Gedicht *Im Grase*.

An die politische, die »Antityrannenlyrik« des Sturm und Drang, zumal an Gottfried August Bürgers *Der Bauer*, kann die politische Lyrik in den vierziger Jahren des 19. Jahrhunderts anknüpfen. Ihr Wortführer Georg Herwegh verrät allerdings in seiner kämpferischen Rhetorik unfreiwillig auch ihre Selbstüberschätzung; ihren Illusionismus enthüllt ironisch Heinrich Heine im Pariser Exil. Noch die Exilierten des 20. Jahrhunderts lesen Heines *Ich hatte einst ein schönes Vaterland ...* als Identifikationsdichtung. Die skeptische Geschichtssicht des späten Heine nimmt das Ausmaß hiobscher Empörung an im *Lazarus*-Gedicht. Der lyrischen Ton- und Bildspur Heines folgen Epigonen, unter ihnen Emanuel Geibel mit seiner Blumenmetaphorik.

Hebbels *Sommerbild* und *Herbstbild* lassen im Lyriker den Dramatiker erkennen, zeigen Situationen »auf des Messers Schneide«. Zum Fest des Gleichklangs fügen sich die Verse von Storms Gedicht *Die Nachtigall*. Bodenhaftung im bäuerlichen Leben und in praktischer Solidarität gewinnt Gottfried Kellers *Sommernacht*. Von der Festigkeit in der Resignation des Alternden, dessen Lebenskreise enger werden, spricht Fontanes *Ausgang*. Den Bruch, der durch das große Individuum und durch seine Epoche geht, exemplifiziert Conrad Ferdinand Meyer an der Gestalt Luthers. Mit der ganzen Härte der existenziellen Obdachlosigkeit ist der Winter-Wanderer in Nietzsches *Vereinsamt* geschlagen.

In die Atelieratmosphäre der Kopisten klassizistischer und romantischer Muster fährt Detlev von Liliencrons *Der Handkuss* wie eine frische Brise. An die Tore der Ruhmeshalle von Ritter- und Heldenballaden klopft frech Frank Wedekinds bänkelsängerischer *Tantenmörder*. Und für die vielfach gebrochene Wirklichkeit der Großstadt sucht Arno Holz eine neue lyrische Form in *Brücke zum Zoo*.

Von Frankreich kommend, findet die Idee des »absoluten« Gedichts ihre Anhänger. Dem jungen Hofmannsthal wird die Welt »ein ewiges Gedicht« und das Gedicht die Welt schlechthin. An den eingeweihten Kreis, an die Verehrer des Schönen gerichtet ist Stefan Georges Aufforderung *Komm in den totgesagten Park...* Während in Nietzsches Gedicht der Vereinsamte in die Eiseskälte wandert, gelangt der Alleingebliebene und Unabgelenkte in Rilkes *Herbsttag* zu sich selbst, in Trakls *Herbst des Einsamen* zu geschärfter Wahrnehmung von *Frucht und Fülle*.

Ein frühexpressionistisches Signal setzt mit seiner Provokation der bürgerlichen Welt Jakob van Hoddis' groteskes *Weltende*. Programmatische Bedeutung erhält dieses Gedicht bei den Dadaisten, deren *Dada-Schalmei* Richard Huelsenbeck besingt. In einem sprachlichen Extrakt erscheint die Welt im Gedicht August Stramms. Dagegen übersteht die lyrische Form in Ernst Stadlers *Form ist Wollust* den expressionistischen Umbruch verhältnismäßig unversehrt. An der Nahtstelle von realer Gegenständlichkeit und visionärer Bildlichkeit siedelt sich Georg Heyms *Berlin*-Sonett an.

Romantische Lieder veröffentlichte Hermann Hesse noch um die Jahrhundertwende. In neuromantischer Weise verknüpft das Gedicht *Im Nebel* die Stimmung des lyrischen Ichs und die Naturstimmung. Alle romantische Hinterlassenschaft tilgt Erich Kästners *Sachliche Romanze*. Von neusachlicher Respektlosigkeit ist auch der entlarvende Blick auf die ersten Wucherungen der Tourismusindustrie in Yvan Golls *Kölner Dom*.

Seinen Lehrer hat der Verlagslektor und Lyriker Oskar Loerke den zwei Jahre älteren Wilhelm Lehmann genannt, in dessen Gedichten die Magie der Verse, der »Naturlyrik«, aus der gedrängten Fülle der Naturerscheinungen entspringt. Unbeirrbar bleibt ein Gefühl der Sicherheit, der Geborgenheit unter dem unwandelbaren Sternenhimmel und in der Verbundenheit mit den Menschen, in Hans Carossas Gedicht *Der alte Brunnen*. Aber ins Ungeborgene, in die Zerreißprobe der Gewissensentscheidungen treibt die Hitlerdiktatur die Aufrechten der Inneren Emigration, Reinhold Schneider *(Entfremdet ist das Volk mir ...)* und Albrecht Hausdorfer *(Schuld)*. Aus Gottes Hand gefallen sieht Hermann Kasack die Welt *(Grabschrift)*. In der Begegnung des französischen Königs Ludwig XVI. mit seinem künftigen Henker verschlüsselt Gertrud Kolmar die Ahnung ihres eigenen Endes – sie ist in einem Konzentrationslager verschollen. Keinen Sinn mehr vermag Gottfried Benn der Weltgeschichte abzulesen *(Gedichte)*; gegen das geschichtliche Dasein setzt sich das Gedicht, als Monolog, absolut.

Keine Leidenserfahrungen des 20. Jahrhunderts haben sich dem Gedicht tiefer eingegraben als die der Vertreibung und des Exils, des Lebens im Getto und im Lager hinter Stacheldraht. Unter dem poetischen Maskenspiel der vertriebenen Else Lasker-Schüler *(Mein blaues Klavier)* verbirgt sich ein verzweifelter Hilferuf. Brecht lässt die bildgesättigte, am Vegetativen und Kreatürlichen sich berauschende Lyrik der *Hauspostille*, Leitmotive wie Himmel, Fluss und Verwesung *(Vom ertrunkenen Mädchen)* und die Anweisungssprache des *Lesebuchs für Städtebewohner* hinter sich, findet zu einer Form poetischer Lakonik *(Zufluchtsstätte)* und scheut auch die Annäherung an das Volks- und Kinderlied nicht *(Die Pappel vom Karlsplatz)*. »Abschiede«, »Tode« werden zu Bildern der seelischen Erschütterung, der Bewusstseinskrise im Gedicht der im letzten Augenblick nach Schweden entkommenen Jüdin Nelly Sachs *(Ihr meine Toten)*. Im Düsseldorfer Nelly-Sachs-Haus wohnt später Rose Ausländer, die den einst »verbrüderten« Kulturen in der Bukowina nachtrauert. Paul Celan, dessen Angehörige in den Vernichtungslagern umkamen, verabschiedet *(Tübingen, Jänner)* erhabenen Gesang, Rhetorik und Virtuosität, sieht das Gedicht »am Rande seiner selbst« angekommen. Zwiespältig bleibt die Aufnahme des einst Exilierten beim Besuch in der Heimat (Hans Sahl: *Charterflug in die Vergangenheit*).

Günter Eichs Text *Inventur*, ein Markstein der Nachkriegslyrik, demonstriert das Zurückgeworfensein des Soldaten und Gefangenen auf ein Existenzminimum an seinen Habseligkeiten. Elisabeth Langgässer, im Dritten Reich vom Schreibverbot stumm gemacht und seit der Deportation der Tochter von Depressionen heimgesucht, feiert das Frühlingserlebnis und den Empfang des Lebenszeichens von der Tochter wie eine Rückkehr aus der Unterwelt. Eine Lebensbühne, worauf der Tod gegenwärtig bleibt, schlägt Marie Luise Kaschnitz' Gedicht *Gleichzeitig* auf. *ins lesebuch für die oberstufe* schreibt Hans Magnus Enzensberger den Aufruf zur Wachsamkeit. Gleichnishaft verschlüsselt Günter Grass die Frage nach der Mitwisserschaft im Unrechtssystem *(Prophetenkost)*.

Die aus dem dominikanischen Exil zurückgekehrte Hilde Domin, der die deutsche Sprache ein letzter Halt war, gibt den Deutschen eine »zweite Chance«

(Abel steh auf). Das kritische Gespräch über die neuen Medien des 20. Jahrhunderts nimmt Elisabeth Borchers' *Die große Chance* auf. Am *Ende der Landschaftsmalerei* sieht Jürgen Becker die Lyrik angekommen. In *Was blieb zurück?*, einem Text des alternden Karl Krolow, verschweigt das verhinderte Herbst- und Wintergedicht ein Liebesgedicht. Eine neue Frische durchweht Ulla Hahns freches Liebesgedicht *(Anständiges Sonett)*.

In den Versen *Auf eine Weise des Joseph Freiherrn von Eichendorff* von Peter Rühmkorf, dem melancholischen und zugleich sehr diesseitigen Vaganten zwischen Walther von der Vogelweide, Klopstock und Heine, schlägt durch die Eichendorff-Parodie doch der dunkle Ton der Weise vom Mühlenrad im kühlen Grunde durch. Vorsichtig meldet sich im Rumänien-Gedicht des aus Siebenbürgen stammenden Oskar Pastior schon der Sprachartist, der später alle Register ziehen wird. Virtuos wirbelt H.C. Artmann die literarischen Schnittmuster durcheinander *(seht die flinke fledermaus …)*. Die Entfesselung des Chaos in der Kunst inszeniert furios Ernst Jandls *das fanatische orchester*. Mit humoristischer Kaltschnäuzigkeit beschwichtigt sich Todesangst in Robert Gernhardts Gedicht *Ach*.

Als ein Juwel der Lyrik in der DDR galt bis zu ihrer Übersiedlung in den Westen Sarah Kirsch, zumal mit einem Liebesgedicht wie *Die Luft riecht schon nach Schnee*. In die Rolle des Ikarus denkt sich, vor seiner Ausbürgerung, Wolf Biermann hinein *(Ballade vom preußischen Ikarus)*. »Stacheldrahtreuse« ist das Schlüsselwort von Peter Huchels *Ophelia*-Gedicht: Symbol des Menschenfangs. Vom geteilten Land und vom Gegenort zur »Stacheldrahtlandschaft« spricht Uwe Kolbes Gedicht *Hineingeboren*. Das Dilemma eines kritischen, aber im Lande gebliebenen Bürgers der DDR nach dem Fall der Mauer spiegelt sich in Volker Brauns blockhaftem Gedicht *Das Eigentum*, die Unheilbarkeit erlittener Beschädigungen in Heinz Czechowskis resignativem Gedicht *Am Bahndamm*. Harald Hartungs *In der Nähe der Glienicker Brücke* stellt die Marodeure des Kalten Krieges.

Günter Kunerts Kassandrarufe, seine düsteren Prognosen zum Schicksal der Erde, verstummen auch im Gedicht *Atlas* nicht; allenfalls »ein paar Fetzen Poesie« hellen den Abschied auf. Den Einbruch des Unfasslichen, Chaotischen in den Gang des Alltags beschwört mit den Bildern der Flut und in einer sich steigernden Dynamik der Sprache Wulf Kirsten in *Die Fähre*. Das Motiv der letzten Fahrt eines armen Schluckers, dem die Dorfmusikanten das Totengeleit geben, ist wunderbar aufgehoben in der musikalischen Form von Johannes Bobrowskis Gedicht *Dorfmusik*. Dem unbekannten Opfer der Todesmaschinerie schreibt Durs Grünbein ein Epitaph im Gedicht *Für tot erklärt …* Einen Moment der Entdeckung rettet Rolf Dieter Brinkmanns Gedicht *Einen jener klassischen …* vor der Erosionskraft der Zeit.

Lyrik im Widerstand gegen Meinungs-Diktatur

Wie ein Leitmotiv geht durch die deutsche Lyrik der Stundenschlag, der an den Tod gemahnt. Von der Glaubensgewissheit eines Luther oder Gryphius über Brockes' *Irdisches Vergnügen in Gott* und über die Gottferne von Nietzsches *Vereinsamt* bis zu den billigen Tröstungen und Surrogaten, die Ingeborg Bachmanns Gedicht am Beispiel der Reklame entlarvt, spannen sich mächtige Gegensätze. Doch wieviel Widerstandsgeist der Religion noch innewohnen kann, zeigt die Gewissenskraft im Gedicht von Reinhold Schneider. Die Natur, wie sie im Kirchenlied Paul Gerhardts Kontur erhält, wenn auch nur als theologisches Beweismittel, gewinnt in der Goethezeit geradezu eine mystische Aura, wird in Gedichten des 19. Jahrhunderts an ihren Realien und ihrer daseinssteigernden Kraft gemessen, bis man im 20. Jahrhundert mit ihrer Gefährdung zugleich das Schicksal der Erde verknüpft. Die Individualität, die im Gedicht vor allem ihre subjektive Innenseite offenbart, gerät im 20. Jahrhundert durch die politischen und die Meinungs-Diktaturen in tödliche Bedrängnis. Wenn ihr aber in der Dichtung ein Freiraum erhalten bleibt, so vor allem in der Lyrik.

Diese *Kleine Geschichte der deutschen Lyrik in Einzelinterpretationen* will zu Gedichten hinführen, dem Leser die Deutung nicht aufzwingen – deshalb ist die Auswertung von Beobachtungen manchmal mit einem Fragezeichen versehen. In ihr sollen ein literarischer Kanon und eine persönliche Vorliebe, die gerade beim Gedicht erlaubt sein muss, zum Ausgleich kommen. Das besondere Gewicht, das der Lyrik des 20. Jahrhunderts zufällt, muss nicht besonders gerechtfertigt werden – uns sind ihre Erfahrungsmuster noch nahe. Und je weniger ein Gedicht einem schon bestehenden Kanon angehört, umso mehr bedarf es noch der Erläuterung. Bei den Großen der deutschen Lyrik mussten nicht unbedingt die geläufigsten Texte ausgewählt werden. Deutungen sogenannter »poetologischer« Gedichte bleiben die Ausnahme.[3]

Dieses Buch über hundert deutsche Gedichte ist nicht nur für wissenschaftliche Kollegen geschrieben, die wieder nur für Kollegen schreiben. Es wendet sich auch an Studierende sowie Schülerinnen und Schüler – und an den weiteren Kreis der Freunde von Lyrik.

Im August 2000   Walter Hinck

---

[3] Sie waren Gegenstand einer eigenen Darstellung des Verfassers: Magie und Tagtraum. Das Selbstbild des Dichters in der deutschen Lyrik, 1994.

Martin Luther

Lieder zur Glaubensstärkung

Harren auf Gnade

Martin Luther (1483–1546): Aus tiefer Not schrei ich zu dir

Lieder wurden schon vor 1500 im Gottesdienst gesungen und bereits im Spätmittelalter traten an die Stelle lateinischer Hymnen auch deutsche Lieder. Aber erst mit der Reformation erhält das Kirchenlied seinen festen Platz im Gottesdienst und im Gemeindeleben. Als Bitte, Ermahnung oder Lobgesang, als Verkündigung, Zuspruch oder Trost diente es christlicher Glaubensstärkung, sei es im Gottesdienst oder im häuslichen Kreis. Ein großer Teil religiöser oder geistlicher Lyrik entzieht sich solcher Einbindung in liturgische oder pragmatische Aufgaben; nur ein Bruchteil beispielsweise der tiefreligiösen Gedichte von Andreas Gryphius konnte Kirchenlied werden. Aber alle geistlichen Lieder Luthers sind für den Gemeindegesang bestimmt.

Die neue Bedeutung des Kirchenlieds hängt auch mit einer theologischen Voraussetzung zusammen: dass nämlich Luthers Reformation die Rolle der Vermittlerdienste von Kirche und Priester zurücknimmt und den Glauben mehr auf das Verhältnis des einzelnen Christen, seiner Seele, zu Gott einschwört. Die neue Teilhabe der Gemeindemitglieder, ihr ›Stimmrecht‹, konkretisiert sich im Gemeindegesang, in der aktiven Mitgestaltung des Gottesdienstes. Kirchenlied und Selbstverständnis des Gemeindemitglieds geraten in eine Krise, wenn es im 18. Jahrhundert mehr und mehr als Zeichen der Vornehmheit gilt, in der Kirche nicht mitzusingen. Das Kirchenlied büßt so einen Teil seiner Kraft, die Gemeinde zusammenzuschließen und jeden zum Mitwirkenden zu machen, ein.

Die religiösen Gedichte vieler Autoren des 16. und 17. Jahrhunderts bleiben »Gelehrtendichtung«, geschrieben für ein gebildetes Publikum. Da das Kirchenlied in der alle gesellschaftlichen Schichten umfassenden christlichen Gemeinde lebt, muss es auf Abstand zur »Gelehrtendichtung« bedacht sein. Es gibt nie seine Beziehung zum Volkslied preis – das katholische, das vom lutherischen zwar Anstöße empfängt, aber sich nicht in demselben Maße als Literaturgattung entwickelt, sogar noch weniger als das protestantische. Luther wusste, welchen Gewinn für die liturgische Neuordnung er aus dem geistlichen und weltlichen Volkslied und seinen Wirkungsenergien ziehen konnte.

Vom 1524 erschienenen Lied *Aus tiefer Not schrei ich zu dir* die erste Strophe in ursprünglicher Fassung, die weiteren in der Form, in der das Lied heute in den Gesangbüchern weiterlebt:

Aus tieffer not schrey ich zu dyr /
Herr Gott erhor meyn ruffen /
Deyn gnedig oren ker zu myr /
vnd meyner bitt sie offen /
Deñ so du willt das sehen an /
was sund vnd vnrecht ist gethan /
wer kann Herr fur dyr bleyben?

Bei dir gilt nichts denn Gnad und Gunst,
die Sünde zu vergeben;
es ist doch unser Tun umsonst
auch in dem besten Leben.
Vor dir niemand sich rühmen kann,
des muß dich fürchten jedermann
und deiner Gnade leben.

Darum auf Gott will hoffen ich,
auf mein Verdienst nicht bauen;
auf ihn mein Herz soll lassen sich
und seiner Güte trauen,
die mir zusagt sein wertes Wort;
das ist mein Trost und treuer Hort,
des will ich allzeit harren.

Und ob es währt bis in die Nacht
und wieder in den Morgen,
doch soll mein Herz an Gottes Macht
verzweifeln nicht noch sorgen.
So tu Israel rechter Art,
der aus dem Geist erzeuget ward,
und seines Gotts erharre.

Ob bei uns ist der Sünden viel,
bei Gott ist viel mehr Gnade;
sein Hand zu helfen hat kein Ziel,
wie groß auch sei der Schade.
Er ist allein der gute Hirt,
der Israel erlösen wird,
aus seinen Sünden allen.

Luther hält sich an die siebenzeilige Strophenform, die man später – ihrer enormen Verbreitung wegen – kurzerhand »Lutherstrophe« genannt hat. Für sechs seiner Lieder benutzt Luther selbst sie, doch ist sie nicht seine Erfindung; man begegnet ihr schon im Volkslied. Ihr besonderes Kennzeichen ist der reimlose siebte Vers, die Waise. Wie fehlende klangliche Abrundung gerade zur Ausdruckssteigerung verhelfen kann, zeigt gut ein Volkslied aus dem 15. Jahrhundert, das Lied »von eyner Spinnerin«:

> Die höchste Frewd die ich gewann
> ist mir zu trawren kommen.
> Der vnfall hat mirs angetan
> die frewd ist mir genommen.
> Und das schafft nichts als scheidens not;
> muß meiden nun ihr mündlein rot
> ach wie bringt mir das leiden.

Die Reimerwartung geht am Ende ins Leere; die Isolierung der siebten Zeile hält uns an, den Schlussvers langsamer zu lesen (singen), wodurch er zusätzliches Gewicht bekommt: Der Ausdruck des Leidens wird intensiviert.

Diese besondere Kraft der Schlusswaise bewährt sich auch in Luthers *Aus tiefer Not schrei ich zu dir*. Am Ende der ersten Strophe wird bereits der Gedanke des völligen Angewiesenseins auf die Gnade Gottes vorweggenommen, den dann die zweite Strophe ausführt und am Schluss resümiert. Das dritte und vierte Strophenende geben dem Harren auf diese Gnade Nachdruck, das fünfte der Hoffnung auf Vergebung aller Sünden. Glaubenskraft und Flehen um Erhörung fassen sich am Schluss zusammen, so dass die Form der Strophe, also die literarisch-ästhetische Form, die religiöse Aussage verstärkt.

Die Sonderstellung der Waise wird auch in der musikalischen Form betont, allerdings in der zweiten, in Straßburg (ebenfalls 1524) entstandenen Melodie nachdrücklicher als in der von Luther selbst stammenden Vertonung. Und der Gedanke, auf den der Strophenschluss das Siegel drückt, ist kein beliebiger Gedanke. Er ist der Kern von Luthers Lehre der alles allein bewirkenden Gnade Gottes, womit der Reformator Augustinus' Vorstellung von Erbsünde und Gnade fortführt.

Aus tiefer Not schrei ich zu dir gehört – wie *Ein feste Burg ist unser Gott* – zu den Liedern, die Luther nach Psalmen gedichtet hat; hier paraphrasiert er den 130. Psalm. Zum Teil werden Wendungen wörtlich (aus der Übersetzung) übernommen, so etwa der Schluss »aus seinen Sünden allen«. Aber Seelenqual und flehentliche Bitte sind gesteigert, wenn den Ruf »aus der Tiefe« der Schrei »aus tiefer Not« ersetzt. Ergänzt wird der Psalmtext um den Gedanken, dass nur die Gnade, nicht aber »unser Tun«, also nicht unsere Werke uns erlösen können. Damit betont Luther den Gegensatz zu einer päpstlich begünstigten Auffassung der Zeit, die ihren verzerrten Ausdruck im Ablasshandel fand. Luther erweitert den Psalm um eine protestantisch-reformatorische Losung.

Die besten Lieder Luthers und seine Bibelübersetzung verdanken sich einer elementaren Sprachkraft. Obwohl die Legende, Luther habe die neuhochdeutsche Sprache wie aus dem Nichts geschaffen, längst widerlegt ist und wir wissen, dass er den Vorgang einer Überformung der deutschen Landschaftsdialekte durch eine einheitliche Schriftsprache nur beschleunigt hat, bleibt sein Verdienst unbestreitbar. Nur eine sprachschöpferische Kraft wie die seine konnte diesen Prozess entscheidend voranbringen und vollenden.

Luther hat die mächtige Tradition des protestantischen Kirchenlieds auf den Weg gebracht. Was er sich von seinen Liedern erhoffte, bekundet er in der Vorrede zum Leipziger Gesangbuch von 1545 noch einmal: dass die Menschen durch sie zur »freude des glaubens gereitzt werden«.

Tod der schönen Mitbürgerin

Volksballade: Die Bernauerin

Keine Frauengestalt in der deutschen Geschichte hat die Dichter so in ihren Bann gezogen wie die schöne Augsburger Baderstochter, die 1435 dem »Staatsinteresse« geopfert und auf Befehl des regierenden Herzogs von Bayern-München in der Donau ertränkt wurde. Unter den Dramen ist Hebbels *Agnes Bernauer* (1855) das bedeutendste, aber schon um 1780 übernahm ein Graf von Törring den Stoff für ein bayrisch »vaterländisches Trauerspiel«, und im 19. Jahrhundert, dem Jahrhundert des historischen Dramas, schlossen sich ihm neben Hebbel zumindest vier andere Dramatiker an. In unserer Zeit hat Franz Xaver Kroetz mit seinem ›bürgerlichen Schauspiel‹ an den Namen und die Gestalt erinnert, sie allerdings in seiner Aktualisierung fast verschwinden lassen. Eine Ballade von Agnes Miegel zieht das historische Geschehen auf eine Situation zusammen, auf den Moment schwermütiger Vorahnung des Todes.

Auch die Volksballade *Die Bernauerin*, in Druckfassungen aus dem 18. und 19. Jahrhundert erhalten, deren mündliche Überlieferung aber weiter zurückreicht, ist nicht am historischen Fall, nicht an der Vorgeschichte und Nachgeschichte interessiert. Dass der künftige Herzog Albrecht III. die Augsburgerin vermutlich während eines Turniers kennen lernte und die Liebenden in heimlicher Ehe zusammen auf Schloss Straubing wohnten, dass Albrechts Vater, Herzog Ernst, die Erbfolge gefährdet sah und die Trennung eben deshalb verlangte, wird nicht einmal angedeutet. Die Volksballade konzentriert das Geschehen auf die Gefangennahme und die Katastrophe. So kann – immerhin wurde die Ballade ja gesungen – ein einziger lyrisch-balladischer Ton durchgehalten werden.

Die Bernauerin

Es reiten drey Herrn zu München hinaus,
sie reiten wohl vor der Bernauerin ihr Haus:
›Bernauerin, bist du darinnen, ja darinnen?‹

›Bist du dann darinnen, so tritte heraus,
der Herzog ist draußen vor ihrem Haus
mit allen seinen Hofgesinde, ja Hofgesinde‹

Sobald die Bernauerin die Stimme vernahm,
ein schneeweißes Hembd zog sie bald an,
wohl vor den Herzog zu treten, zu treten.

Sobald die Bernauerin vors Thor hinaus kam,
drey Herren gleich die Bernauerin vernahmn:
›Bernauerin, was willst du machen, ja machen?‹

›Ei willst du lassen den Herzog entwegn,
oder willst du lassen dein junges, frisches Lebn
ertrinken im Donauwasser, ja Wasser?‹

›Und als ich will lassen mein Herzog entwegn
so will ich lassen mein junges, frisch Leben
ertrinken im Donauwasser, ja Wasser.‹

›Der Herzog ist mein und ich bin sein,
sind mir gar treu versprochen, ja versprochen.‹

Bernauerin auf dem Wasser schwamm,
Maria, Mutter Gottes, hat sie gerufet an,
soll ihr aus dieser Noth helfen, ja helfen.

›Hilf mir, Maria, aus dem Wasser heraus,
mein Herzog läßt dir bauen ein neues Gotteshaus,
von Marmorstein ein Altar, ja Altar.‹

So bald sie dieses hat gesprochen aus,
Maria, Mutter Gottes, hat geholfen aus
und von dem Leben errettet, ja errettet.

Sobald die Bernauerin auf die Brucken kam,
drey Henkersknecht zur Bernauerin kamn:
›Bernauerin, was willst du machen, ja machen?‹

›Ei willst du werden ein Henkersweib,
oder willst du lassen dein' jungen, stolzen Leib
ertrinken im Donauwasser, ja Wasser?‹

›Und eh ich will werden ein Henkersweib,
so will ich lassen mein' jungen, stolzen Leib
ertrinken im Donauwasser, ja Wasser.‹

Es stunde kaum an den dritten Tag,
dem Herzog kam eine traurige Klag':
›Bernauerin ist ertrunken, ja ertrunken.‹

›Ach rufet mir alle Fischer daher,
sie sollen fischen bis in das rothe Meer,
daß sie mein feines Lieb suchen, ja suchen.‹

Es kommen gleich alle Fischer daher,
sie haben gefischt bis in das rothe Meer,
Bernauerin haben sie gefunden, ja gefunden.

Sie legen s'dem Herzog wohl auf die Schooß,
der Herzog wohl viel tausend Thränen vergoß,
er thät' gar herzlich weinen, ja weinen.

›So rufet mir her fünftausend Mann,
ein' neuen Krieg will ich nun fangen an
mit meinem Herrn Vatern eben, ja eben.‹

›Und wäre mein Herr Vater nicht so lieb,
so ließ ich ihn aufhenken als wie einen Dieb,
wär' aber mir eine große Schande, ja Schande!‹

Es stunde kaum an den dritten Tag,
dem Herzog kam eine traurige Klag',
sein Herr Vater ist gestorben, ja gestorben.

›Die mir helfen mein' Herr Vatern begraben,
rothe Manteln müssen sie haben,
und roth müssen sie sich tragen, ja tragen.‹

›Und die mir helfen mein feines Lieb begraben,
schwarze Manteln müssen sie haben,
und schwarz müssen sie sich tragen, ja tragen.‹

›So wollen wir stiften eine ewige Meß',
daß man der Bernauerin nicht vergeß',
man wolle vor sie beten, ja beten.‹

Volkslied und Volksballade entstehen und leben vor allem in der Schicht des städtischen Bürgertums und haben ihre Blütezeit im Spätmittelalter und im 16. Jahrhundert. Erbt die Volksballade Stoffe von der ritterlich-adligen Dichtung, so verwandelt sie die alten Heldenlieder der bürgerlichen Mentalität an, vor allem durch die Umformung des Geschehens zu gemütsbewegenden Situationen. So auch hier. Der Bericht lenkt und verengt den Blick auf die Gefangennahme, die Versuchung, die Standfestigkeit und den Tod der Bernauerin, sodann auf die Trauer des jungen Herzogs, also auf die rührenden Situationen. So stark ist die Vorliebe für die gemütsbewegenden Momente, dass Herzog Albrecht zugleich mit dem Tod der Geliebten noch den Tod des Vaters betrauern muss, der historisch nicht am »dritten Tag«, sondern erst im dritten Jahr nach Agnes' Ertränkung folgte.

Dass Agnes noch einmal ans Ufer gelangt, geht wohl auf Berichte der Volksüberlieferung, dass sie erneut vor eine Alternative gestellt wird, auf den alten Rechtsbrauch zurück, wonach die Heirat mit dem Henker ein verurteiltes Mädchen von der Strafe entbinden konnte. Doch erfordert das erneute Treuebekenntnis der gerade Geretteten auch eine fast übermenschliche Kraft – ein Opfer, das Agnes in die Nähe einer Märtyrerin bringt.

Eine religiöse Wendung leitet die Erzählung bereits mit den Motiven der Anrufung und dem Eingreifen der Muttergottes ein. Offenbar war die Errettung der Bernauerin in den katholischen Ländern Bayern und Österreich, in denen das Lied heimisch wurde, dem Publikum besonders willkommen: Sie kam sowohl der Wundergläubigkeit wie der Marienverehrung entgegen.

Mit der Suche nach der Leiche rückt die Gestalt des jungen Herzogs in den Vordergrund. Seine Anordnung, »bis ins rothe Meer« zu fischen, hat sich als Motiv wohl von einer anderen Fassung in diese Ballade verirrt. Dort zerteilt sich nach der Anrufung Marias das Wasser der Donau vor der Bernauerin – wie in der Bibel das Wasser des Roten Meers vor dem Volk Israel. Die Farbe Rot taucht noch einmal auf: Rot sind die Mäntel des Trauergefolges für den Vater; Rot ist die Farbe des Henkergewandes. Von der Stiftung einer »ewigen Messe« wissen wir auch aus den Urkunden.

Von der durchgehenden Strophenform, dem Dreizeiler aus Reimpaarversen und Waise, weicht nur die siebte Strophe ab; sie nimmt die Formel auf, die in manchen Teilen Bayerns als Ehegelöbnis galt: »Du pist min« und »Ich pin din«. Im Dreizeiler fällt der Waise ein noch stärkeres Gewicht zu als in der siebenzeiligen Lutherstrophe. Ihr abschließender Charakter wird noch einmal besiegelt durch die bekräftigende Wiederholung nach dem Muster des Verses »soll ihr aus dieser Noth helfen, ja helfen«. Am Ende der Ballade gibt die Wiederholung dem Appell an die Nachgeborenen, der Aufforderung zum Gebet, imperativen Nachdruck.

John Meier, dem wir unsere Kenntnisse zur Überlieferung der Ballade verdanken, hat gemeint, dass man in bayerisch-österreichischen Volkskreisen nicht

nur die Treue der Bernauerin gefeiert, sondern auch Herzog Ernsts Handeln als
»greuliche Tat« verabscheut habe. Die Ballade greift solche Anklage nicht auf,
nimmt sie zumindest zurück, wahrt Loyalität gegenüber dem Fürstenhaus. Aber
wie in keiner anderen historischen Frauengestalt bot sich dem Publikum von
Volkslied und Volksballade in Agnes Bernauer eine Identifikationsfigur an. Sie
entsprach den geheimen Wünschen nach märchenhaftem sozialem Aufstieg, andererseits nach Mitempfinden, Rührung, ja Mitleiden, denn ergreifend war der
tragische Fall der zur Fürstengattin erhobenen schönen »Mitbürgerin«.

Die güldnen Waffen Gottes

Paul Gerhardt (1607–1676): Abend-Lied

In Luthers Kirchenlied haben Natur und Landschaft im Wechsel der Tages- und
Jahreszeiten noch keinen Platz. Nacht ist Sündennacht (»Christ lag in Todesban-
den«) oder aber Nacht des neuen Lichts, also Weihnacht (»Nun kommt der
Heiden Heiland«). Das Verschwinden der Sonne löst die Sehnsucht nach Gottes
Licht aus (»Der du bist drei in Ewigkeit«). Naturerscheinungen bleiben abstrakt
und geben nur Anstöße für heilsgeschichtliche Verkündigung.

Im Kirchenlied des 17. Jahrhunderts kann Naturdarstellung durchaus konkret sein. Durch viele Strophen hindurch preist Paul Gerhardts *Sommer-Gesang*
(»Geh aus mein Hertz und suche Freud / In dieser lieben Sommerzeit«) die
sommerlichen Schönheiten der Pflanzen- und Tierwelt. Mit der Naturmalerei
setzt sich der bedeutendste protestantische Kirchenlieddichter nach Luther über
die Poetik des Reformators kühn hinweg. Allerdings rühmt Gerhardt die Seg-
nungen des Sommers nicht um ihrer selbst willen, sondern als die Gaben des
gütigen Gottes.

Auf den theologischen Horizont und den Appell an die Gläubigen bezogen
bleibt die Naturdarstellung auch im *Abend-Lied*:

> ABEND-LIED
>
> NUn ruhen alle Wälder /
> Vieh / Menschen / Städt und Felder /
>   Es schlaefft die gantze Welt:
> Ihr aber meine Sinnen /
> Auf / auf ihr solt beginnen
>   Was eurem Schöpffer wol gefällt.
>
> Wo bist du Sonne blieben?
> Die Nacht hat dich vertrieben /

Die Nacht des Tages Feind:
Fahr hin / ein andre Sonne
Mein Jesus / meine Wonne /
    Gar hell in meinem Hertzen scheint.

Der Tag ist nun vergangen:
Die güldnen Sternlein prangen
    Am blauen Himmels-Saal:
So / so werd ich auch stehen /
Wann mich wird heissen gehen
    Mein GOtt aus diesem Jammerthal.

Der Leib der eilt zur Ruhe
Legt ab das Kleid und Schuhe
    Das Bild der Sterblichkeit:
Die zieh ich aus / dargegen
Wird Christus mir an legen
    Den Rock der Ehr und Herrlichkeit.

[..., Strophe 5–7]

Breit aus die Flügel beide
O JEsu meine Freude /
    Und nimm dein Küchlein ein:
Will Satan mich verschlingen /
So laß die Englein singen
    Diß Kind soll unverletzet seyn.

Auch euch ihr meine Lieben
Sol heute nicht betrüben
    Kein Unfall noch Gefahr:
Gott laß euch ruhig schlaffen
Stell euch die güldnen Waffen
    Umbs Bett / und seiner Helden Schaar.

Alle Strophen, auch die hier nicht abgedruckten, weisen eine Zweigliedrigkeit auf. Und fast immer folgt einem Abendbild des ersten Teils im zweiten eine Anleitung, ein Hinweis auf das theologisch Wesentliche oder eine Verheißung. Diese Hinführung auf den Kern, auf einen Glaubenssatz, wird genau in der Mitte der Strophe signalisiert durch den Doppelpunkt. Beide Strophenteile sind antithetisch verklammert; der Abendruhe soll gottgefälliges Tun antworten. Den Verlust des Sonnenlichts lässt das Licht des Heils, das Jesus ausstrahlt, leicht verschmerzen. Das Prangen der Sterne dieses Abends ist nur Vorschein einer Helligkeit jenseits des irdischen »Jammertals«.

In der Schlussstrophe wendet sich aber das Lied vom Glaubenstrost für das Leben nach dem Tode noch einmal zur konkreten Abendsituation zurück und verspricht Schutz für die kommende Nacht. Das Bild von Gott als einem Schutz (auch in Kriegen) ist aus dem 46. Psalm vertraut, die Wendung »gute Wehr und Waffen« außerdem aus Luthers Lied *Ein feste Burg ist unser Gott*, in dem der »Fürst dieser Welt«, der Teufel, als der »alt böse Feind« erscheint. Paul Gerhardt bekräftigt mit den Bildern der »güldnen Waffen« und der »Helden Schaar« die absolute Zuverlässigkeit des Gottesschutzes nicht nur vor »Satans« Anschlägen, sondern auch vor »Unfall« und »Gefahr«. Solches Schutzversprechen war in einem Jahrhundert, in dem die Schrecken des Dreißigjährigen Krieges oder die Erinnerungen an sie gegenwärtig waren, doppelt tröstlich.

An die dritte Strophe des *Abend-Lieds*, genauer an deren Verse 2 und 3, knüpft unmittelbar mit der Anfangsstrophe Matthias Claudius' *Abendlied* von 1779 an:

ABENDLIED

Der Mond ist aufgegangen,
Die goldnen Sternlein prangen
  Am Himmel hell und klar:
Der Wald steht schwarz und schweiget,
Und aus den Wiesen steiget
  Der weiße Nebel wunderbar.

Das Lied von Claudius, als religiöses Gedicht geschrieben – als solches erkennbar an einer lehrhaften Reflexion und einem gebethaften Aufblick zu Gott –, hat Eingang in das kirchliche Gesangbuch gefunden. Die Vergegenständlichung der Natur, durch die sich Paul Gerhardts Kirchenlieder so deutlich von den Lutherschen abheben, ist hier noch weiter fortgeschritten. Gerhardts Naturmotiv fächert sich in mehrere Landschaftsbilder auf, die nun die ganze Strophe von Claudius' Gedicht einnehmen und sich in die folgende hinein fortsetzen. Hat sich gegenüber Gerhardts *Abend-Lied* die Naturdarstellung noch einmal verselbstständigt, so wird sie doch nicht autonom: Ein gleichnishafter Zug überlagert sie. Dennoch wäre dieses Abendlied kaum denkbar ohne den Siegeszug des Naturgedichts und der Naturhymne gerade in den siebziger Jahren des 18. Jahrhunderts.

Unübersehbar sind Ähnlichkeiten auch in den Schlussstrophen der beiden Lieder. Doch variiert Claudius das Gerhardtsche Vorbild mit bezeichnenden Änderungen.

So legt euch denn, ihr Brüder,
In Gottes Namen nieder;
  Kalt ist der Abendhauch.

> Verschon uns Gott mit Strafen,
> Und laß uns ruhig schlafen!
> Und unsern kranken Nachbar auch.

Gerhardts Hinwendung zu den »Lieben« ist Ausdruck einer Solidarität der Familie oder Gemeinde. In der Beschwörungsformel gegen Gefahr und Angst, in der Berufung auf die »gueldnen Waffen« Gottes meldet sich das Schutzbedürfnis von Bedrohten. Bei Claudius richtet sich die Ansprache statt an die »Lieben« an die »Brüder«, und paradoxerweise drückt sich in dieser brüderlichen Regung mehr Wärme, ja Innigkeit aus. Das Gebet um Verschonung vor Strafen ersetzt die Bitte um Schutz. Neu ist die Fürbitte für den »kranken Nachbar«, die dem Impuls christlicher Nächstenliebe entspringt. Mitleid ist dieser Nächstenliebe beigemischt, eine mitmenschliche Empfindung, wie wir sie aus literarischen Texten des 18. Jahrhunderts kennen, in denen sich der Gedanke der »Menschlichkeit« durchsetzt. Paul Gerhardts Liedschluss dagegen hält sich noch eng an die Botschaft des 46. Psalms.

Andreas Gryphius

Die deutsche Sprache gewinnt Eleganz

DER LIEBSTEN AUGENSCHEIN

Martin Opitz (1597–1639): Jetzund koempt die Nacht herbey

>Jetzund kömpt die Nacht herbey /
>Vieh und Menschen werden frey /
>Die gewůnschte Ruh geht an;
>Meine Sorge kömpt heran.
>
>Schöne glänzt der Mondenschein;
>Und die güldnen Sternelein;
>Froh ist alles weit und breit /
>Ich nur bin in Trawrigkeit.
>
>Zweene mangeln uberall
>An der schönen Sterne Zahl;
>Diese Sternen die ich meyn'
>Ist der Liebsten Augenschein.
>
>Nach dem Monden frag' ich nicht /
>Tunckel ist der Sternen Liecht;
>Weil sich von mir weggewendt
>Asteris / mein Firmament.
>
>Wann sich aber neigt zu mir
>Dieser meiner Sonnen Zier /
>Acht' ich es das beste seyn /
>Das kein Stern noch Monde schein.

»Vater der deutschen Dichtung« nannte man Martin Opitz, den Autor des *Buches von der deutschen Poeterey* (1624). Und zu welcher grazilen Leichtigkeit sich die deutsche Sprache, die sich gegen die neulateinische Dichtung durchzusetzen hatte, bei Opitz schon entwickelt hat, zeigt dieses Gedicht. Obwohl es in Reimpaarversen steht, deren Endreime Schlag auf Schlag einander folgen und deshalb schnell Monotonie erzeugen könnten, sorgt der vierhebige Trochäus mit »männlichem« Ausgang für einen tänzerischen Takt. Die einzelnen Strophen spielen mit Gegensätzen (Nachtruhe – Erwachen der Sorge, Glanz und Freude – Traurigkeit) und mit dem Unterschied zwischen direktem und übertragenem Wortsinn (Sterne als Himmelslichter – Sterne als Augen).

Als Liebesgedicht könnte sich der Text in die von der Antike ausgehende Überlieferung der anakreontischen Dichtung stellen, die im 16. und 17. Jahrhundert zumal in Frankreich lebendig war. Aber die zentralen Motive der Augen und des Liebesschmerzes deuten auf eine andere europäische Tradition der Liebesdichtung, den Petrarkismus. Diese an Petrarca, den italienischen Dichter der Frührenaissance, sich anschließende Stilrichtung normiert die Liebessprache und Liebesklage nach bestimmten rhetorischen Formen und einer Typologie des Frauen- und Schönheitspreises, in der den Augen die Hauptrolle, die Bedeutung eines Fixsterns zukommt.

Eines der in Europa bekanntesten Sonette aus Petrarcas *Canzoniere*, Sonett Nr. 132, ist von Opitz unter dem Titel *Francisci Petrarchae* (was etwa heißen soll: Ein Sonett Petrarcas) übersetzt worden. Es beschreibt die Zwiespältigkeit des Liebenden, sein Verfallensein an die Liebe, trotz des Schmerzes, und zum Schluss seine Ratlosigkeit (in einer Doppelung des Chiasmus, einer Kreuzstellung der Satzglieder):

> Ich weis nicht was ich will / ich will nicht was ich weis:
> Im Sommer ist mir kalt / im Winter ist mir heiß.

Wird auch die Liebe zur quälenden Tyrannin, eine Befreiung von
                              ihr wünscht der Liebende nicht.

Im Gedicht *Jetzund kömpt die Nacht herbey* erfährt der Liebende Erleichterung in seiner Traurigkeit durch die Hoffnung auf erneute Gunst der Geliebten. Alle Himmelslichter werden überflüssig, ja unpassend sein, wenn sich Asteris (in der Druckersprache nennt man ein Sternchen *Asteriskus*), die seine Sonne ist, mit ihren Augen wieder ihm zuwendet.

Über dem Grundstock weniger Wörter aus dem Bildfeld der Gestirne entfaltet sich eine Kette kunstvoller Bedeutungskombinationen. Liebe ist hier offenbar (noch) kein Aufruhr der Seele, die Sprache (noch) kein Seismograph feinster Empfindungen, Liebe ist Anlass zu geistreichen Gedanken- und Wortspielen. Aber ungerecht wäre es, dem Liebesgedicht deshalb mangelnde Tiefe vorzuwerfen. Geachtet werden will der artistische Grundzug des Gedichts, bewundert werden die poetische Virtuosität.

Das Sonett lernt tanzen

Sibylla Schwarz (1621–1638): LIebe schont der Götter nicht

>LIebe schont der Götter nicht /
>sie kan alles überwinden /
>sie kan alle Herzen binden /
>durch der Augen klahres Licht.
> Selbst des Phebus Hertze bricht /
>seine Klahrheit muß verschwinden /
>er kan keine Ruhe finden /
>weil der Pfeil noch in ihm sticht.
> Jupiter ist selbst gebunden /
>Hercules ist überwunden
>durch die bittersüsse Pein; –
>wie dan können doch die Herzen
>bloßer Menschen dieser Schmerzen
>gantz und gahr entübrigt seyn?

Unter allen Meteoren der deutschen Literatur verglüht einer besonders rasch: die Lyrikerin Sibylla Schwarz. Ihr Leben erreicht nicht einmal die Dauer des Kriegs, der ihre Epoche überschattet – gerade siebzehneinhalb Jahre wird sie alt. Wer aber ist Sibylla Schwarz? Die Literaturgeschichten, auch die der Frauenliteratur, haben, wenn überhaupt, einen Nebensatz für sie; ganzer Gedichte nehmen sich erfreulicherweise neuere Anthologien an. Sie lebte von 1621 bis 1638 in der Seestadt Greifswald, die ihr Vater eine Zeit lang als Bürgermeister durch den Dreißigjährigen Krieg steuerte, und es passt in das unglückliche Bild ihres kurzen Daseins, dass sie am Hochzeitstag ihrer Schwester starb. Sie hat Poetiken und Dichtungen ihrer Zeit studiert und ist offenbar bei dem Versmeister Martin Opitz in die Schule gegangen. Kann dabei überhaupt mehr herausgekommen sein als Gymnasiastenpoesie?

Und ob! Zwölf Jahre nach ihrem Tod erscheint in Danzig, aus den Handschriften herausgegeben, »Sibyllen Schwarzin Vohn Greiffswald aus Pommern / Ander Teil Deutscher Poetischer Gedichten«. Deren bester Teil braucht den Vergleich mit Versen der gerühmten Zeitgenossen nicht zu scheuen. Die junge Dichterin hält sich an bevorzugte Formen des Jahrhunderts wie Sonett und Ode und an Lieblingsthemen wie Liebe, Freundschaft oder Geselligkeit. »ISt Lieb ein Feur / und voller Liebes Pein«, beginnt eines ihrer Sonette; *Wahre Freundschafft ist beständig* lautet der Titel eines Gedichts in Reimpaarversen. Vieles entrichtet den Konventionen der Poetik seinen Tribut. Ein kleines Formwunder unter den Texten der Zeit aber ist das hier ausgewählte Gedicht.

Oft sind Barockgedichte vollgepfropft mit gelehrten Anspielungen. Auch unser Gedicht führt Bildungsfracht mit sich, aber sie bleibt verhältnismäßig leicht. Die Beispielreihe für die Allmacht der Liebe umfasst drei römische Götternamen, hinter denen man sich die griechischen denken muss: Phöbus (Apollon), Jupiter (Zeus) und Hercules (Herakles). Mit seiner nicht eben erfolgreichen Leidenschaft verfolgt Phöbus Daphne; ihn traf Cupidos Pfeil. Die Liebesobsessionen Jupiters/Zeus' sind geradezu sprichwörtlich, und Hercules/Herakles, mit Deianeira verbunden, liegt in »Joles Banden«. Alle Figuren fand man in Ovids *Metamorphosen*, die damals zur Gebildetenlektüre gehörten. Unwahrscheinlich wohl ist, dass die Dichterin auf das Verhängnis anspielt, das Herakles ereilt, als er sich mit dem von Deianeira mit einem Liebeszauber bestrichenen Gewand das Fleisch vom Leibe reißt (9. Buch). Doch widerfährt eben selbst den Göttern die »bittersüße Pein«. Warum also klagen, wenn auch die Götter mit der Liebe gesegnet und geschlagen sind?

Nicht diese tröstlich-heitere Botschaft selbst aber entzückt uns so sehr, sondern die geschmeidige Form, in der sie uns geboten wird. Das im 17. Jahrhundert beliebte Sonett ist mit seinen zwei Quartetten und zwei Terzetten eine überaus strenge Form. Der von Opitz in Deutschland eingebürgerte sechshebige Alexandrinervers mit einem Einschnitt nach der dritten Hebung sorgt für ein zusätzliches Reglement: Vers und Sonett kommen geschnürt und im Stiefelschritt der Antithesen daher. Auch unser vierzehnzeiliges Gedicht fügt sich der Sonettform, allerdings hat es die Korsettstange des Alexandriners abgeworfen, schreitet in vierhebigen Versen viel freier einher und greift im letzten Terzett über die Versschlüsse hinweg in einen größeren grammatischen und rhythmischen Bogen aus. Das Liebesthema bekommt Luft, es atmet frei.

Hier entsteht im schweifenden Rhythmus und in der fast spielerischen Reimfolge der Terzette eine lebendige Gangart der Verse, die wir erst ein gutes Jahrhundert später in der Liebesdichtung eines Friedrich von Hagedorn und natürlich dann beim jungen Goethe finden. Wirklich ein Ereignis: In der Dichtung eines nicht einmal achtzehnjährigen Mädchens hat das Sonett tanzen gelernt.

Unter dem Damoklesschwert der Zeit

Im Labyrinth

Paul Fleming (1609–1640): Gedanken / über der Zeit

Gedanken über der Zeit

IHR lebet in der Zeit / und kennt doch keine Zeit /
So wisst Ihr Menschen nicht von / und in was Ihr seyd.
Diß wisst Ihr / daß ihr seyd in einer Zeit gebohren.
Und daß ihr werdet auch in einer Zeit verlohren.
Was aber war die Zeit / die euch in sich gebracht?
Und was wird diese seyn / die euch zu nichts mehr macht?
Die Zeit ist was / und nichts. Der Mensch im gleichem Falle.
Doch was dasselbe was / und nichts sey / zweifeln alle.
Die Zeit die stirbt in sich / und zeucht sich auch aus sich.
Dies kömmt aus mir und dir / von wem du bist und ich.
Der Mensch ist in der Zeit; sie ist in ihm ingleichen.
Doch aber muß der Mensch / wenn sie noch bleibet / weichen.
Die Zeit ist / was ihr seyd / und ihr seyd / was die Zeit /
Nur daß ihr Wenger noch / als was die Zeit ist / seyd.
Ach daß doch jene Zeit / die ohne Zeit ist kåhme /
Und uns aus dieser Zeit in ihre Zeiten nåhme.
Und aus uns selbsten uns / daß wir gleich köndten seyn /
Wie der itzt / jener Zeit / die keine Zeit geht ein.

Wir müssen zunächst die Fremdheit überwinden, die sich zwischen dieses Gedicht und den heutigen Leser stellt. Uns stören oder verwirren die gekünstelt wirkenden Wort- und Begriffsspiele. Das Gedicht ist der europäischen gegenklassischen Kunst- und Literaturtradition des Manierismus verpflichtet. In ihr sind das Irreguläre und Disharmonische, die Tendenz zur Verrätselung und zum kombinatorischen Kalkül oder gar Züge von Sprachalchemie keine Zeichen für die mangelnde Fähigkeit, harmonische, ja symmetrische Formen hervorzubringen, sondern das Kunstprinzip selbst. Von solcher Tradition her hat Flemings künstlerisches Vorgehen in diesen Versen Folgerichtigkeit.

Das Gedicht begibt sich in halsbrecherischer Weise auf das dünne Seil des Jonglierens mit Bedeutungsnuancen des Zeitbegriffs. Die im 17. Jahrhundert geläufige Versform des jambischen Alexandriners verleiht aber mit dem Einschnitt nach der dritten Hebung, also in der Mitte, diesem Seiltanz eine gewisse Balance, fordert zur raffenden, zugleich mit Entgegensetzungen arbeitenden Argumentation auf.

Die der Zeitlichkeit unterworfenen Menschen, so sagt das Gedicht zunächst, haben kein rechtes Bewusstsein von der Zeit. Zwar ist, durch Geburt und Tod, das Leben in einer Zeit verankert, die wir Geschichte nennen können. In welche Art von Zeit aber sind wir mit unserem existenziellen Grund hineingebettet, welcher Art ist er selber, wenn Sein und nicht Sein beide unausweichlich sind? Der das menschliche Dasein umgreifenden Zeit steht jene Zeitdimension gegenüber, die an das Erleben und Bewusstsein des Menschen gebunden ist, sodass der Mensch sowohl in der Zeit ist wie sie in ihm.

Von dieser anthropozentrischen Sicht aber, von solchem Beweggrund menschlicher Selbstüberhebung rückt das Gedicht wieder ab: Die Zeit überdauert, wenn der Mensch abtritt. Noch einmal fasst das Gedicht die Antinomien zusammen, bevor es den Horizont jener Grundfrage erreicht, die das Barockzeitalter so sehr bewegte: die Entgegensetzung von Diesseits und Jenseits, Endlichkeit und Unendlichkeit, Zeit und Ewigkeit. Im »Ach« der viertletzten Zeile vollzieht sich der Wechsel von der bloßen Reflexion zum reflektierenden Wunsch, der Ewigkeit teilhaftig zu werden.

Erst beim zweiten oder mehrfachen Lesen kommt man den logistischen Gedankengängen und Schlüssen ganz auf die Spur. Der unvorbereitete Leser, bald desorientiert, glaubt sich in einem Labyrinth zu bewegen. Tatsächlich ist das Labyrinthische ein Grundmuster manieristischer Kunst und Literatur. Uns ist, seitdem wir in den Werken Franz Kafkas oder Friedrich Dürrenmatts das Labyrinth als eine Metapher für den heutigen Weltzustand erkannt haben, dieses Grundmuster vertrauter geworden. Paul Flemings Gedicht trifft wieder auf ein labyrinthisches Lebensgefühl, eine Desorientiertheit freilich aus Überinformation. Seine Reflexionen über die Zeit waren in jeder Epoche weiterzudenken, spätestens seit Kant und in unserem Jahrhundert spätestens seit der Relativitätstheorie von Albert Einstein mit ihrem Grundsatz der Relativität von Raum und Zeit.

Verheissung und Traumwäscherei

Andreas Gryphius (1616–1664): Abend – Ingeborg Bachmann (1926–1973): Reklame

ABEND

> DEr schnelle Tag ist hin / die Nacht schwingt ihre Fahn /
> Und führt die Sternen auff. Der Menschen müde Scharen
> Verlassen Feld und Werck / wo Thir und Vögel waren
> Traurt itzt die Einsamkeit. Wie ist die Zeit verthan!
> Der Port naht mehr und mehr sich zu der Glider Kahn.
> Gleich wie diß Licht verfil / so wird in wenig Jahren
> Ich / du / und was man hat / und was man siht / hinfahren.
> Diß Leben kommt mir vor als eine Renne-Bahn.
> Laß hoechster Gott / mich doch nicht auff dem Lauffplatz gleiten /
> Laß mich nicht Acht / nicht Pracht / nicht Lust nicht Angst verleiten!
> Dein ewig-heller Glantz sey vor und neben mir /
> Laß / wenn der müde Leib entschläfft / die Seele wachen
> Und wenn der letzte Tag wird mit mir Abend machen /
> So reiß mich aus dem Thal der Finsternüß zu dir.

Abend ist eines der vier Tageszeitensonette von Gryphius, entstanden in der Zeit des Dreißigjährigen Krieges – diesen Zeithintergrund sollte sich der Leser gegenwärtig halten, auch wenn man im Gedicht keinen Verweis auf Kriegszustände findet, sondern der Abend hier einen normalen Arbeitstag beendet. Bilder wie »Renne-Bahn« und »Lauffplatz«, obwohl biblischen Ursprungs, sind doch von zeitgeschichtlichen Erfahrungen mitkodiert, vom Bewusstsein der Unsicherheit und Hinfälligkeit des Daseins.

Trotz des Verzichts auf Strophentrennung lässt sich die Form des Sonetts mit ihren zwei Quartetten und zwei Terzetten klar erkennen, ebenso deutlich die Metrik des sechshebigen Alexandriners mit dem Einschnitt nach der dritten Hebung. Das Gedicht ist von geradezu artistischer Vollendung. Die Mittelzäsur im Alexandriner lädt zu Antithesen ein und fast immer wird diese Möglichkeit, Gegensätze aufzubauen, wahrgenommen. Wiederanknüpfungen des Endes an den Anfang tragen im ersten Quartett und in der Quartettgruppe zum Eindruck der Geschlossenheit bei (»der schnelle Tag – die Zeit verthan – eine Renne-Bahn«). Den Einschnitt zwischen der Quartett- und der Terzettgruppe markiert der Wechsel in der Haltung des Sprechens (reflektierende Betrachtung – Bitte, Gebet) und der Aussageweise (Indikativ – Imperativ).

Der 5. Vers des Gedichts, der die Seefahrtsmetaphorik aufnimmt, hört auf, paradox zu wirken, wenn wir »der Glider Kahn« als den Körper und den »Port« als Schlaf verstehen. Noch lässt sich der Abend als konkrete Tageszeit begreifen, aber in den Versen 6 und 7 setzt der Vergleich den Verfall des Lichts in Beziehung zu einem allgemeinen Verlust, der in nicht ferner Zukunft bevorsteht. Der gegenwärtige Tag öffnet sich zur Lebensperspektive. Schutz vor der Gefahr, auf dem »Lauffplatz« dieses Lebens auszugleiten, wird von Gott erbeten (zur rhetorischen Figur der Antithese tritt hier die der Kreuzstellung der Satzglieder: »Acht – Pracht / Lust – Angst«). Eindeutig enthüllt sich im letzten Terzett der Abend als »Sinnen-Bild« (Dietrich Jöns) für das Lebensende, den Tod. Licht und Ewigkeit sind nur bei Gott, in der Transzendenz. So erweist sich auch in einem tieferen Verständnis die Antithese als das Form- und Erkenntnisprinzip dieses Gedichts.

Die Naturbilder des Anfangs lassen sich nicht dem zuordnen, was wir Naturlyrik nennen. Nicht die Tageszeit, nicht die Landschaft ist wichtig; sie sind nur Fingerzeig auf eine tiefere Bedeutung. In der religiösen Dichtung des Mittelalters und noch in Gedichten von Andreas Gryphius gilt das Gesetz einer Analogie des »mundus visibilis« zum »mundus spiritualis«; das Sichtbare ist nur ein Flechtwerk von Zeichen für eine spirituelle Welt: In die Natur und die Kreatur hat Gott bei der Schöpfung einen Sinn gelegt, den wir entsiegeln müssen. Für den Gläubigen lichtet sich das Dunkel des Diesseits durch die Verheißung von Ewigkeit.

An dieses Sonett von Andreas Gryphius wurde ich sogleich erinnert bei der ersten Lektüre von Ingeborg Bachmanns Gedicht *Reklame*:

> REKLAME
>
> Wohin aber gehen wir
> *ohne sorge sei ohne sorge*
> wenn es dunkel und wenn es kalt wird
> *sei ohne sorge*
> aber
> *mit musik*
> was sollen wir tun
> *heiter und mit musik*
> und denken
> *heiter*
> angesichts eines Endes
> *mit musik*
> und wohin tragen wir
> *am besten*
> unsre Fragen und den Schauer aller Jahre
> *in die Traumwäscherei ohne sorge sei ohne sorge*
> was aber geschieht
> *am besten*
> wenn Totenstille
> eintritt

Ähnliche Motive wie bei Gryphius: Dunkelheit, Sorge, Tod und die Frage nach dem Nachher. Auch in Ingeborg Bachmanns Gedicht wird der Sorge Trost angeboten, ja aufgedrängt, in einer Wechselrede von Frage und Antwort (Scheinantwort). Die Kursivschrift deutet eine andere Art von Rede an, hilft uns die Antworten als Einflüsterungen zu verstehen. Geht die erste Frage aus dem Bedürfnis nach Geborgenheit hervor, so wünscht die zweite Orientierung in der geistigen und existenziellen Unsicherheit, die aus der Gewissheit unserer Endlichkeit entspringt. Sie löst die Fragen nach einer letzten Instanz aus und nach dem, was beim Eintreten des Todes und danach geschieht.

Ständig unterbricht die Reklame das Fragen, und ihre Scheinantworten sind Versuche, die Fragenden zu beschwichtigen, zu beruhigen, einzulullen; sie möchte abwiegeln. Der Singsang der Werbesprache appelliert an die Sorglosigkeit und verspricht Heiterkeit – Musik ist Droge. Wo im Sonett des Barockdichters das Gebet zum Vermittler der Hoffnung wird, wiederholt die Reklame mit der Eintönigkeit von Gebetsmühlen ihr Beschwörungs- und Betäubungsvokabular. Werbung ist Abwerbung, Ablenkung des Menschen von seiner Suche nach einem Daseinsziel. Die Litanei der Werbesprache reizt Süchte nach flachem Glück.

Alle Züge der Reklame schillern noch einmal auf in der vieldeutigen Metapher »Traumwäscherei«. Erste Assoziationen, die sich bei mir einstellten, waren: Traumfabrik und Gehirnwäsche. Ingeborg Bachmann hat sowohl eine Erzählung wie ein Hörspiel mit dem Titel *Ein Geschäft mit Träumen* geschrieben (1952): Träume können Gegenbilder zur Welt der gesellschaftlichen Zwänge erstehen lassen oder solche Zwänge zu Alpträumen verdeutlichen; fragwürdig sind die Geschäfte der Konsumindustrie, wenn sie mit den Mitteln der Massenbeeinflussung alle menschlichen Ängste, Sehnsüchte und Hoffnungen, die den Verkaufsstrategien entgegenwirken könnten, verdrängen, um dafür Ersatzbefriedigungen anzubieten.

»Traumwäscherei« ist eine Metapher für eben diese Verdrängung. Das Gedicht zeigt nicht nur, wie der Mensch von verführerischen Stimmen umstellt ist und von Reklameverheißungen berieselt wird, die ins Unterbewusstsein drängen, sondern auch, wann und wo die suggestive Gewalt der Reklame versagt: im Angesicht des Todes. Das Wort »Totenstille« lässt die Sprache der Beschwichtigung plötzlich verstummen.

Zu ihrem Gedicht *Reklame* mag Ingeborg Bachmann Anstöße durch eine Amerika-Reise im Jahre 1955 erhalten haben. Bei uns waren damals Werbeindustrie und Medien, zumal das Fernsehen, noch in der Entwicklung zurück. Heute sind sie in unserem Leben eine Großmacht. Längst auch hat sich bei uns die Zivilisations- und Kulturkritik über das Thema der Bewusstseinsmanipulation hergemacht – und es zerschwätzt. Da ist es gut, wieder ein Gedicht zu lesen, das die Kniffe der Verführung nicht beredet, sondern sie selbst zum sprachlichen Ereignis werden lässt.

Alles ist Blendwerk

Christian Hofmann von Hofmannswaldau (1617–1679): Die Welt

Die Welt

Was ist die Welt, und ihr berühmtes Gläntzen?
Was ist die Welt und ihre gantze Pracht?
Ein schnöder Schein in kurtz-gefaßten Grenzen,
Ein schneller Blitz bey schwartz-gewölckter Nacht;
Ein buntes Feld, da Kummer-Disteln grünen;
Ein schön Spital, so voller Kranckheit steckt.
Ein Sclaven-Haus, da alle Menschen dienen,
Ein faules Grab, so Alabaster deckt.
Das ist der Grund, darauf die Menschen bauen,
Und was das Fleisch für einen Abgott hält.
Komm, Seele komm, und lerne weiter schauen,
Als sich erstreckt der Circkel dieser Welt.
Streich ab von dir derselben kurtzes Prangen;
Halt ihre Lust für eine schwere Last;
So wirst du leicht in diesen Port gelangen,
Da Ewigkeit und Schönheit sich umfaßt.

Hofmannswaldaus Gedicht stellt sich in eine Reihe, nein eine wahre Kolonne von Barockgedichten, deren Thema der Titel eines Gedichts von Andreas Gryphius am bündigsten fasst: *Es ist alles Eitel* (in einer anderen Fassung: *Vanitas, vanitatum, et omnia vanitas*). Hofmannswaldau hat Gedichte über weibliche »vollkommene Schönheit« geschrieben, aber der Frau auch sein Memento mori zugerufen, etwa in dem Sonett *Vergänglichkeit der Schönheit*: »Es wird der bleiche Tod mit seiner kalten Hand / Dir endlich mit der Zeit umb deine Brüste streichen, / Der liebliche Corall der Lippen wird verbleichen«. Und er nimmt im Titel eines anderen Gedichts, *Verachtung der Welt*, das Ergebnis seiner Argumentation schon vorweg. *Die Welt* ist seine prägnanteste Antwort auf die Frage, die so viele Menschen seiner Zeit aufrüttelte.

Die ersten beiden und dann die nächsten sechs Verse sind fest miteinander verklammert durch gleichlautende Zeilenanfänge und die Gleichheit des Satzbaus, durch die rhetorischen Mittel der anaphorischen Reihung und des Parallelismus. Auf die Frage, was Glanz und Pracht der Welt seien, werden sechs Antworten gegeben, die jeweils einen desillusionierenden Gegensatz benennen. Ihre Anordnung ist nicht beliebig, folgt vielmehr dem Gesetz der Steigerung. Der »schnöde Schein« in »kurtzgefaßten Grenzen«, die bildliche Umschreibung des Edelsteins, enthüllt die Welt als Blendwerk, der »schnelle Blitz« das Leben als einen kurzen Lichtblick inmitten tiefen Dunkels. Muster für die Entzauberungstechnik ist offenbar die mittelalterliche Darstellung der »Frau Welt«, die von vorn die schöne Schauseite einer Venus zeigt und von der Kehrseite einen Rücken voll Schlangen, Geschwüren und Maden. So erweist sich hier die liebliche Natur als Distelfeld, im schönen Gebäude haust die Krankheit. Mit dem Sklavenhaus als Lebens- und dem Grab als Bestimmungsort des Menschen erreicht die Enthüllungsreihe ihren Höhepunkt, wobei der achte Vers die bisherige Entgegensetzung von Schein und »Wirklichkeit« umdreht und so noch einmal mit Nachdruck das Blendwerkhafte der Welt (»Alabaster«) demonstriert.

Die beiden folgenden Verse ziehen das Resümee und bereiten zugleich den Appell an den Sinneswandel des noch im Schein befangenen Menschen vor. Nicht von »Fleisch« und »Lust«, sondern nur von der Optik der Seele her ist jene Orientierung zu gewinnen, die sicher zum Hafen (»Port«) hinführt. Das Gedicht teilt die Mahnung zur Umkehr mit vielen Gedichten der Zeit. Ein Generationsgenosse Hofmannswaldaus, der Lyriker und Mystiker Angelus Silesius (Johannes Scheffler), hat sie in einem seiner bekanntesten Sinngedichte – wenn auch mit eigener Akzentsetzung – aphoristisch auf den Punkt gebracht: »Mensch, werde wesentlich, denn wenn die Welt vergeht / So fällt der Zufall weg, das Wesen, das besteht.« Nur im Jenseits, so die Botschaft Hofmannswaldaus, besitzt die Schönheit, die im Hier mit so vielen Masken der Vergänglichkeit glänzt, auch Beständigkeit.

Aber nicht dieser »Botschaft« verdankt das Gedicht seinen Rang. Was es gegenüber anderen im Thema verwandten Gedichten auszeichnet, ist das einzigartige Zusammenspiel von dichterischer Demonstration (bildhaftem Aufzeigen) und Reflexion. Es betreibt im ersten Teil die Demaskierung mit einem geballten Aufgebot an Metaphern, an Anaphern, Parallelismen und Antithesen, das in ein spannungsvolles Verhältnis zum Enthüllungszweck tritt: Das Gedicht entlarvt den falschen Schein seinerseits mit einem rhetorischen Feuerwerk. Es begegnet dem Blendwerk, wenn auch in sprachlicher Form, mit seinen eigenen Waffen.

Vom Staccato-Stil, mit dem im ersten Teil dem »schnöden Schein« überfallartig die Masken abgerissen werden, wendet sich das Gedicht im zweiten Teil, die Desillusion nutzend, einem ruhigeren Argumentations- und Überredungsstil zu, den Imperative eindringlicher machen, bevor es mit der Verheißung winkt. Dieses Gedicht nimmt den ästhetischen »Schein« der Kunst von der Verachtung aus: Es brilliert mit einer hochartistischen Wirkungsstrategie.

Johann Wolfgang Goethe

Umfangen von Natur

Irdisches Vergnügen in Gott

Barthold Hinrich Brockes (1680–1747): Kirschblüte bei der Nacht

Kirschblüte bei der Nacht

Ich sahe mit betrachtendem Gemüte
Jüngst einen Kirschbaum, welcher blühte,
In kühler Nacht beim Mondenschein;
Ich glaubt, es könne nichts von größrer Weiße sein.
Es schien, als wär ein Schnee gefallen.
Ein jeder, auch der kleinste Ast
Trug gleichsam eine schwere Last
Von zierlich weißen, runden Ballen.
Es ist kein Schwan so weiß, da nämlich jedes Blatt,
Indem daselbst des Mondes sanftes Licht
Selbst durch die zarten Blätter bricht,
Sogar den Schatten weiß und sonder Schwärze hat.
Unmöglich, dacht ich, kann auf Erden
Was Weißers angetroffen werden.

Indem ich nun bald hin, bald her
Im Schatten dieses Baumes gehe,
Sah ich von ungefähr
Durch alle Blumen in die Höhe
Und ward noch einen weißern Schein,
Der tausendmal so weiß, der tausendmal so klar,
Fast halb darob erstaunt, gewahr.
Der Blüte Schnee schien schwarz zu sein
Bei diesem weißen Glanz. Es fiel mir ins Gesicht
Von einem hellen Stern ein weißes Licht,
Das mir recht in die Seele strahlte.

Wie sehr ich mich am Irdischen ergetze,
Dacht ich, hat Gott dennoch weit größre Schätze.
   Die größte Schönheit dieser Erden
   Kann mit der himmlischen doch nicht verglichen werden.

Der Text stammt aus der großen neunbändigen Gedichtsammlung, die der Hamburger Dichter zwischen 1721 und 1748 veröffentlichte und deren genauer Titel lautet: *Irdisches Vergnügen in Gott bestehend in verschiedenen aus der Natur und Sitten-Lehre hergenommenen Gedichten.* Der Autor verhehlt nicht seine Absicht zu belehren. Er bemüht sich in den Versen über die Kirschblüte um einen klaren Aufbau des Gedichts. Die ersten 14 Zeilen dienen der Betrachtung und dem Preis der Natur und einer daraus sich ergebenden Reflexion. Im zweiten Teil (Vers 15–25) wendet sich der Blick dem Sternenhimmel zu, es folgt der Vergleich der Sphären. Die Reflexion in den letzten vier Zeilen zieht eine Schlussfolgerung.

Keine Vergänglichkeitsstimmung wie bei den Barockdichtern Gryphius oder Hofmann von Hofmannswaldau wird hier durch die Betrachtung der Natur ausgelöst, sondern eine Freude an den Zeichen des Frühlings, die jener sommerlichen Freude verwandt ist, zu der das Kirchenlied Paul Gerhardts aufruft: »Geh aus mein Hertz und suche Freud / In dieser lieben Sommerzeit«. Aber von ganz anderer Art als bei Gerhardt ist die Hinwendung zur Natur, von einer Detailbesessenheit, die ihren Ausdruck in einer »Kleinmalerei« findet (der kleinste Ast, zierlich weiße und runde Ballen). Die Beobachtung strebt nach einer fast wissenschaftlichen Exaktheit. Im Versuch, die Farbe weiß genau zu bestimmen, gleicht der Dichter dem Maler, der nach der richtigen Weißtönung sucht. Und tatsächlich ist Brockes' *Irdisches Vergnügen in Gott* voller Beispiele für eine »malende« Poesie. Dem Grundsatz, dass die Malerei eine stumme Poesie und die Poesie eine redende Malerei zu sein habe, verhalfen im deutschen Sprachraum vor allem die Schweizer Theoretiker und Kritiker Bodmer und Breitinger durch ihre Zeitschrift *Discourse der Mahlern* (1721–1723) zum Durchbruch.

Im zweiten Teil des Gedichts scheint sich eine Abwertung der irdischen Welt anzudeuten, wie wir sie aus Barockgedichten kennen. Der Boden der Erfahrung wird verlassen, weil das Sternenlicht für den Beobachter nicht »tausendmal so weiß« sein kann wie das Weiß der Kirschblüte – es ist also jenes Licht aus dem Jenseits gemeint, das nicht die Augen wahrnehmen, sondern das in die Seele des Gläubigen fällt. Dass aber die sinnlich erfahrbare Welt Anlass freudigen Genusses sein und bleiben darf, gibt die erste der vier Schlusszeilen zu verstehen. Gott wird eben doch nicht nur als das Jenseitige, sondern im Irdischen erlebbar. Die physische Welt ist zum Ort der Gotteserfahrung, zur Quelle religiöser Freude geworden. Unangetastet bleibt freilich die unendliche Erhabenheit der himmlischen gegenüber der irdischen Schönheit, ihre Unvergleichlichkeit.

Wie hier das Weiß der Kirschblüte den Betrachter zum seelenerleuchtenden göttlichen Licht hinführt, so ist überall bei Brockes die Natur voller exemplarischer Verweisungen. Im Gedicht *Die Ameise* endet die Beschreibung des Ameisenhaufens im Garten so: »Du scheinst, wie sehr mir auch vor der Vergleichung graut, / Uns zum belehrenden Exempel vorgestellt: / Die Ameis ist der Mensch, der Garten ist die Welt.« Die Dichtung zeigt, wie in ihrer Weise die frühaufklärerische, Leibniz popularisierende Philosophie von Christian Wolff, das gesamte Dasein als ein System von Ursache und Wirkung Zweck und Absicht, das durchwaltet ist von der dem Menschen erkennbaren Vernunft Gottes.

Der Preis, den Brockes' Dichtung für ihren didaktischen Eifer zahlen muss, ist ihre Hausbackenheit. Für den heutigen Leser grenzt seine sprachliche Kleinmalerei manchmal an Pedanterie, sind seine immerfort aufgehenden Gleichungen von einer rührenden, aber auch enervierenden Schlichtheit.

Mond, der Gedankenfreund

Friedrich Gottlieb Klopstock (1724–1803):
Die frühen Gräber – Die Sommernacht

Die frühen Gräber

Willkommen, o silberner Mond,
    Schöner, stiller Gefährt der Nacht!
        Du entfliehst? Weile nicht, bleib, Gedankenfreund!
        Sehet, er bleibt, das Gewölk wallte nur hin.

Des Maies Erwachen ist nur
    Schöner noch, wie die Sommernacht,
        Wenn ihm Tau, hell wie Licht, aus der Locke träuft,
        Und zu dem Hügel herauf rötlich er kömmt.

Ihr Edleren, ach es bewächst
    Eure Male schon ernstes Moos!
        O wie war glücklich ich, als ich noch mit euch
        Sahe sich röten den Tag, schimmern die Nacht.

Die Sommernacht

Wenn der Schimmer von dem Monde nun herab
    In die Wälder sich ergießt, und Gerüche
        Mit den Düften von der Linde
        In den Kühlungen wehn;

So umschatten mich Gedanken an das Grab
    Der Geliebten, und ich seh in dem Walde
        Nur es dämmern, und es weht mir
        Von der Blüte nicht her.

> Ich genoß einst, o ihr Toten, es mit euch!
> Wie umwehten uns der Duft und die Kühlung,
> Wie verschönt warst von dem Monde,
> Du o schöne Natur!

Man kann die beiden Oden wie Seiten- oder auch Gegenstücke zu dem wohl bedeutendsten Gedicht aus Klopstocks Frühzeit lesen, zur Ode *Der Zürchersee* (1750), die mit dem berühmten Vers »Schön ist, Mutter Natur, deiner Erfindung Pracht« beginnt, mit einem Bild, das sich noch in Versen von Goethes Zürchersee-Gedicht *Auf dem See* widerspiegelt: »Wie ist Natur so hold und gut, / Die mich am Busen hält!« Obwohl der Titel der frühen Ode Klopstocks ein Landschaftsgedicht erwarten lässt, bleibt die Naturschilderung allgemein; vorherrschend ist das Gedankliche, der Preis großer Empfindungen. Aber selbst den Gedanken der Unsterblichkeit, des Fortlebens durch die Dichtung, überbietet noch der Preis der Freundschaft als der würdigsten aller Empfindungen. Auch mit seinen fernen, verstreuten Freunden wünscht der Dichter vereint zu sein, in »Hütten der Freundschaft«, in einem neuen »Elysium«. – In dieser Ode hat die Freundschaftsdichtung und -hymne des 18. Jahrhunderts einen ihrer Höhepunkte.

Kein Ort der Seligkeit wird in den beiden Oden von 1764 und 1766 beschworen, rückwärts gerichtet sind die Gedanken. Die Momente der Glückseligkeit liegen bereits in der Vergangenheit und das Erinnern gilt den Toten. Zu den »Edleren« sind auch Freunde zu rechnen; die Mittelstrophe des zweiten Gedichts wird genauer und bezieht sich auf die »Geliebte«. Im Jahr 1754 hatte Klopstock Meta (Margarethe) Moller geheiratet, schon 1758 war sie gestorben. In der Schlussstrophe von *Sommernacht* aber werden dann alle geliebten Toten in die elegische Rückerinnerung einbezogen.

Unüberhörbar ist in den beiden Oden das Echo einer aus England herübergekommenen Empfindungskultur und Dichtungsweise. 1751 hatte einer von Klopstocks Freunden Edward Youngs *Night Thoughts on Life, Death, and Immortality* übersetzt. In die Wirkungsgeschichte dieser *Nachtgedanken* in Deutschland schaltete sich bald Thomas Grays *Elegy written in a Country Churchyard* von 1750 ein; Friedhofspoesie kam in Mode. Eingegangen ist dieses damals wohlfeile Muster auch in Klopstocks Oden, aber mit einer nirgendwo sonst erreichten gedanklich-poetischen Konzentration.

Bei den meisten seiner Oden hat Klopstock das metrische Schema der Strophe dem Gedicht vorangestellt. Er pflegte antike Odenstrophen, wo er sie übernahm, metrisch leicht abzuwandeln. Obwohl er das angegebene Schema treu erfüllt, stellt sich nicht einen Augenblick lang der Eindruck ein, dass die Verse Sklaven des Metrums seien oder zum Skandieren einlüden. Über das metrische Gerüst spielt eine rhythmische Bewegung hinweg, die schon freie Rhythmen vorahnen lässt. So auch in unseren beiden Gedichten.

Ein wichtiges Signal der bewussten Abhebung poetischer von der Prosasprache gibt Klopstock mit der (zum Teil gewagten) Umkehrung der regelmäßigen Wortfolge, der Inversion – ein Beispiel bieten in der zweiten Strophe des Gedichts *Die frühen Gräber* die beiden ersten Verse. Stärker als im früheren setzt Klopstock im späteren Gedicht die Wirkung lautlicher Korrespondenzen ein: In der ersten, vom Mondschimmer sprechenden Strophe überwiegt der helle Klang der *i-* und *ü*-Laute, in der zweiten untermalen die *a*-Laute das Schatten- und Grabmotiv, während in der letzten Strophe die offeneren *o*- und *ö*-Laute wieder dem Freundlichen der Erinnerung entsprechen. Es scheint, als sei die Musik dieser Sprache schon sich selbst genug. Dem anderen Gedicht hat einer unserer größten Liedkomponisten seine Musik beigegeben: Franz Schubert vertonte *Die frühen Gräber*.

Der Mond, das poetische Nachtgestirn schlechthin, hier der »Gedankenfreund«, löst in beiden Gedichten den lyrischen Vorgang aus; und in beiden wird aus der Situation einer Sommernacht gesprochen. In *Die frühen Gräber* allerdings ist sie nur Folie für den Preis des Maimorgens im Frühling. Dass die Natur dem, der seiner Toten gedenkt, keinen Trost bereithält, wird ausdrücklich gesagt in *Sommernacht*: »... ich seh in dem Walde / Nur es dämmern, und es weht mir / Von der Blüte nicht her«. Und doch bereichert diese im Mondlicht liegende Natur den Einsamen, nämlich durch ihre Evokationskraft: Sie löst jene Erinnerung aus, die einen glücklichen Zustand zurückruft, in die Gegenwart der Gedanken und Empfindungen holt, sodass er noch einmal genossen und zugleich als verloren betrauert werden kann. Es gelangt umgekehrt in das elegische Erinnern, das die nächtliche Natur erweckt, auch ein Anflug von Selbstgenuss der Trauer, der schon auf die Empfindsamkeitsbewegung im letzten Drittel des Jahrhunderts vorausweist.

Welches von den beiden Gedichten das vollendetere, gültigere ist? Ich wage es nicht zu entscheiden. Mir scheinen sie beide nur Variationen eines einzigen Gedichts zu sein – einander ähnlich wie Zwillinge, die ja auch nacheinander geboren werden.

Im Labyrinth der Brust

Johann Wolfgang Goethe (1749–1832): An den Mond

Ein Kurzaufenthalt in Weimar, an einem Herbsttag des Jahres 1978. Da am anderen Morgen die Reise weitergeht, ein Abendrundgang durch den Stadtkern und hinaus in den Park an der Ilm, vorbei an Goethes Gartenhaus. Es ist längst dunkel geworden, Feuchtigkeit schlägt auf die Haut, leichte Nebelschleier heben sich aus den Wiesen. Und dann plötzlich taucht aus den treibenden Wolken der Mond auf. Ein unbeschreiblicher Moment, das Wunder des Wiedererkennens von etwas gar nicht Gesehenem. Nie wieder habe ich mich in einer Landschaft so unmittelbar in die Welt eines Gedichts versetzt, nie wieder mit dem Ich eines Gedichts wenigstens für einen Augenblick so identisch gefühlt wie hier. Ein Komet fiel aus der Welt der dichterischen Verse in meine eigene Welt.

An den Mond

Füllest wieder Busch und Tal
Still mit Nebelglanz,
Lösest endlich auch einmal
Meine Seele ganz;

Breitest über mein Gefild
Lindernd deinen Blick
Wie des Freundes Auge, mild
Über mein Geschick.

Jeden Nachklang fühlt mein Herz
Froh und trüber Zeit,
Wandle zwischen Freud' und Schmerz
In der Einsamkeit.

Fließe, fließe, lieber Fluß.
Nimmer werd' ich froh,
So verrauschte Scherz und Kuß,
Und die Treue so.

Ich besaß es doch einmal.
Was so köstlich ist!
Daß man doch zu seiner Qual
Nimmer es vergißt!

Rausche, Fluß, das Tal entlang,
Ohne Rast und Ruh,
Rausche, flüstre meinem Sang
Melodien zu!

Wenn du in der Winternacht
Wütend überschwillst,
Oder um die Frühlingspracht
Junger Knospen quillst.

Selig wer sich vor der Welt
Ohne Haß verschließt,
Einen Freund am Busen hält,
Und mit dem genießt,

Was von Menschen nicht gewußt,
Oder nicht bedacht,
Durch das Labyrinth der Brust
Wandelt in der Nacht.

Abgedruckt ist hier nicht die frühe Fassung des Gedichts aus der Zeit um 1776/78, die sich zwischen Briefen an Frau von Stein fand, sondern die von Goethe in die Schriften von 1789 übernommene, die wohl nach der Rückkehr von der Italienreise entstand.

Der elegische Stimmungsreiz, den in Gedichten Klopstocks oder Höltys das Mondlicht auslöst, ergreift auch hier das Ich: im »Nachklang« froher und »trüber Zeit«. Aber schon die erste Strophe nimmt auch einen kleinen Widerruf vorweg. Der sanfte Glanz des Gestirns »löst« endlich die »Seele ganz«, er besänftigt, er befreit. Zwar ringen noch »Freud' und Schmerz« miteinander, aber auch aus diesem Streit geht eine Entkrampfung, geht Katharsis hervor. So besitzt der Mond eine initiierende Kraft. Freund ist er, dem sich die innige Gemeinschaft von Mensch und Natur verdankt. Seelenarzt ist er, der das Vergangene, die erlittenen und zugefügten Verletzungen, zurückruft in eine entlastende Erinnerung.

Einen beruhigenden Rhythmus entfalten die Gruppen von vier- und dreihebigen Trochäen; das Zusammentreffen der Hebungen am Ende des Verses und am Beginn des nächsten zwingt immer wieder zu kurzem Halt in der rhythmischen Bewegung.

Das gilt auch dann noch, als mit dem Fluss ein neuer Adressat der Anrede und mit dem Motiv des Fließens das Bild des unwiderruflichen Strömens der Zeit auftaucht – eines Verströmens, das allerdings durch den Gang der Jahreszeiten (winterliche Zerstörung und frühlingshafte Wiedergeburt) seinen zyklischen Takt erhält. Mit dem Fluss-Motiv verbindet sich der einzige Selbstbezug der Dichtung: der Gedanke von der Herkunft der lyrischen Melodien aus den Tönen der Natur selbst. Eine kleine Poetik der Naturdichtung verbirgt sich in den Versen (wie am Ende des *Mailieds*). Nicht ausgesprochen ist der Gedanke, dass die dem Vergehen unterliegenden »Melodien« der Natur in der zeitüberwindenden Dichtung aufgehoben bleiben, aber mitgedacht werden darf er.

Die beiden letzten Strophen sprechen vom Wunsch nach einem Rückzug aus der Welt (der Gemeinschaft), der zugleich aus der Einsamkeit herausführt, nämlich in die Gemeinschaft mit einem Freund. Diesem Seelenbündnis der Freundschaft, in dem der Schlüssel für etwas jenseits aller bisherigen Erfahrung Liegendes, für Welterweiterung liegt, gilt die höchste Sehnsucht. Damit gipfelt in diesem Gedicht noch einmal jene Freundschaftsdichtung des 18. Jahrhunderts, die in Klopstocks Ode *Der Zürchersee* zum Hymnus wurde. »Aber süßer ist noch, schöner und reizender / In dem Arme des Freundes wissen ein Freund zu sein! / So das Leben genießen, / nicht unwürdig der Ewigkeit!« »O so bauten wir hier Hütten der Freundschaft uns! Ewig wohnten wir hier, ewig!«

Goethe verzichtet auf diesen hohen Feier- und Verkündigungston, steigert sich in keinen Ewigkeitsrausch, wendet sich vielmehr nach innen. Im Gedicht *An den Mond* vollzieht sich die Beseelung der Freundschaftsdichtung, aber es ist auch die unergründliche Tiefe eines »Labyrinths«, in die es weist.

Poesie in der Poesie

Joseph Freiherr von Eichendorff (1788–1857): Sehnsucht

Sehnsucht

Es schienen so golden die Sterne,
Am Fenster ich einsam stand
Und hörte aus weiter Ferne
Ein Posthorn im stillen Land.
Das Herz mir im Leibe entbrennte;
Da hab ich mir heimlich gedacht:
Ach, wer da mitreisen könnte
In der prächtigen Sommernacht!

Zwei junge Gesellen gingen
Vorüber am Bergeshang,
Ich hörte im Wandern sie singen
Die stille Gegend entlang:
Von schwindelnden Felsenschlüften,
Wo die Wälder rauschen so sacht,
Von Quellen, die von den Klüften
Sich stürzen in die Waldesnacht.

Sie sangen von Marmorbildern,
Von Gärten, die überm Gestein
In dämmernden Lauben verwildern,
Palästen im Mondenschein,
Wo die Mädchen am Fenster lauschen,
Wann der Lauten Klang erwacht
Und die Brunnen verschlafen rauschen
In der prächtigen Sommernacht. –

In diesem Gedicht aus dem Jahre 1834 sind sie fast alle da, die Signalwörter romantischer, Eichendorffscher Poesie: der Mondschein, die »Felsenschlüfte« und die Wälder, die Gärten und die Lauten, die Marmorbilder und Paläste, der Gesang der wandernden Gesellen und das Rauschen der Quellen, das Posthorn, die Einsamkeit und die Sehnsucht. Man hat das Kulissenhafte der Szenarien Eichendorffs erkannt, die Wiederholung oder die wechselnde Kombination eines begrenzten, requisitenhaften Bestands an Motiven, deren Austauschbarkeit, das Stereotype des Fensterblicks. Aus diesem engen Motivnetz fällt auch das Gedicht *Sehnsucht* nicht heraus.

Und trotzdem, was besagt dieses Wissen noch, wenn man die Gedichte Eichendorffs einzeln liest, wenn man in den je besonderen Zauberbann der Verse gerät? Zu diesem Gedicht habe ich ein ganz eigenes Verhältnis, das ich erklären muss. Ich wurde nach dem Kriegsende für mehrere Jahre in einem Gefangenenlager festgehalten. In Hörnähe lag der Bahnhof der Stadt, am Lager vorbei führte die Straße zur Stadtmitte. Unser Beobachtungs- und Wahrnehmungsstandpunkt hinter dem Stacheldraht hatte mit dem Fensterplatz des Einsamen in Eichendorffs Gedicht eines gemeinsam: Das wirkliche Leben lag jenseits der unmittelbaren Erreichbarkeit. Straßenpassanten und vor allem das Rollen der Züge und die Pfeifsignale der Lokomotive erzeugten genau jene Empfindungen, die sich im Gedicht zusammenfassen im Ausruf: »Ach, wer da mitreisen könnte!« Wie entfernt mir auch der Sprecher des romantischen Gedichts, wie wenig vergleichbar unsere Situation sein mochte, Eichendorffs *Sehnsucht* traf ins Innere eigener Wünsche, Hoffnungen, Tagträume. So wurde und blieb *Sehnsucht* eines meiner Lieblingsgedichte. Noch heute weckt jedes ferne Rollen der Züge und jedes Signal der Lokomotiven in mir sofort die Assoziation zum Posthorn in Eichendorffs Gedicht. (Tatsächlich ist ja fernes Rollen der Züge am Abend oder des Nachts zu einem »romantischen« Relikt in unserer modernen Zivilisation geworden.)

Damals setzte das romantische Inventar des Gedichts mit seinen Bildern sowohl unberührter wie menschlich besiedelter Natur meine Einbildungskraft in Gang, entschädigte nicht nur den Gefangenen für eine abhanden gekommene Welt, sondern entführte ihn auch in Gefilde reiner Phantasien. Posthorn, Wälder- und Quellenrauschen oder »dämmernde Lauben« wurden zu Codewörtern, die immer neue Vorstellungen herbeiriefen, in denen Erinnertes und Erhofftes wunschtraumhaft verschmolz.

In Eichendorffs Roman *Dichter und ihre Gesellen* werden die Verse von der Italienerin Fiametta gesungen; Erinnerungen an Mignons Sehnsuchtslied in Goethes *Wilhelm Meister* werden geweckt. Ich lese heute viel mehr die Melancholie, die der Sehnsucht im Gedicht unterlegt ist, mit. Es lässt sich ja nicht übersehen, dass dem Einsamen im Gedicht die berückende Welt der Landschaften, der Gärten und der Musik in doppelter Weise entrückt ist: Sie wird nur durch das Lied der Wandernden noch gegenwärtig. Was wir als romantische Zauberwelt empfinden, erscheint zum großen Teil schon im Gedicht als eine ästhetisch vermittelte Welt, ist Poesie in der Poesie.

Damit nimmt das Gedicht eine Distanz vorweg, in die uns das Zeitalter der Industriegiganten und der technischen Medien erst recht versetzt hat: Natur ist ganz ins Reservat zurückgedrängt, ins Naturmuseum, sie hängt an der Herz-Lungen-Maschine der Naturschutzparks. Hier wie dort gilt die Sehnsucht etwas fast Verlorenem. So wird das Gedicht zur Elegie.

Die tönende Welt

Eduard Mörike (1804–1875): Gesang zu Zweien in der Nacht

> Gesang zu Zweien in der Nacht
>
> Sie: Wie süß der Nachtwind nun die Wiese streift,
> Und klingend jetzt den jungen Hain durchläuft!
> Da noch der freche Tag verstummt,
> Hört man der Erdenkräfte flüsterndes Gedränge,
> Das aufwärts in die zärtlichen Gesänge
> Der reingestimmten Lüfte summt.
>
> Er: Vernehm ich doch die wunderbarsten Stimmen,
> Vom lauen Wind wollüstig hingeschleift,
> Indes, mit ungewissem Licht gestreift,
> Der Himmel selber scheinet hinzuschwimmen.
>
> Sie: Wie ein Gewebe zuckt die Luft manchmal,
> Durchsichtiger und heller aufzuwehen;
> Dazwischen hört man weiche Töne gehen
> Von selgen Feen, die im blauen Saal
> Zum Sphärenklang,
> Und fleißig mit Gesang,
> Silberne Spindeln hin und wieder drehen.
>
> Er: O holde Nacht, du gehst mit leisem Tritt
> Auf schwarzem Samt, der nur am Tage grünet,
> Und luftig schwirrender Musik bedienet
> Sich nun dein Fuß zum leichten Schritt,
> Womit du Stund um Stunde missest,
> Dich lieblich in dir selbst vergissest –
> Du schwärmst, es schwärmt der Schöpfung Seele mit!

Wohl manchem Leser werden wie mir beim Anfang des Gedichtes Verse aus Shakespeares *Kaufmann von Venedig* in der Schlegel-Tieckschen Übersetzung mitklingen. Lorenzos Worte aus dem Dialog mit Jessica auf dem Landsitz Belmont (V/1): »Wie süß das Mondlicht auf dem Hügel schläft! / Hier sitzen wir und lassen die Musik / Zum Ohre schlüpfen.« Der dramatische Dialog wird zur lyrischen Rede, die Liebe des Paares stimmt ein in den Zusammenhang von Mensch und Natur, ja in eine Weltharmonie. Denn die musikerfüllte Welt von Belmont hat teil an jener Sphärenharmonie, die – glaubt man der Lehre der Pythagoreer – den wohlproportionierten Kosmos durchtönt.

Und der Mörike-Leser wird vielleicht beim »Nachtwind«, der klingend »den jungen Hain durchläuft«, außerdem Verse aus dem Gedicht *An eine Äolsharfe* mithören, Mörikes Verse vom Wind, der in die Harfe fährt und sie zu »geheimnisvollem Saitenspiel« bewegt. Im *Gesang zu Zweien in der Nacht* bedarf es nicht einmal des Instruments; es ist die Natur selbst, es sind die Bäume des Hains, die sich dem Wind als Saiten bieten. Alles Dasein wird zu Musik, sobald Geräusche und Lärm des Tags verstummen.

Ein Mysterium vollzieht sich. Erdkräfte senden ihre »zärtlichen Gesänge« aufwärts; der Wind »schleift« sie mit, und seiner Bewegung folgt ein »hinschwimmendes« Licht des Himmels. Musik lenkt (zweite Strophe der Partnerin) die Vorstellung zu den Feen hin, die mit Gesang die Spindel drehen – Verweise auf die Parzen oder Nornen, die den Faden des Schicksals spinnen. Und mit dem Sphärenklang stellt sich auch das Schlüsselwort für die Harmonie des Kosmos ein. Aber nicht nur der Weltenraum, selbst der lautlose Stundenschritt der Nacht (Schlussstrophe), die Zeit also, hat teil an der alles durchwirkenden Musik. In der schwärmenden Musik- und Selbstvergessenheit der Nacht feiert die Schöpfung sich selbst.

Eine Vielzahl von Verben und Substantiven, Adjektiven und Adverbien bezeichnet Akustisches oder lässt es assoziieren. Der Musikalisierung der Welt entspricht die Musikalisierung der lyrischen Sprache. Das Schmelzende, Sanfte, Lösende bestimmt die Verskunst: der Wechsel der Verslänge, das Melodiöse der Vokale und der Reime, die Vielfalt der Reimanordnung, die Mannigfaltigkeit der rhythmischen Bögen, der Wechselgesang der Partner. Es ist allerdings die Nacht, nicht die Zeit des »frechen Tags«, die solche Musik hörbar macht. Und eben dieser Vorbehalt bewahrt das Gedicht vor dem Verdacht der Beschönigung einer zerspaltenen Wirklichkeit. Die »Sphärenharmonie« des Gedichts ist eine Wahrnehmung hochsensibler und, sagen wir es ruhig, poetischer Sinne. So hält der *Gesang zu Zweien in der Nacht* als ein Gebilde vollkommener Poesie auch Erfahrungen stand, die so viel rauer geworden sind als die des schwäbischen Pfarrers in der Windstille nach den Napoleonischen Kriegen.

Ein berühmter Vierzeiler Eichendorffs lautet: »Schläft ein Lied in allen Dingen, / Die da träumen fort und fort, / Und die Welt hebt an zu singen, / Triffst du nur das Zauberwort.« Nur wenige Dichter haben wie Eduard Mörike diesen Zauberschlüssel zu nutzen gewusst, nur wenige Gedichte wie *Gesang zu Zweien in der Nacht* die Welt so vollkommen als tönende Welt beschworen.

Friedrich Hölderlin

Rebellion

Tyrannenlästerung

Gottfried August Bürger (1747–1794): Der Bauer

DER BAUER

An seinen durchlauchtigen Tyrannen

Wer bist du, Fürst, daß ohne Scheu
Zerrollen mich dein Wagenrad,
Zerschlagen darf dein Roß?

Wer bist du, Fürst, daß in mein Fleisch
Dein Freund, der Jagdhund, ungebläut
Darf Klau und Rachen hau'n?

Wer bist du, daß durch Saat und Forst,
Das Hurra deiner Jagd mich treibt,
Entatmet, wie das Wild? –

Die Saat, so deine Jagd zertritt,
Was Roß, und Hund, und Du verschlingst,
Das Brot, du Fürst, ist mein.

Du Fürst hast nicht, bei Egg' und Pflug,
Hast nicht den Erntetag durchschwitzt.
Mein, mein ist Fleiß und Brot! –

Ha! du wärst Obrigkeit von Gott?
Gott spendet Segen aus; du raubst!
Du nicht von Gott, Tyrann!

Die Schlusszeile des Gedichts gibt das Stichwort für jene Gruppe politisch-sozialkritischer Lyrik des Sturm und Drang, zu der sich Bürgers Verse stellen lassen: die sogenannte Antityrannenlyrik. Zu ihr zählt *Die Fürstengruft* von Christian Friedrich Daniel Schubart, entstanden während der vom Herzog Karl Eugen von Württemberg ohne Urteil verhängten zehnjährigen Haft (1779): die lyrisch-rhetorische Anklage gegen eine fürstliche Willkür, die ein irdisches Inferno verschuldet. Sogar das Gedicht eines adligen Autors, des Grafen Friedrich Leopold von Stolberg (*Die Trümmer*) donnert gegen die »Zwingherrn«. Ihren späten rhetorisch-pathetischen Gipfelpunkt erreicht die »Antityrannenlyrik« in Schillers *Die schlimmen Monarchen* (1782).

Gottfried August Bürger ist vor allem als einer der Begründer der deutschen Kunstballade, als Autor der *Lenore*, in die deutsche Literaturgeschichte eingegangen. Und zum Gedicht *Der Bauer* (1774) schlägt die Ballade *Des Pfarrers Tochter von Taubenhain* eine Brücke, die Erzählung vom unschuldigen Mädchen, das durch den Schlossherrn von Falkenstein mit falschen Versprechen verführt, vom streng-bigotten Vater verstoßen und schließlich als Kindsmörderin hingerichtet wird. Noch näher steht dem Gedicht die Ballade *Der wilde Jäger*: Der »Wild- und Rheingraf« verletzt die Weihe der Gottesdienststunde und jagt mit seinem Jagdgefolge durch »Korn und Dorn, durch Heid' und Stoppel«. Er jagt einen weißen Hirsch, der in ein Ährenfeld flieht. Ein armer Landmann bittet um Erbarmen: »Verschont den sauren Schweiß der Armen!« Aber die Meute zerstampft nicht nur das Ährenfeld, sondern bricht auch noch in eine Herde ein. »Bluttriefend sank der Hirt zur Erde. / Bluttriefend Stück für Stück die Herde.«

Was die Ballade, im Rahmen der Sage (des Mythos) vom »Wilden Heer« erzählerisch entfaltet, bringt das Gedicht *Der Bauer* in eine (fiktive) Anrede an den Fürsten, den »Durchlauchtigen Tyrannen«. Bürger ist nicht der einzige unter den zeitgenössischen Autoren, die gegen das adlige Jagdrecht und seine rücksichtslose Wahrnehmung protestieren. Aber sein Gedicht bringt die Anklage in die bündigste Form.

Dem Anklagecharakter des Gedichts kommt ein Verzicht auf den Reim entgegen, wie er in Gedichten mit regelmäßigen Strophen, die nicht antiken Mustern folgen, zu Bürgers Zeit durchaus noch selten ist. So erhält das Gedicht eine vergleichsweise prosaische Rauheit, die dem Gerichtston der Ansprache Härte gibt. Die drei ersten Strophen beginnen anaphorisch mit dem »Wer bist du«, mit einer pochenden Frage. In immer neuem Anlauf werden Rücksichtslosigkeit und Jagdfrevel gebrandmarkt, eine brutale Arroganz, die den Menschen selbst zum Jagdwild macht und die Saat und damit die Ernte vernichtet. Georg Büchner wird später im *Hessischen Landboten* (1834) die saint-simonistische Unterscheidung von unproduktiver und produktiver Klasse übernehmen und zum Gegensatz von parasitärer und armer Klasse verschärfen. Solche Gedanken deuten sich in Bürgers Gedicht schon an und spitzen sich zu der Forderung zu, dass das Brot auch dem gehört, der »bei Egg' und Pflug« und am Erntetag dafür schwitzt. Ein zur Zeit des fürstlichen Absolutismus wahrhaft als unerhört empfundener Anspruch!

Wie jede Strophe durch die Verkürzung des vierhebigen Verses zum dreihebigen in der dritten Zeile einen Raffungseffekt erreicht, der den Kerngedanken wirkungsvoll herausbringt, so endet auch das Gedicht als Ganzes mit einer Zuspitzung der Aggressivität, mit der umstürzlerischen Leugnung des Gottesgnadentums der Fürsten. Es gibt in der Epoche des Sturm und Drang kein politisch kühneres und in der Form schlagkräftigeres Gedicht als dieses.

Klassische Zeit der Elegien

Ehrenrettung für einen Dichter

Matthias Claudius (1740–1815): An – als Ihm die – starb

An – als Ihm die – starb

Der Säemann säet den Samen,
Die Erd' empfängt ihn, und über ein kleines
Keimet die Blume herauf –

Du liebtest sie. Was auch dies Leben
Sonst für Gewinn hat, war klein Dir geachtet.
Und sie entschlummerte Dir!

Was weinest Du neben dem Grabe,
Und hebst die Hände zur Wolke des Todes
Und der Verwesung empor?

Wie Gras auf dem Felde sind Menschen
Dahin, wie Blätter! Nur wenige Tage
Gehen wir verkleidet einher!

Der Adler besuchet die Erde,
Doch säumt nicht, schüttelt vom Flügel den Staub und
Kehret zur Sonne zurück!

Diese Verse liebe ich besonders, seitdem ich weiß, mit welcher Verachtung man auf den Verfasser herabsah. Als Stefan George die Anthologie *Das Jahrhundert Goethes* vorbereitete und Karl Wolfskehl ihm das Gedicht vorlas, war er beeindruckt. Als er aber den Namen des Autors hörte, sagte er nur: »Quelle adresse!« Die Verse waren eine Zeitlang fälschlich Klopstock zugeschrieben worden, und so ließ sie George wider besseres Wissen zu den Klopstockschen Gedichten stellen. Das nenne ich eine perfide Art von Enteignung geistigen Eigentums.

Vielleicht sah sich George durch ironische oder abschätzige Urteile bedeutender Zeitgenossen von Claudius bestärkt. Für Goethe, dem während der italienischen Reise auch mancher Freund von ehedem ferner rückt, ist der Herausgeber des Journals *Der Wandsbeker Bote* nur ein Fußbote, der zum Evangelisten werden möchte, ein Narr voller einfältiger Anmaßungen. Wilhelm von Humboldt gar bezeichnet ihn nach einem Besuch, wie Schiller am 23. Oktober 1796 mit Genugtuung an Goethe berichtet, als »eine völlige Null«.

Soviel Einmütigkeit klassischer Kunstrichter ist verdächtig, und es lassen sich leicht auch Gegenstimmen zitieren – Karl Kraus, vielleicht der streitbarste Anwalt von Claudius, oder Herder, der Claudius' *Abendlied* (Der Mond ist aufgegangen) in seine Sammlung *Stimmen der Völker in Liedern* aufnahm: »Das Lied ist ... hergesetzt, ... einen Wink zu geben, welches Inhalts die besten Volkslieder sein und bleiben werden.« Das ist es: Wir sollten Claudius als einen Volksdichter sehen, in einer Reihe mit dem Erzähler Johann Peter Hebel und dem Volkstheaterautor Ferdinand Raimund – als einen Klassiker der Kalenderdichtung, deren scheinbare Einfachheit nicht mit Infantilität zu verwechseln ist.

Viele der Gedichte Claudius', die überlebten, handeln vom Tod (etwa *Der Tod und das Mädchen* oder *Der Tod*), von »Freund Hein« (*Nach der Krankheit*). Unser Gedicht entstand sehr wahrscheinlich nach dem Tod von Claudius' verheirateter Schwester (1766). Mit seiner an antike Formen angelehnten reimlosen Strophe erinnert es an den Klopstockschen Odenstil, was die Verwechslung der Autoren verzeihlich macht. Allerdings fehlt das Feierliche, ja Pathetische Klopstockscher Oden. Unüberhörbar sind die Anklänge an den 103. Psalm (»Der Mensch ist wie Gras, wie eine Blume auf dem Feld«). Bibel- und Odenton durchdringen einander.

Das Gedicht entwickelt sich als Zuspruch, als Besänftigung der Klage um einen Toten. Die Metapher der Wolke – die Wolke ist das Transitorische schlechthin, die rasch wechselnde und sich auflösende Gestalt – umschreibt sowohl die Hinfälligkeit des menschlichen Leibes wie aber auch die Vorläufigkeit des Todes selbst. Und diese beiden Bedeutungsglieder werden in den letzten zwei Strophen auseinander gefaltet, zunächst wieder durch die Bildlichkeit des Psalms, dann durch das Bild des Adlers: deutbar als Metapher für das Unsterbliche des Menschen, das sich nur kurz an den irdischen Leib bindet und zum Licht zurückkehrt (den Adler als Allegorie der Geistseele des Menschen kennen wir aus christlicher Dichtung).

Vom Dichter selbst wird die Metapher nicht entschlüsselt. Gerade weil die Tröstung nichts Aufdringliches hat und an den, der die Glaubensvoraussetzungen des Autors nicht teilt, kein Ansinnen stellt, ist dies eines der vollkommenen Gedichte deutscher Literatur. – Als sich Stefan George für diese Verse entschied, war seine Wahl auch eine ungewollte Ehrenrettung für den Autor.

Fragment, dem keine Zeile fehlt

Ludwig Christoph Heinrich Hölty (1748–1776): Ihr Freunde ...

Ihr Freunde hänget, wann ich gestorben bin,
Die kleine Harfe hinter dem Altar auf,
    Wo an der Wand die Totenkränze
        Manches verstorbenen Mädchens schimmern.

Der Küster zeigt dann freundlich dem Reisenden
Die kleine Harfe, rauscht mit dem roten Band,
    Das, an der Harfe festgeschlungen,
        Unter den goldenen Saiten flattert.

Diese Ode ist von ihrem Autor für keinen Almanach eingereicht worden und war für keine Gedichtsammlung vorgesehen. Sie fand sich auf der Rückseite eines Ausleihscheins der Göttinger Bibliothek vom 9. November 1774 und ließ sich identifizieren durch die Unterschrift »Hölty, bei dem Schuster Muhlert auf der Nicolaistraße«. Als Johann Heinrich Voß mit dem Grafen Friedrich Leopold von Stolberg 1783 eine Ausgabe der nachgelassenen Gedichte besorgte, glaubte er Hölty einen Freundschaftsdienst zu erweisen, indem er das vermeintliche Fragment durch eine dritte Strophe ergänzte. Wir lassen das Produkt des guten Willens, aber zugleich des ästhetischen Gouvernantentums auf sich beruhen.

Ich habe unter Höltys Gedichten dieses ausgewählt, weil in ihm die Persönlichkeit des Dichters am konzentriertesten enthalten ist. 1776 im Alter von nicht einmal 28 Jahren an der Schwindsucht gestorben, zählt Hölty zu den vielen Frühverstummten unserer Literatur. Dennoch hat kein Dichter des Hainbundes, dessen Mitglied er war, ihn als Lyriker erreicht.

Noch spielerisch verfügte er über die Form in seiner anakreontischen Poesie, in der die Figuren der antiken Mythologie sich tummeln. Nur selten stimmte er in die modischen Bardengesänge ein; seine Ode *An Teuthard*, an die »Muse Teutoniens«, wirkt denn auch wie eine Pflichtübung. Der Ton seiner frischen Mai- und Minnelieder ließ sich nicht immer durchhalten, zu früh wurde die Vorahnung des Todes seine ständige Begleiterin. So steht auch die neue Innigkeit des Naturgefühls bei ihm in engem Wechselbezug zum Erlebnis eigenen Ausgeschlossenseins.

Eigentliches Erkennungszeichen der Lyrik Höltys ist, was Friedrich Beißner die elegische Ode genannt hat. In unserem Gedicht gelangt sie zu ihrer Lapidarform. Ode ist das Gedicht in wörtlichem Sinne; Hölty übernimmt – in der Nachfolge Klopstocks – die Strophe der antiken alkäischen Ode. In diese Form eingebunden sind Stimmung und Motive der von England herübergekommenen Kirchhofspoesie. Totenkranz und rotes Band (»Flittergold und rote Bänder«

auf Gräbern von Mädchen und Jünglingen) finden wir auch in Höltys *Das Landleben* und *Elegie auf einen Dorfkirchhof.* Der frühe Tod Höltys verleiht den scheinbar konventionellen Bildern nachträglich volle Authentizität.

Das Gedicht ist, mit seiner zweimaligen Einheit von Strophe und Satz, auf eindringliche Weise schlicht. Über das metrische Gerüst der alkäischen Ode gleiten Satz und Gedanke fast mühelos. Die geprägte Form, keine Fessel mehr, ermöglicht Prägnanz. Weitere gedankliche Verdichtung gelingt durch symbolhaften Wortgebrauch.

Den Dichter bewegt in der Gewissheit des baldigen Todes der Wunsch, nicht vergessen zu werden. Einbezogen sein in die Erinnerung soll vor allem sein Werk, deshalb die Bitte an die Freunde, (statt eines Kranzes) die Harfe – das symbolische Attribut des Sängers, des Lyrikers – hinter dem Altar aufzuhängen. Im Bild der Kränze jungverstorbener Mädchen deutet sich das Thema der Minnelieder noch einmal an: umgebrochen zum Motiv einer Toten-Minne.

Unter die Lebenden wünscht sich der Tote durch die Vermittlung des dichterischen Worts, seines Symbols. Und sowohl der Küster, der die Harfe zeigt, wie die Reisenden, die sich ihr zuwenden, sind Bürgen des Nichtvergessenseins. Die Harfe tönt nicht mehr – nur das sie umschlingende Band rauscht und flattert –, aber die Macht des Tons ist übergegangen ins Strahlen der Saiten. Alle Hoffnung sammelt der Dichter am Ende in der – fast möchte man sagen sieghaften – Farbmetapher der »goldenen« Saiten.

Nein, diese Ode ist kein Fragment, ihr fehlt nicht eine einzige Zeile. Jedes zusätzliche Wort verstümmelt sie.

Das Doppelglück der Töne wie der Liebe

Johann Wolfgang Goethe (1749–1832): Trilogie der Leidenschaft, dritter Teil: Aussöhnung

Mittel- und Hauptteil der *Trilogie der Leidenschaft* ist die »Elegie«, auch bekannt unter dem Titel *Marienbader Elegie.* Sie entstand Anfang September 1823 auf der Rückfahrt Goethes von Marienbad nach Weimar. Voraufgegangen war die große Enttäuschung einer Altersleidenschaft, der Liebe des mehr als siebzigjährigen Goethe zur 1821 siebzehnjährigen Ulrike von Levetzow, die er in den Jahren zwischen 1821 und 1823 mit ihrer Mutter und ihren beiden Schwestern im böhmischen Kurort traf. Sein förmlicher Heiratsantrag war abgelehnt worden, die *Elegie* ist Zeugnis einer unerhörten Erschütterung.

In der Werkausgabe letzter Hand, in der Sammlung von 1827, hat Goethe vor die *Elegie* das Gedicht *An Werther* und hinter sie das Gedicht *Aussöhnung* gestellt. Diese Anordnung entspricht dem Sinnzusammenhang, aber von der

Entstehungsgeschichte her müssten wir die Gedichte gerade in umgekehrter Reihenfolge lesen. *An Werther*, Ende März 1824 in Weimar für einen Jubiläumsdruck des Romans von 1774 geschrieben, spricht zu der Romanfigur wie zu einem Jugendfreund und stimmt mit den Motiven Leidenschaft und Scheiden das große Thema der *Elegie* schon an. Das Schlussgedicht der Trilogie, Mitte August 1823 in Marienbad entstanden, war der polnischen Pianistin Marie Szymanowska gewidmet, die mit der Berliner Sängerin Anna Milder-Hauptmann und anderen für gesellige Höhepunkt des Kurlebens sorgte.

Der Sprecher der *Elegie*, der Zurückgewiesene, fühlt sich wie aus dem Paradies verjagt. Dass ihm nun die Paradiespforte verschlossen ist, hat ihn auch »verschlossen in sich selbst«. Liebes- und Selbstverlust bedeuten zugleich Weltverlust. Aber immer wieder kehrt die Klage zu den Bildern der Erinnerung zurück. Was Liebe »auf's lieblichste geleistet« hat, fasst diese Strophe zusammen:

> In unsers Busens Reine wogt ein Streben,
> Sich einem höhern, reinern, unbekannten,
> Aus Dankbarkeit freiwillig hinzugeben,
> Enträtselnd sich den ewig Ungenannten;
> Wir heißen's: fromm sein! – solcher seligen Höhe
> Fühl' ich mich teilhaft, wenn ich vor ihr stehe. (V. 79–84)

Von der versittlichenden Wirkung der Liebe spricht die *Elegie*. Doch in den letzten Strophen müssen die Erinnerungsszenen ganz der Klage weichen, und am Ende hat nur noch Verzweiflung das Wort:

> Mir ist das All, ich bin mir selbst verloren,
> Der ich noch erst den Göttern Liebling war;
> Sie prüften mich, verliehen mir Pandoren,
> So reich an Gütern, reicher an Gefahr;
> Sie drängten mich zum gabeseligen Munde,
> Sie trennen mich, und richten mich zu Grunde. (V. 133–138)

Was hier zur Sprache drängt, raubt der Seele alle Fassung, sprengt den Klageton der Elegie. Der Schmerz treibt die Rede ins Pathos der Tragödie. Und eben an diesem Punkt kann auch die Katharsis der Tragödie einsetzen. Von der lösenden, befreienden Wirkung der Kunst handelt das Schlussgedicht *Aussöhnung*.

AUSSÖHNUNG

Die Leidenschaft bringt Leiden! – Wer beschwichtigt,
Beklommenes Herz, dich, das zu viel verloren?
Wo sind die Stunden, überschnell verflüchtigt?
Vergebens war das Schönste dir erkoren!
Trüb ist der Geist, verworren das Beginnen;
Die hehre Welt, wie schwindet sie den Sinnen!

Da schwebt hervor Musik mit Engelsschwingen,
Verflicht zu Millionen Tön um Töne,
Des Menschen Wesen durch und durch zu dringen,
Zu überfüllen ihn mit ewger Schöne:
Das Auge netzt sich, fühlt im höhern Sehnen
Den Götter-Wert der Töne wie der Tränen.

Und so das Herz erleichtert merkt behende,
Daß es noch lebt und schlägt und möchte schlagen,
Zum reinsten Dank der überreichen Spende
Sich selbst erwidernd willig darzutragen.
Da fühlte sich – o daß es ewig bliebe! –
Das Doppel-Glück der Töne wie der Liebe.

Der enge Zusammenhang dieses Gedichts mit der *Elegie* wird auch dadurch sinnfällig, dass Goethe für beide – anders als beim Gedicht *An Werther* – die um zwei Verse verkürzte Form der (achtzeiligen) Stanze wählt. Vor allem aber zieht der Anfang des Gedichts *Aussöhnung* noch einmal eine verallgemeinernde Bilanz aus dem Vorhergehenden: »Die Leidenschaft bringt Leiden!« Auch der elegische Ton wird noch einmal aufgenommen. Die erste Strophe beklagt die Verluste des Herzens und der Sinne.

Damit ist die Voraussetzung geschaffen für einen Umschlag. Mit Beginn der zweiten Strophe tritt ein, was der Titel *Aussöhnung* ankündigt. Als rettender Engel erscheint die Musik. Der »trübe Geist« wird aufgerichtet; überwältigt von der Macht der Töne, gibt sich der Mensch der ewigen Schönheit hin und einer Rührung, die alle Schmerzen lindert. Eine Verschiebung vom Allgemeinen zur besonderen Situation des Ich deutet sich in der dritten Strophe an.

Musik hat, kurz vor dem endgültigen Abschied von Ulrike, an Goethe selbst ihre tiefe Wirkung bewiesen. Am 24. August 1823 schreibt er an seinen Freund, den Komponisten Zelter: »Nun aber doch das eigentlich Wunderbarste! Die ungeheure Gewalt der Musik auf mich in diesen Tagen.« Das bezieht sich auf die »Stimme der Milder, das Klangreiche der Szymanowska«. Was in der Abfolge der Wirklichkeitsereignisse der schmerzlichen Enttäuschung vorangeht, erhält in der *Trilogie der Leidenschaft* seine Funktion erst nach ihr. Die Dichtung lässt sich ihre Logik nicht durch kalendarische Vorgaben der Biographie diktieren.

In zeitlicher Nähe zur *Trilogie der Leidenschaft* ist der (1827 erschienene) Aufsatz *Nachlese zu Aristoteles' Poetik* entstanden. An der Tragödie erläutert Aristoteles bekanntlich die Kraft der Kunst zur Katharsis, zur Entladung und Reinigung der leidenschaftlichen Erregungszustände, zur Befreiung der Seele; Goethe deutet die Katharsis als »aussöhnende Abrundung« und sieht in der Musik einen »analogen Fall«. Seine *Marienbader Elegie* ist, in lyrischer Form, eine »Tragödie im Innern«, und das Schlussgedicht der Trilogie setzt die Vorstellung von der befreienden Wirkung der Kunst ganz in dichterische Bildlichkeit um. Das »Doppel-Glück der Töne wie der Liebe« liegt im Schnittpunkt von Goethes Kunsterlebnis und seiner Lebenserfahrung.

ÜBER DIE STERBLICHKEIT DES SCHÖNEN

Friedrich Schiller (1759–1805): Nänie

NÄNIE

Auch das Schöne muß sterben! Das Menschen und Götter bezwinget,
    Nicht die eherne Brust rührt es des stygischen Zeus.
Einmal nur erweichte die Liebe den Schattenbeherrscher,
    Und an der Schwelle noch, streng, rief er zurück sein Geschenk.
Nicht stillt Aphrodite dem schönen Knaben die Wunde,
    Die in den zierlichen Leib grausam der Eber geritzt.
Nicht errettet den göttlichen Held die unsterbliche Mutter,
    Wann er, am skäischen Tor fallend, sein Schicksal erfüllt.
Aber sie steigt aus dem Meer mit allen Töchtern des Nereus,
    Und die Klage hebt an um den verherrlichten Sohn.
Siehe! Da weinen die Götter, es weinen die Göttinnen alle,
    Daß das Schöne vergeht, daß das Vollkommene stirbt.
Auch ein Klaglied zu sein im Mund der Geliebten, ist herrlich,
    Denn das Gemeine geht klanglos zum Orkus hinab.

Von Schillers hymnischem Gesang auf das Glück, die Schönheit und deren Vollendung »von Ewigkeit her« im Gedicht *Das Glück* (1799) und seinem Gesang von der Überwindung des Todes durch die Schönheit im Gedicht *Das Ideal und das Leben* (1795) ist *Nänie* (1799, gedruckt 1800) einen ganzen Pendelschlag entfernt: als ein Gegenentwurf. »Naenia« nannte man im antiken Rom das bei einem Leichenbegängnis gesungene Klagelied. Eine Elegie ist Schillers Gedicht nicht nur in diesem inhaltlichen Sinne, sondern auch mit seinen Distichen: der in der Antike geforderten Form (Doppelversen aus Hexameter und Pentameter).

Grundsätzlich muss sich der Leser Schillerscher Lyrik auf ihre Besonderheit einstellen: das rhetorische und das philosophisch-reflektierende Moment. Wie ganz selten tritt aber in *Nänie* der rhetorische Stil zurück. Keine ausladende Bewegung, keine immer wieder neu ansetzende Variation ein und desselben Themas, die das Gedicht anschwellen lässt. Der Schillersche Wortreichtum ist hier unter das Gesetz der Verdichtung gestellt. Die gedankliche Bewegung entspringt einem einzigen Impuls und entfaltet sich innerhalb der Grenzen von nur vierzehn Verszeilen (darin gleicht es einer anderen Konzentrationsform, dem Sonett).

Die elegische Stimmung objektiviert sich in antik-mythischen Bildern und Vorgängen, in drei Beispielen für den unwiderruflichen Tod des Schönen: an der Sage vom gescheiterten Versuch des Orpheus, Eurydike aus dem Hades zurückzuholen; an der Tragik des göttlich schönen, aber irdisch-sterblichen, von Aphrodite betrauerten Adonis und am Heldentod des Achill, den seine göttliche Mutter Thetis nicht rettet. Gerade die Figur des Achill markiert den Gegensatz zum Gedicht *Das Glück*, wo Achill ganz und nur als Günstling der Götter gesehen wird.

Und doch gibt in *Nänie* die Figur des Achill auch den Anstoß zu einer – zumindest halben – Gegenwendung im Gedicht, die vom »aber«, der adversativen Konjunktion, am Anfang der neunten Verszeile angekündigt wird und jenen Gedanken einleitet, der dem Gesetz der Sterblichkeit und Hinfälligkeit seine Schärfe nimmt: Alle Götter und Göttinnen weinen über das Vergehen des Schönen und Vollendeten, und das Lied bewahrt vor dem dumpfen Versinken in die Unterwelt, dem das Gemeine unterliegt.

Also Preis der rühmenden, Dauer verbürgenden Kraft des Gesangs? Überwindung der Vergänglichkeit durch Kunst und Dichtung? Dieses klassische Thema taucht hier nur in sehr zurückgenommener Weise auf: Nicht mehr rühmen, sondern nur noch beklagen kann das Lied, nicht mehr die Vergänglichkeit aufhalten, sondern nur sie bestätigen als *Nänie*, als »Bestattungsgesang«. So ist die Dichtung Klagelied über die Sterblichkeit auch des Schönen und zugleich Klagelied über die Grenzen der Dichtung. Nur noch der Abglanz des Schönen bleibt; er geht ein ins Lied und – wie es geschehen kann, zeigt Schillers *Nänie* selbst – überdauert in der Schönheit der Dichtung.

GÖTTERLOSE GEGENWART

Friedrich Hölderlin (1770–1843): Sonnenuntergang

In einer vierstrophigen Fassung, die Hölderlin Ende Juni 1798 mit weiteren Gedichten an Schiller schickte, hieß das Gedicht noch *Dem Sonnengott*. Schiller nahm zwar andere der übersandten Gedichte, nicht aber dieses in den *Musenalmanach für das Jahr 1799* auf. Und Hölderlin arbeitete die vierstrophige zur zweistrophigen Fassung *Sonnenuntergang* um. Dem Kürzungsvorgang verdanken wir nicht nur eine Straffung, eine lyrische Konzentration, sondern auch eine ungewöhnliche poetische Vervollkommnung des Gedichts.

SONNENUNTERGANG

Wo bist du? trunken dämmert die Seele mir
   Von aller deiner Wonne; denn eben ist's,
     Daß ich gelauscht, wie, goldner Töne
       Voll, der entzückende Sonnenjüngling

Sein Abendlied auf himmlischer Leier spielt';
   Es tönten rings die Wälder und Hügel nach.
     Doch fern ist er zu frommen Völkern,
       Die ihn noch ehren, hinweggegangen.

Helios, jüngste Gestalt des Sonnengottes, wurde in Griechenland bei Sonnenaufgang und -untergang durch Gebete geehrt. Darstellung bildlicher Kunst am Tempel oder Altar zeigen ihn als Lenker eines Viergespanns. Vom »goldnen Wagen« des Helios spricht Schillers Gedicht *Die Götter Griechenlands*. Neu gegenüber der früheren Fassung ist in Hölderlins *Sonnenuntergang* das Bild der »himmlischen Leier«. So kommt in der zweiten Strophe die Gestalt Apollons mit ins Bild. Apollon war in ursprünglicher Bedeutung der Gott des Sonnenlichts, und als solcher wurde er zum Schutzgott geistiger Reinheit und kultureller Bildung, zumal – mit dem Attribut der Leier – zum Gott des Gesangs und des besänftigenden Kitharaspiels.

So lassen sich fast alle Bilder des Gedichts auf Inspirationen durch den griechischen Mythos zurückführen. In der vierstrophigen Fassung des Gedichts ist das Wort »Gold« noch eingebunden ins Substantiv »Goldgewölk«, in *Sonnenuntergang* aber nimmt sich der Dichter die poetische Freiheit der Vermischung von Sinneswahrnehmungen, und die »goldnen Töne« bereiten die Synästhesie der tönenden Wälder und Hügel vor.

Das Gedicht steht in der alkäischen Odenstrophe und es ist bewundernswert, wie sich hier metrische »Pflicht« und rhythmische »Freiheit« verbünden und wechselseitig stützen, wie locker die rhythmische Bewegung von der ersten Strophe in die zweite schwingt. So findet Ehrfurcht Halt im Metrum, die von göttlicher Wonne trunkene Seele Atemfreiheit im Rhythmus.

Schon der erste Satz, »Wo bist du?«, ist Anrede an etwas Enteiltes, Vergangenes, Verlorenes, präludiert den elegischen Ton, den die beiden Schlussverse voll aufnehmen. Dieser Sonnenuntergang ist nicht nur Abschied der Sonne, die nun der anderen Seite der Erde für eine Tageshälfte leuchten wird. Dass in jenen Breiten Völker leben, die den Sonnenjüngling »noch ehren«, macht uns plötzlich das Außenseitertum des vom Gott Begeisterten, den Abfall seines Volkes von den Göttern bewusst. Der Sonnenuntergang verweist auf den Untergang einer Goldenen Zeit der Götternähe; den Schluss des Gedichts beherrscht Trauer über eine götterlose Gegenwart.

Diese Trauer ist ein Hauptmotiv Hölderlinscher Dichtung. Sie ist von anderer Art als Schillers elegischer Abgesang im Gedicht *Die Götter Griechenlands* (1788/93):

> Wo jetzt nur, wie unsre Weisen sagen,
> Seelenlos ein Feuerball sich dreht,
> Lenkte damals seinen goldnen Wagen
> Helios in stiller Majestät.
>
> (Strophe 3)
>
> .....
>
> Ja, sie kehrten heim, und alles Schöne,
> Alles Hohe nahmen sie mit fort,
> Alle Farben, alle Lebenstöne,
> Und uns blieb nur das entseelte Wort.
>
> Aus der Zeitflut weggerissen, schweben
> Sie gerettet auf des Pindus Höhn:
> Was unsterblich im Gesang soll leben,
> Muß im Leben untergehn.
>
> (Strophe 16)

Schiller beklagt also den Verlust der Bilderwelt des Mythos, aber er siedelt die Götter ins »Fabel-«, »Feen-« und »Dichterland« aus. Gerade diese Entwirklichung der Götterwelt möchte Hölderlin noch einmal rückgängig machen. »Ihr kalten Heuchler, sprecht von den Göttern nicht!« heißt es im Gedicht *Die scheinheiligen Dichter*. »Ihr habt Verstand! ihr glaubt nicht an Helios.« Und eben die Frommheit der Griechen, deren Verehrung der Götter verlangt er in den Versen *An die jungen Dichter* seinen »Brüdern« ab. Was im Schluss der Ode *Sonnenuntergang* mitklingt, ist Resignation.

Heilignüchtern

Friedrich Hölderlin (1770–1843): Hälfte des Lebens

Hälfte des Lebens

Mit gelben Birnen hänget
Und voll mit wilden Rosen
Das Land in den See.
Ihr holden Schwäne,
Und trunken von Küssen
Tunkt ihr das Haupt
Ins heilignüchterne Wasser.

Weh mir, wo nehm ich, wenn
Es Winter ist, die Blumen, und wo
Den Sonnenschein,
Und Schatten der Erde?
Die Mauern stehn
Sprachlos und kalt, im Winde
Klirren die Fahnen.

Im Gedicht ist die Mitte des Lebens Anlass zur Momentaufnahme und zur besorgten Vorausschau in die zweite Hälfte, und beide werden zum Gradmesser des Daseinsgefühls. Hölderlin nutzt die Symbolik von Naturbildern und bringt die beiden Perspektiven auf den Gegensatz von Sommer und Winter. Den Jahres- oder Lebenszeiten ist je eine der beiden Strophen zugeteilt. Eine Anordnung also von großer Einfachheit, aber von jener Einfachheit, wie nur höchst subtile Kunst sie bedeutend macht. Nicht umsonst ist *Hälfte des Lebens*, um die Wende vom 18. zum 19. Jahrhundert entstanden, eines der bekanntesten und geliebtesten Gedichte der deutschen Literatur.

Den Sommer kennzeichnen Fruchtsegen und üppige Augenfreude, und am Drehpunkt der siebenzeiligen Strophe erscheinen liebeselige Schwäne, deren Trunkenheit zum »heilignüchternen« Wasser, in das sie ihre Köpfe tauchen, in merkwürdigem Gegensatz steht. Offensichtlich lagert sich in die Naturbildlichkeit und ihre Lebenssymbolik ein weiteres Bedeutungselement ein. Die Vorstellung vom Dichter als Schwan ist alt und das in sich widersprüchliche Begriffspaar, das Oxymoron »nüchterne Trunkenheit« finden wir als Schlüsselwort in einer aus der Antike stammenden Dichtungslehre (Pseudo-Longinus' Schrift *Vom Erhabenen*), wonach der Dichter Begeisterung und Besonnenheit ins Gleichgewicht bringen muss. Martin Heidegger hat Hölderlin einmal den »Dichter der Dichter« genannt und damit angedeutet, wie sehr bei Hölderlin der

Dichter zum Thema der Dichtung wird. So haben wir auch hier »Schwäne« als Metapher für die Dichter zu verstehen.

In der zweiten Strophe kündigt gleich der Beginn mit dem »Weh mir«, dem Ausruf der Klage und des Schmerzes, eine neue Tonart und Lebensstimmung an. Das in der ersten Strophe hinter dem Beobachter verborgene Ich tritt ausdrücklich hervor und bekennt seine Zukunftsangst. Der Winter stellt sich zunächst, mit der Abwesenheit dessen, wodurch der Sommer erfreute, als Jahreszeit des Mangels dar, dann aber in seiner ganzen Aggressivität. Seit Hölderlin ist das vielzitierte (synästhetische) Bild der klirrenden Fahnen (Wetterfahnen), das den Gefriervorgang hörbar macht, fast ein Synonym für schneidende Kälte. Die Dichtermetapher der ersten Strophe wird zurückgenommen, aufgehoben im Eigenschafts- oder Umstandswort für die abwehrende Schroffheit der Mauern: »sprachlos«.

So wird das Gedicht zum Ausdruck einer Bewusstseinskrise, in der sich das Ich nach der »Hälfte des Lebens« wiederfindet, einer Krise, die auf der Ebene der Dichtermetaphorik ein schöpferisches Verstummen anzeigt. Aber das Gedicht nur autobiographisch zu lesen, geht nicht an. Der zweite Teil des Gedichts ist die Vision einer möglichen Zukunft. Dass die Biographie Hölderlins, des Dichters im Tübinger Turmzimmer am Neckar, die Vision einholen wird, ist freilich auch wahr.

Die scheinbare Einfachheit des Gedichts wird durchsichtig für eine beziehungsreiche Mehrdeutigkeit, die sich weiter verfolgen ließe. Aber man muss, um dieses Gedicht zu lieben, nicht unbedingt in den Schacht der Tiefenschichten steigen. Die große Wirkung des Gedichts beruht gerade auf seiner einsehbaren Symbolik, auf den Ausdruck von Lebensstimmungen, die von vielen nachvollzogen oder gar erfahren werden können, und auf der Unvergleichlichkeit Hölderlinscher Verskunst. Voller Antworten auf die erste Strophe ist die zweite; Wörter und Bilder treten in einen spannungsvollen Dialog. Trotz solcher Klammern aber entfalten die beiden Strophen ihren je eigenen sprachlichen Rhythmus: den gelösten, ausschwingenden die erste, den in der Frage immer wieder blockierten Rhythmus die zweite. Und deutlich zieht sich eine Spur durch das Gedicht, von einer mehr »trunkenen« zu einer mehr »nüchternen« Poesie, die im ganzen das jede fade Ernüchterung ausschließende Prädikat »heilignüchtern« verdient.

Das Wort

Aug in Auge

Johann Wolfgang Goethe (1749–1832): Wink

WINK

Und doch haben sie recht, die ich schelte:
Denn daß ein Wort nicht einfach gelte,
Das müßte sich wohl von selbst verstehn.
Das Wort ist ein Fächer! Zwischen den Stäben
Blicken ein Paar schöne Augen hervor.
Der Fächer ist nur ein lieblicher Flor.
Er verdeckt mir zwar das Gesicht
aber das Mädchen verbirgt er nicht.
Weil das Schönste, was sie besitzt
Das Auge, mir ins Auge blitzt.

Diese Verse stehen im *Buch Hafis* des *West-östlichen Divans*, einer der großen Altersdichtungen Goethes. *Wink* schließt an das Gedicht *Offenbar Geheimnis* an, das gegen eine orientalische Auslegungstradition Einspruch erhebt, die Hafis, den persischen Dichter des vierzehnten Jahrhunderts, nach strenger islamischer Lehre als »mystische Zunge« kanonisiert. Goethe, von der Einheit der geistigen und der sinnlichen Existenz des Menschen überzeugt, mußte hadern mit Interpreten, die beispielsweise im Liebesmotiv des Hafis ausschließlich die allegorische Verweisung auf die Liebe zu Gott wahrhaben wollten.

Den Gescholtenen räumen zunächst die drei ersten Verse das Selbstverständliche ein: Der Sinn des dichterischen Worts liegt nicht – wie in unserer Verkehrssprache – schon an der Oberfläche. Goethes eigene Antwort in der Streitfrage entwickelt sich aus dem Bild des Fächers, das selbst schon den Facettenreichtum des dichterischen Wortes aufleuchten lässt. Und die außerordentliche Filigranarbeit Goethescher Verskunst wird sichtbar, wenn in diesem paarweise gereimten Zehnzeiler an einer Stelle das Reimecho ausbleibt: genau an der Nahtlinie zwischen dem kleinen Prolog, der an das »Offenbar Geheimnis« anknüpft, und dem eigentlichen Gedicht. Die Bruchstelle wird auch in der Klanggestalt, also für Leser und Hörer sinnlich wahrnehmbar.

Wenn in *Wink* vom dichterischen Wort die Rede ist, so immer zugleich vom Wort des Liebenden oder doch für den Liebenden. Denn nicht zufällig ist es das dem *Buch Hafis* folgende *Buch der Liebe*, in dem sich ein geheimes Motto des *West-östlichen Divans* verbirgt: »Wunderlichstes Buch der Bücher / Ist das Buch der Liebe.«

Das dichterische Wort, so deutet die Metapher des Fächers an, hält nicht ein genaues Spiegelbild fest; es verschleiert sogar das Beiläufige, Minderwichtige und richtet alle Konzentration auf die lebendige Mitte. Die lebendige Mitte, das sind hier die Augen, die Augen als der Ort unmittelbarer Begegnung der Liebenden.

»Das Auge war vor allen anderen das Organ, womit ich die Welt faßte«, sagt Goethe in *Dichtung und Wahrheit*. In unserem Gedicht sammeln die »schönen Augen« die Welt im Kleinen, die Welt des menschlichen Individuums, wie in einem Brennpunkt und machen sie für das antwortende Auge fassbar, erhellen sie im »Blitz«, lassen »Geheimnis« »offenbar« werden.

Nirgendwo spiegelt sich, was die *Noten und Abhandlungen* zum *West-östlichen Divan* das Hinundherwogen »zwischen dem Sinnlichen und Übersinnlichen« nennen, so sehr wie im Auge. Seine Sprache bleibt körperliche, mimische Sprache und ist zugleich spontanes Sprechen der Seele, Sich-öffnen zu einem – mit den »Noten« zu reden – »höheren geistigen Leben«.

Das elementare Ereignis im Gedicht (das Auge blitzt ins Auge) spielt sich durch den Fächer, durch das dichterische Wort hindurch ab. Das Wort wird also nicht als ein monologisches, sich selbst genügendes, sondern als ein vermittelndes Wort verstanden. Immer wieder geht es im »West-östlichen Divan« um das Verhältnis von »Liebe« und »Lied«. Geradezu gegenwärtig wird dem Dichter die Geliebte im Gedicht: Ist sie verschwunden, heißt es in *Abglanz*, »Dann blick' ich in meine Lieder, / Gleich ist sie wieder da.« Die Dichtung vermittelt eine geradezu sinnliche Wahrnehmung der Geliebten. Diese vergegenwärtigende Kraft hat das dichterische Wort auch in *Wink*.

Wie immer wir das Gedicht wenden – als Dichtung über das dichterische Wort ist es zugleich Liebesdichtung, als Liebesgedicht zugleich Lob des schönen Auges, als Lob des Auges zugleich Hinweis auf die Öffnung des Sinnlichen zum Geistig-Übersinnlichen. Ein Gedicht, das Dichtung und Dichtungslehre nie aus den Zusammenhängen des Lebens löst und doch Poetik zu reiner Poesie werden lässt. Verse – heute lebendiger als im neunzehnten Jahrhundert, das dem Klassiker den gelösten Ton des *West-östlichen Divans* nicht verzieh.

Das Eine geheime Wort

Novalis (Friedrich Leopold Freiherr von Hardenberg, 1772–1801):
Wenn nicht mehr Zahlen und Figuren ...

> Wenn nicht mehr Zahlen und Figuren
> Sind Schlüssel aller Kreaturen
> Wenn die so singen, oder küssen,
> Mehr als die Tiefgelehrten wissen,
> Wenn sich die Welt ins freye Leben
> Und in die <freye> Welt wird zurück begeben,
> Wenn dann sich wieder Licht und Schatten
> Zu ächter Klarheit wieder gatten,
> Und man in Mährchen und Gedichten
> Erkennt die <alten> wahren Weltgeschichten,
> Dann fliegt vor Einem geheimen Wort
> Das ganze verkehrte Wesen fort.

Das Gedicht steht in den Bruchstücken zum zweiten Teil von Novalis' Roman *Heinrich von Ofterdingen*. Denken und Dichten, Philosophie und Poesie waren für Novalis zwei verschiedene Weisen einer einzigen Tätigkeit. Während der Arbeit am Roman deutet sich aber (so Novalis ein knappes Jahr vor seinem Tod, im Februar 1800, in einem Brief an Ludwig Tieck) eine Verschiebung vom Gleichgewicht der Pole zum Vorrang der Poesie an. Und im *Blüthenstaub*-Fragment 16 (17) heißt es: »Nach innen geht der geheimnisvolle Weg. In uns, oder nirgends ist die Ewigkeit mit ihren Welten, die Vergangenheit und die Zukunft.«

Dass im Gedicht »Zahlen und Figuren« herabgestuft werden, versteht sich nicht von selbst bei einem Autor, der sich außer mit Philosophie und Jurisprudenz vor allem mit den Naturwissenschaften beschäftigt hatte, mit Geologie, Chemie, Physik, Astronomie und Mathematik, der zwei Jahre an der Bergakademie in Freiburg immatrikuliert und dann am Salinenamt in Weißenfels tätig war. Für die vorhergehende Generation, für die Dichter der Aufklärung, war der Zugang zum Kosmos und ins »Innere der Natur« (Lessing) gerade an Wissen und Rationalität, an Mathematik und Physik gebunden. Mit solchem Streben nach Verwissenschaftlichung der Natur- und Welterfassung, und damit auch der Poesie, bricht Novalis.

Darin berührt er sich eng mit Hölderlin, dem Dichter der Ode *Dichterberuf*, der ein »schlaues Geschlecht« verwirft, das mit dem »Sehrohr« nach den Sternen »späht« und sie »zählt«, also den Kosmos mit Astronomie und Mathematik enträtseln will. Auch Novalis misstraut solchen »Tiefgelehrten«, findet nun den Schlüssel zum Verständnis von Natur und Welt bei den Sängern (den Poeten) und den Liebenden. Auf die mystische Tradition spielt Novalis an. Der Gedanke von der »Rückkehr der Welt in die Welt« verweist auf die mystische Sprache Jakob Böhmes.

»Märchen« ist für Novalis der Inbegriff von Poesie überhaupt, die höchste Form der Dichtung. Im ersten Teil des *Ofterdingen*-Romans dienen gleichnishaft-allegorische Märchen der Sinnkonzentration; und der Roman sollte in ein Märchen einmünden. In Märchen und Geschichten, so sagt es unser Text, wird die eigentliche Wahrheitserkenntnis vermittelt. Die große Wenn-dann-Konstruktion des Gedichts (viermal leitet das »wenn« Bedingungssätze ein) entspannt sich am Ende mit einer Verheißung: Ein einziges »geheimes Wort« genügt, um allen falschen Zauber hinwegzufegen und ein unverfälschtes Dasein wiederherzustellen.

Dieses »Eine Wort« seinerseits ist ein Zauberwort – verwandt jenem »Zauberwort«, das in Eichendorffs Vierzeiler »Schläft ein Lied in allen Dingen« die Welt zum Singen, zur Selbstoffenbarung bringt. Was die Magie der Dichtung bewirkt, ist eine große Umkehr und zugleich die Wiederkehr eines Goldenen Zeitalters. In den *Paralipomena* zum *Ofterdingen*-Roman wird ausdrücklich die »goldene Zeit am Ende« angekündigt.

Novalis' »romantische« Absage an Rationalität und Wissenschaft und das Vertrauen zum mystisch-geheimnisvollen Wort lässt sich begreifen als eine Reaktion auf den Schock, den die ausschließlich rationale Welterklärung der Aufklärung und die gesellschaftliche Umwälzung der Französischen Revolution von 1789 hinterlassen hatten. Im Zeitalter totaler Technisierung und Überflutung durch statistische Daten wie dem unseren kann solche Reaktion mit neuem Verständnis rechnen. Das Vertrauen in die Erlösungskraft »Eines geheimen Worts« freilich ist geringer, die Skepsis gegen die Erwartung einer von allem »verkehrten Wesen« befreiten »goldenen Zeit« stärker geworden.

Der lange Atem des Volkslieds

Volkslied und Kunstlied zugleich

Volkslied: Röslein auf der Heiden – Johann Wolfgang Goethe (1749–1832): Heidenröslein

Röslein auf der Heiden

Sie gleicht wohl einem Rosenstock
Drum g'liebt sie mir im Herzen;
Sie trägt auch einen roten Rock
Kann züchtig, freundlich scherzen;
Sie blühet wie ein Röselein,
Die Bäcklein wie das Mündelein;
Liebst du mich, so lieb ich dich,
Röslein auf der Heiden.

Der die Röslein wird brechen ab,
Röslein auf der Heiden,
Das wird wohl tun ein junger Knab,
Züchtig, fein bescheiden;
So stehn die Steglein auch allein,
Der lieb Gott weiß wohl, wen ich mein:
Sie ist grecht, vom gutem Geschlecht,
Von Ehren hochgeboren.

(Strophen 1 und 2)

Das Lied »Sie gleicht wohl einem Rosenstock« war überliefert in der Sammlung *Weltlicher züchtiger Lieder und Rheymen* von Paul von der Aelst aus dem Jahre 1602, sein Motiv aber wurde allgemein bekannt durch Goethes Version *Heidenröslein*. Und man kann das Volkslied heute nicht lesen oder hören, ohne diese Kunstliedfassung mit im Ohr zu haben.

Das stärkste verbindende Glied ist ein musikalisch-poetisches Element: der Kehrreim »Röslein auf der Heiden« in der zweiten und der letzten Strophenzeile (abgesehen von wenigen Ausnahmen im Volkslied). Die auffälligste Abweichung, die in der Zahl der Strophen (sieben im Volkslied), folgt aus der unterschiedlichen Ausführung der Handlung und der Situationen. Den drei Strophen des Goetheschen Gedichts entspricht ein klarer »dreiaktiger« Verlauf: Hineilen des Knaben zum Röslein, das Zwiegespräch, schließlich die Umsetzung des Begehrens in die »wilde« Tat und die schmerzende Gegenwehr des Rösleins.

Im Volkslied halten sich nur die beiden ersten Strophen an einen »dramatischen« Verlauf. Die dritte Strophe entfaltet das Motiv einer Trennung, die vierte eine allgemeine Szene des Zusammenfindens, die fünfte die eines Abschieds und die sechste die eines glücklichen Stelldicheins. In der Schlussstrophe dann enthüllt sich das Lied als der Abschiedsgesang eines jungen »Hechts« für sein Mädchen:

> Wer ist, der uns dies Liedlein macht,
> Röslein auf der Heiden?
> Das hat getan ein junger Hacht,
> Als er von ihr wollt scheiden;
> Zu tausend hundert guter Nacht
> Hat er das Liedlein wohl gemacht;
> Behüt sie Gott, ohn allen Spott,
> Röslein auf der Heiden!

Der Zusammenhang eines folgerichtigen Geschehens ist im Volkslied nicht zu erkennen. Situationen werden aneinander gereiht. Ja, es scheint, als sei der Sprecher in den einzelnen Strophen nicht immer derselbe. Tatsächlich wissen wir, dass Volkslieder im Laufe der mündlichen Überlieferung durch Zusätze erweitert werden konnten, dass mehrere Verfasser am Text mitschrieben – was »urheberrechtlich« nicht ins Gewicht fiel, weil der Autor ohnehin anonym blieb und ein Anspruch auf »Originalität« noch nicht erhoben wurde.

In seinem *Auszug aus einem Briefwechsel über Ossian und die Lieder alter Völker* von 1773, auch einfach Ossian-Aufsatz genannt, beschreibt Herder die Volkspoesie als Naturpoesie und ihr Stilgesetz als »Sprünge und Würfe«. Verzicht auf strenge Logik und Kausalität, Auslassen von Zwischengliedern, abrupte Neuansätze und eine in der Bildwahl springende lyrische Rede gehören zu den Merkmalen dieses Stils – und sie alle begegnen uns auch im Lied vom Röslein auf der Heiden.

Ein *Kinderlied* von Herder, um 1770 entstanden, *Die Blüte* überschrieben, stimmt mit Goethes *Heidenröslein* im dreistufigen Handlungsgerüst überein, fügt aber dann in der vierten Strophe eine lehrhafte Nutzanwendung hinzu:

> Brich nicht o Knabe nicht zu früh
> die Hoffnung süßer Blüte.
> Denn bald ach bald verwelket sie
> und denn siehst du nirgend nie
> die Frucht von deiner Blüte.
> Traurig, traurig suchst du sie
> zu spät, so Frucht als Blüte.

Auch dem Volkslied sind belehrende Einschübe im Allgemeinen nicht fremd. Sie können beispielsweise an die Stelle jener Selbstoffenbarung des Verfassers treten, die sich zumeist auf die Angabe des Standes oder des Berufes beschränkt. Aber nicht zufällig fehlt in *Röslein auf der Heiden* jegliche moralisierende Wendung, das Lied ist Liebeslied. Herder entzieht dem Stoff das erotische Element und zwingt ihn in ein didaktisches Korsett. Ausgerechnet der Theoretiker der »Sprünge und Würfe« beraubt ihn der sinnlichen Unmittelbarkeit, die er der Volkspoesie zuspricht.

Goethe berichtet in demselben Jahr, da sein Gedicht entsteht, in einem Brief an Herder vom September 1771 über zwölf Lieder, die er im Elsass bei seinen »Streiffereyen aus denen Kehlen der ältesten Müttergens aufgehascht« habe. Das Lied vom Heidenröslein ist nicht darunter. Doch könnte eine Überlieferung Herders, die der Goetheschen Fassung schon nahe kommt, ein Zwischenglied sein.

Erhalten bleibt in Goethes *Heidenröslein* die achtzeilige Strophe des zitierten Liedes vom Röslein auf der Heiden; während aber dort der Jambus überwiegt, entscheidet sich Goethe für den Trochäus und verändert das Reimmuster. So bekommt – auch gegenüber dem Bruchstück der Herderschen Überlieferung – das Gedicht eine ganz andere rhythmische Gestalt, jedenfalls in der Fassung, die es in den Drucken seit 1789 hat:

> HEIDENRÖSLEIN
>
> Sah ein Knab' ein Röslein stehn,
> Röslein auf der Heiden,
> War so jung und morgenschön,
> Lief er schnell es nah zu sehn,
> Sah's mit vielen Freuden.
> Röslein, Röslein, Röslein rot
> Röslein auf der Heiden.
>
> Knabe sprach: ich breche dich,
> Röslein auf der Heiden!
> Röslein sprach: ich steche dich,
> Daß du ewig denkst an mich,
> Und ich will's nicht leiden.
> Röslein, Röslein, Röslein rot
> Röslein auf der Heiden.
>
> Und der wilde Knabe brach
> 's Röslein auf der Heiden;
> Röslein wehrte sich und stach,
> Half ihr doch kein Weh und Ach,
> Mußt es eben leiden.

Röslein, Röslein, Röslein rot
Röslein auf der Heiden.

Die lyrische Bewegung ist auf den Refrain und seine Reimentsprechungen und auf die Reimkorrespondenz der ersten, dritten und vierten Zeile gestellt, sodass ein musikalisiertes und ritornellartiges Versgebilde und ein tanzartiger Rhythmus entstehen, die dem Gedicht eine unvergleichliche Grazie geben.

Alle didaktische Ausdrücklichkeit entfällt, obwohl ein Zusammenhang von Schuld und Vergeltung erkennbar ist. Die Rosenmetapher des Volkslieds wird aufgenommen, aber sie gewinnt doch eine andere Vielschichtigkeit. Das Volkslied setzt Rose und Mädchen mit schlichter Unbefangenheit gleich. Auch die Mehrzahl der Deutungen des Goetheschen Gedichts neigt dazu, im Heidenröslein eine einfache Metapher für Mädchen zu sehen, und es fehlte nicht an Hinweisen auf Biographisches, auf Goethes schuldhaft verletzendes Verhalten gegenüber Friederike Brion. Andere Deutungen entdecken im Gedicht eine Beispielgeschichte für die Vergewaltigung eines Mädchens. Alle einseitige Verengung wird vermieden, versteht man die Rosenmetapher und den Vorgang des Gedichts als symbolisch.

»Das ist die wahre Symbolik, wo das Besondere das Allgemeine repräsentiert«, heißt es in den *Maximen und Reflexionen*. Sie »spricht ein Besonderes aus, ohne an das Allgemeine zu denken oder darauf hinzuweisen«. So ist das *Heidenröslein* in seinem Wirklichkeitsgehalt ernst zu nehmen, die Rose ist tatsächlich die Blume. Zugleich freilich wird das Rosenbild durchsichtig für ein Allgemeines. So sind der Deutung Grenzen gesetzt, werden aber auch weitere Sinnmöglichkeiten frei. Das Gedicht erscheint als ein in drei Strophen konzentriertes Drama des ungehemmten Begehrens und der Gewaltanwendung. Nehmen wir das Heidenröslein als Bild für die Pflanzenwelt überhaupt, wird die Tat zur frevelhaften Verletzung der Natur, die nicht ohne Sanktion bleibt. Die tänzerisch-musikalische Form des Gedichts mahnt uns freilich, auch den erotischen Untergrund des Geschehens nicht wegzublenden. Wir sollten uns dem Gedicht nicht mit dogmatischem Verstehenseifer nähern, sondern uns an der Unausschöpfbarkeit, die aller großen Dichtung eigen ist, erfreuen.

Denn zu einem vollendeten Kunstgebilde ist diese Umformung einer Volksliedüberlieferung geworden (ihm adäquat ist Schuberts kongeniale Vertonung des Liedes). Nur noch Clemens Brentano und Heinrich Heine, vielleicht auch Ludwig Uhland haben sich nach Goethe das Erbe des Volkslieds so anzueignen vermocht, dass aus dem Umschmelzungs- und Sublimationsprozess etwas hervorging, was wieder zum Volkslied werden konnte.

Betrüben, das auf Lieben reimt

Clemens Brentano (1778–1842): Ich wollt ein Sträußlein binden ...

Ich wollt' ein Sträußlein binden,
Da kam die dunkle Nacht,
Kein Blümlein war zu finden,
Sonst hätt' ich dir's gebracht.

Da flossen von den Wangen
Mir Tränen in den Klee,
Ein Blümlein aufgegangen
Ich nun im Garten seh'.

Das wollte ich dir brechen
Wohl in dem dunklen Klee,
Doch fing es an zu sprechen:
»Ach tue mir nicht weh!

Sei freundlich in dem Herzen,
Betracht' dein eigen Leid,
Und lasse mich in Schmerzen
Nicht sterben vor der Zeit.«

Und hätt's nicht so gesprochen,
Im Garten ganz allein,
So hätt' ich dir's gebrochen,
Nun aber darf's nicht sein.

Mein Schatz ist ausgeblieben,
Ich bin so ganz allein.
Im Lieben wohnt Betrüben,
Und kann nicht anders sein.

Sie »enthält die holdseligsten Blüten des deutschen Geistes«, sagt Heinrich Heine über die Sammlung *Des Knaben Wunderhorn*. »In diesen Liedern fühlt man den Herzschlag des deutschen Volks. Hier offenbart sich all seine düstere Heiterkeit, all seine närrische Vernunft«. Clemens Brentano, mit Achim von Arnim Herausgeber der Sammlung, hat wie nur wenige Lyriker unserer Sprache diesen Volksliedern den Puls gefühlt; man kann ihn auch im Lied *Ich wollt' ein Sträußlein binden* noch pochen hören.

Das Bild von der Blume, die gebrochen werden soll, zählt zum festen Bestand der volksliedhaften Tradition. In Goethes *Heidenröslein* lässt die Gegenwehr den »wilden Knaben« leiden, in *Ein Veilchen auf der Wiese stand* wäre die Blume gern vom »Liebchen abgepflückt« worden, wird aber zertreten, und in *Gefunden* wird das »Blümchen«, das nicht »zum Welken gebrochen sein« möchte, ausgegraben und im Garten wieder eingepflanzt. Immer hält sich die Liebesmetaphorik an die einfachen Grundmuster. Auch in Brentanos Gedicht?

Hier erscheint das Motiv des Liebesschmerzes, das »Betrüben«, das sich auf »Lieben« reimt, verdoppelt, also noch einmal gespiegelt. Die Blume selbst, hervorgewachsen aus vergossenen Tränen, ist bereits Leidenssymbol, nicht mehr wie in *Gefunden* Bild für die Liebespartnerin, die der Liebende nicht dem »Welken« überantwortet, sondern zu sich holt (wie in der Wirklichkeit Goethe das Mädchen Christiane). Schon das dem Liebespartner zugedachte Liebeszeichen ist in Brentanos Gedicht gleichsam getränkt mit Schmerz. Eine gewisse Künstlichkeit hat sich des einfachen Musters bemächtigt und sich über die Naivität des Volksliedes gelegt.

Und doch lässt uns Brentano diese Reflektiertheit wieder vergessen. Mit dem Vokabular der Wehmut und den Füllwörtern, mit dem Satz- und Versbau, der Wortwiederholung und dem Reim stellt er die Schlichtheit und Musikalität des Volksliedes wieder her. Nicht von ungefähr hat dieses Gedicht in der Vertonung von Louise Reichardt unmittelbar ins Volk gefunden.

Als Lied gesungen wird es auch in Brentanos Lustspiel *Ponce de Leon* (1803), von dem aus es – ohne Titel – in die Gedichtsammlung wanderte. Ursprünglich ist es also Rollenlied, und zwar nur eines unter vielen. Die letzte Strophe skizziert die Situation der Sängerin. Auf die Liebe des Bürgermädchens Valeria und des Edelmanns Ponce wartet kein Happy-End. Im Hochzeitsreigen des Schlusses stehen Valeria und Ponce jeweils neben anderen Partnern. Aber das Liebesversprechen des Anfangs wird nicht zurückgenommen, nicht widerrufen.

»Liebesworte wie neckende Kolombinen flattern umher, mit Wehmut im Herzen.« Heines Wort ist zumal auf Valeria gemünzt, auf die schönste Rolle, die Brentano für eine Schauspielerin geschrieben hat. In Valeria erhält das musikalische Element des Lustspiels seine reinste Gestalt. Züge der Colombina aus der *Commedia dell'arte* und der Rosalinde und Viola Shakespeares verbinden sich, aber unverwechselbar wird Valeria, weil mit den Liedern die Volkspoesie in ihr Figur geworden ist.

Nun muss sich alles, alles wenden

Ludwig Uhland (1787–1862): Frühlingsglaube

Frühlingsglaube

Die linden Lüfte sind erwacht,
Sie säuseln und weben Tag und Nacht,
Sie schaffen an allen Enden.
O frischer Duft, o neuer Klang!
Nun, armes Herze, sei nicht bang!
Nun muß sich alles, alles wenden.

Die Welt wird schöner mit jedem Tag,
Man weiß nicht, was noch werden mag,
Das Blühen will nicht enden.
Es blüht das fernste, tiefste Tal:
Nun, armes Herz, vergiß der Qual!
Nun muß sich alles, alles wenden.

Von der Beliebtheit des Dichters Uhland im 19. Jahrhundert können wir uns kaum noch eine rechte Vorstellung machen. Heinrich Heines Feststellung in der Schrift *Die Romantische Schule* (1835) sollte noch für längere Zeit gültig bleiben: »Ludwig Uhland ist der einzige Lyriker der Schule, dessen Lieder in die Herzen der großen Menge gedrungen sind und noch jetzt im Munde der Menschen leben.« In Theodor Echtermeyers *Auswahl deutscher Gedichte für höhere Schulen* aus dem Jahre 1862 rangiert Uhland, nimmt man den Anteil an Gedichten zum Maßstab, unmittelbar hinter Goethe und weit vor Schiller (was im 19. Jahrhundert etwas heißen will). Er war umbuhlt von deutschen Liedkomponisten des Jahrhunderts.

Heine hat auch angedeutet, woraus sich die besondere Wirkung des Lieddichters Uhland erklärt: aus der Nähe zu Brentanos und von Arnims Volksliedersammlung *Des Knaben Wunderhorn*. Sie gilt zumal für so bekannte Gedichte wie *Die Kapelle* (»Droben stehet die Kapelle / Schauet still ins Tal hinab«), *Einkehr* (»Bei einem Wirte wundermild / Da war ich jüngst zu Gaste«), *Schäfers Sonntagslied* (»Das ist der Tag des Herrn! / Ich bin allein auf weiter Flur«), *Der gute Kamerad* (»Ich hatt einen Kameraden, / Einen bessern findst du nit«) und eben für das Gedicht *Frühlingsglaube* (entstanden 1812). Was sich bei einem Juristen und Germanisten, dem späteren Professor für Philologie an der Universität Tübingen, wahrlich nicht von selbst verstand, ist eine ungebrochene Schlichtheit, ja fast Einfältigkeit der Aussagen und des Tons.

Auch wenn der Abschied des Winters zu Uhlands Lebzeiten noch sehnsüchtiger erwartet wurde als in unserer technisierten Welt mit ihren verbesserten

Lebensbedingungen, so spricht das Gedicht doch die allgemeine Erfahrung aus, dass uns mit der Rückkehr der Wärme und des Lichts ein neues Wohlsein ergreift und dass die frühlingshaft aufbrechende Natur ein hoffnungsfrohes Lebensgefühl erweckt. Wie der Jahreszeitenwechsel eine Konstante unserer Lebenserfahrung ist, so auch unsere Reaktion darauf. Jede Aussage des Gedichts kann mit allgemeinem Einverständnis rechnen.

Das Eingängige der Verse verdankt sich auch dem klaren Aufbau der Strophen. Der Schweifreim (aabccb) sorgt für eine Zweiteilung der Strophen, zugleich aber auch für ihren Zusammenhalt: durch den Reim der dritten und sechsten Zeile, der in beiden Strophen der gleiche ist. Werden die Frühlingsboten in der ersten Strophe durch die Temperaturempfindung, den Gehör- und Geruchssinn wahrgenommen, so in der zweiten Strophe durch das Auge. Der Ermunterung des Herzens in der jeweils fünften Zeile folgt im letzten Vers die Hoffnungsbotschaft, die in beiden Strophen identisch ist, sodass durch den Kehrreim der Liedcharakter des Gedichtes auffälliger wird.

Wer die Biographie des Autors kennt, könnte versucht sein, den Frühlingsglauben, das »Nun muß sich alles, alles wenden«, auch als ein politisches Gleichnis zu lesen. Uhland nahm teil am Kampf um die württembergische Verfassung, als Landtagsabgeordneter zwischen 1819 und 1826. In den dreißiger Jahren gehörte er erneut der Opposition im Landtag an und schied um der politischen Tätigkeit willen aus dem Universitätsdienst aus. 1848 ließ er sich ins Parlament in der Frankfurter Paulskirche wählen, folgte 1849 auch dem Rumpfparlament nach Stuttgart. Die Hoffnung des aufrechten Demokraten, dass sich mit der Revolution von 1848 »alles, alles wenden« werde, zerbrach mit dem Scheitern der bürgerlichen Bewegung.

Diese Vorgänge auf das Gedicht *Frühlingsglaube* zu beziehen, ist freilich nur als Gedankenspiel erlaubt. Aber dass Uhland nach 1817 für lange Zeit als Dichter schwieg, ja dass der Politiker dem Dichter voraus war, hat – wiederum – Heinrich Heine gesehen und ironisch kommentiert: »Eben weil er es mit der neuen Zeit so ehrlich meinte, konnte er das alte Lied von der alten Zeit nicht mehr mit der vorigen Begeisterung weiter singen; und da sein Pegasus [...] gleich stätig wurde«, wenn er »vorwärts sollte in das moderne Leben, da ist der wackere Uhland lächelnd abgestiegen, ließ ruhig absatteln und den unfügsamen Gaul nach dem Stall bringen.«

Die Republik – ein Traum

Nur noch im Land der Träume?

August Graf von Platen (1796–1835): Venedig liegt nur noch im Land der Träume ...

Zur poetischen Ausbeute, mit der Platen von seiner ersten Italienreise im Jahre 1824 zurückkehrte, gehören die *Sonette aus Venedig*. Sie signalisieren schon Platens Übersiedlung nach Italien im Jahre 1826. Der aus einer verarmten adligen Familie (von Platen-Hallermünde) stammende Autor, der dem Bayerischen Königshaus vier Jahre als Page gedient, in Würzburg und Erlangen studiert und für kurze Zeit im Brotberuf eines Bibliothekars ausgeharrt hatte, ging nach Italien wie ins Exil. Trotz seiner aristokratischen Herkunft republikanisch gesinnt, verstand er sein Ausweichen nach Italien als eine Flucht aus der politischen Stickluft der Restaurationszeit. Seine Ideen von Freiheit und Menschenwürde vertrat er am ausdrücklichsten in den *Polenliedern*, die ihn ganz auf der Seite des polnischen Kampfes gegen die russische Unterdrückung (1830/31) zeigen. Erst 1839, vier Jahre nach Platens Tod, konnten die *Polenlieder* in Straßburg erscheinen.

Auch das folgende Sonett ist durchdrungen vom republikanischen Geist:

> Venedig liegt nur noch im Land der Träume
> Und wirft nur Schatten her aus alten Tagen,
> Es liegt der Leu der Republik erschlagen,
> Und öde feiern seines Kerkers Räume.
>
> Die eh'rnen Hengste, die durch salz'ge Schäume
> Dahergeschleppt, auf jener Kirche ragen,
> Nicht mehr dieselben sind sie, ach! sie tragen
> Des corsican'schen Überwinders Zäume.
>
> Wo ist das Volk von Königen geblieben,
> Das diese Marmorhäuser durfte bauen,
> Die nun verfallen und gemach zerstieben?
>
> Nur selten finden auf des Enkels Brauen
> Der Ahnen große Züge sich geschrieben,
> An Dogengräbern in den Stein gehauen.

Platen beklagt den Niedergang der Republik Venedig als den Untergang einer Goldenen Zeit. Der geflügelte Löwe, das Tier des Evangelisten Markus und, seit dessen Gebeine in Venedig ruhten, das Wahrzeichen und Wappen der Stadt, hat seine alte Symbolkraft eingebüßt. Das antike Viergespann über dem Portal der Markuskirche, 1204 vom Dogen Dandalo aus Konstantinopel nach Venedig gebracht, war 1797 von Napoleon nach Paris verschleppt worden. Zwar hatte Kaiser Franz II. die Siegesbeute 1815 nach Venedig zurückführen lassen, aber Venedig musste sich, mit der Lombardei zum Lombardisch-Venetianischen Königreich vereinigt, der österreichischen Herrschaft beugen, die erst mit dem Jahre 1866 endete. Wirtschaftlich war Venedig um 1824 seines alten Reichtums und seiner politischen Macht im Raum des Adriatischen Meeres beraubt. Dem Zerfall der Prosperität entspricht für den Besucher Platen der Zustand der Häuser und Paläste, »die nun verfallen und gemach zerstieben«.

Den politischen Idealzustand der Republik umschreibt Platen im Bild des »Volks von Königen«, das auf die schon im Mittelalter begründete Verfassung gemünzt ist: Verwaltet wurde der Staat von einem Präsidenten oder Dogen, der nicht ohne den Willen einer Reihe edler Familien regieren konnte, aber auch an die Zustimmung des Volkes gebunden blieb (erst die Verselbstständigung des Geschlechterregiments unterhöhlte diese republikanische Ordnung). So stehen, in Platens Sicht, der ruinöse Zustand der Stadt und das Verschwinden des »Volks von Königen« in einem Wechselverhältnis. Züge von Größe findet er nur noch in den Physiognomien der Köpfe auf den Grabmälern.

Die Form dieses Klagelieds, das Sonett, ist eine jener kunstvollen Gedichtformen, die Platen beherrschte, wenn auch manchmal mit etwas ausgekühlter Meisterschaft. Zu seiner Lieblingsform neben dem Sonett und zum besonderen Markenzeichen seiner Verskunst wurde das Ghasel, eine aus dem Arabischen kommende Form, die jeden zweiten Vers (jede gerade Zeile) mit demselben Reim enden lässt und leicht eintönig wirkt. Geläufiger ist uns das Sonett und gerade in diesem *Venedig*-Sonett gelingt es Platen, die Disziplinierung, die das Sonett dem Dichter aufnötigt, und den unmittelbaren Ausdruck der Klage miteinander in Einklang zu bringen.

Beim Versuch, das Gedicht zu verstehen, lässt sich von der historischen Situation, in der es entstanden ist, und von der dem Autor eigenen Perspektive nicht absehen. Und doch drängt sich uns Heutigen eine weitere Lesart des Textes auf. Die demokratische Verfassung hat inzwischen die Klage über den Zerfall der republikanischen Ordnung historisch überholt. Aber noch unheimlicher erscheint die Zukunft der »Marmorhäuser«, noch bedrohlicher nagt das Wasser an den Grundfesten Venedigs, immer realer wird die Vision einer sterbenden Stadt. Näher gerückt scheint die Wahrheit dessen, was im ersten Vers des Sonetts noch metaphorisch gemeint ist: »Venedig liegt nur noch im Land der Träume.«

Lasst die Harfen uns zertrümmern!

Georg Herwegh (1817–1875): An die deutschen Dichter. 1840

An die deutschen Dichter. 1840

Seid stolz! es klingt kein Gold der Welt
Wie eurer Saiten Gold;
Es ist kein Fürst so hoch gestellt,
Daß ihr ihm dienen sollt!
Trotz Erz und Marmor stürb' er doch,
Wenn ihr ihn sterben ließet;
Der schönste Purpur ist annoch
Das Blut, das ihr als Lied vergießet!

Der Ruhm der Herrscher wird verweht –
Lobpreis' ihn, wer da will!
Man jagt und spornt ihn, doch er steht
Mit ihrem Herzen still.
O laßt sie donnern fort und fort!
An ihrem Grab verhallt es.
Ihr Dichter, sprecht ein grollend Wort,
Und zu dem ew'gen Gotte schallt es.

[..., Strophe 3 und 4]

Hoch, Sänger, schlage euer Herz,
Wie Lerchen in der Luft!
Es ruht sich besser allerwärts,
Als in der Fürstengruft.
Ein Liebchen, das die Treue bricht,
Ist überall zu finden;
Verschmähet mir die Ringe nicht,
Doch laßt euch nie an Ketten binden!

Dem Volke nur seid zugetan,
Jauchzt ihm voran zur Schlacht,
Und liegt's verwundet auf dem Plan,
So pfleget sein und wacht!
Und so man ihm den letzten Rest
Der Freiheit will verkümmern,
So haltet nur am Schwerte fest,
Und laßt die Harfen uns zertrümmern!

Der Aufruf an die deutschen Dichter, zuerst 1840 erschienen, ist aufgenommen in die *Gedichte eines Lebendigen* (1841/43), mit denen Herwegh über Nacht berühmt wurde. Diese Sammlung hat wesentlich beigetragen zur Blüte politischer Lyrik in der Vormärzzeit; das Gedicht ist einer der programmatischen Texte zur Poetik des politischen Lieds. Auf die Szene »Auerbachs Keller in Leipzig« *(Faust I)* anspielend, macht Heinrich Hoffmann von Fallersleben im *Lied aus meiner Zeit* (1842) das klassisch-romantische Dichtungsverständnis, die Absage an politische Poesie, lächerlich: »Ein politisch Lied, ein garstig Lied! / So dachten die Dichter wie Goethe'n / Und glaubten, sie hätten genug gethan, / Wenn sie könnten girren und flöten / Von Nachtigallen, von Lieb und Wein ...« Entschlossener, aggressiver ruft Herwegh die Dichter zu »Schwert« und »Schlacht«.

Der Dichter wird also als eine Art Schlachtensänger nach dem Vorbild des griechischen Dichters Tyrtaios gesehen. »Du singst wie einst Tyrtäus sang, / Von Heldenmut beseelet«, redet Heinrich Heine in den *Zeitgedichten* (Nachlese) ironisch einen »politischen Dichter« an und meint gewiss auch Herwegh. Tatsächlich verrät das Gedicht *An die deutschen Dichter* die Fragwürdigkeit einer kämpferischen Rhetorik, die sich ihrer Grenzen nicht bewusst ist.

Kraftvoll beginnt das Gedicht mit dem Aufruf zu Stolz vor Fürstenthronen. Aber dann stellt sich sofort Selbstüberschätzung bloß. Die Gleichsetzung des Lieds mit dem Blut der tödlichen Wunde, an der Fürsten sterben, mit dem politischen Attentat, offenbart das Papierene der Drohung. Diese Lyrik glaubt, durch Worte töten zu können. Zwei Arten von politischer Dichtung unterscheidet die nächste Strophe, das vergängliche Fürsten- oder Herrscherlob (das bis ins 18. Jahrhundert hinein Aufgabe vor allem der Hofdichter war) und die Fürstenkritik, der Ewigkeitswert bescheinigt wird. Herwegh erkennt also Rang nur der oppositionellen Dichtung zu.

Die letzte Strophe ballt noch einmal die Stichwörter der kämpferischen Appelle und spitzt zugleich die Poetik des Freiheitsliedes zu einer revolutionären Forderung zu: »... laßt die Harfen uns zertrümmern!« Leier und Harfe galten seit jeher als Symbole der Lyrik; mit dem Aufruf zur Zerstörung wird der lyrischen Tradition überhaupt der Abschied gegeben: Die lyrische Rede soll Handlung sein.

Dass Wort und Tat identisch werden, ist Antrieb und Credo schon der Befreiungskriegsdichtung, wird Bild im Titel von Theodor Körners Gedichtsammlung *Leier und Schwert* (1814), ja ist Devise schon des deutschen Jakobiners Friedrich Rebmann: »Laßt uns Gedichte *thun*, nicht *dichten*!« (1796). Mit der Zertrümmerung der Harfe schafft Herwegh der alten Losung nur ein schlagkräftiges Bild.

Wie leicht aber die Gleichsetzung von Wort und Tat auch zu deren Verwechslung führen kann, hat schon die erste Strophe von Herweghs Gedicht gezeigt. Auf sein Bild der Lerche (in der vorletzten Strophe) spielt Heines skeptisches Gedicht *An Georg Herwegh* an:

An Georg Herwegh

Herwegh, du eiserne Lerche,
Mit klirrendem Jubel steigst du empor
Zum heiligen Sonnenlichte!
Ward wirklich der Winter zu nichte?
Steht wirklich Deutschland im Frühlingsflor?

Herwegh, du eiserne Lerche,
Weil du so himmelhoch dich schwingst,
Hast du die Erde aus dem Gesichte
Verloren – Nur in deinem Gedichte
Lebt jener Lenz, den du besingst.

Auf die Erde zurückgeholt wird hier ein Freiheitssänger, der sich tatsächlich mit dem Gedicht *An den König von Preußen* (1841) der Selbsttäuschung hingegeben hatte, er könne Friedrich Wilhelm IV. auf seine Seite ziehen. Illusionismus aber verraten schon die bramarbasierenden Wortgebärden im *Aufruf an die deutschen Dichter. 1840*. Nicht vergessen wird man andererseits, dass Georg Herwegh später selbst vor gefährlichem Illusionismus warnte, in der Kritik an nationaler Selbstüberhebung nach dem Deutsch-Französischen Krieg und der Reichsgründung von 1871.

Sprache als Vaterland

Heinrich Heine (1797–1856): Ich hatte einst ein schönes Vaterland

Ich hatte einst ein schönes Vaterland.
Der Eichenbaum
Wuchs dort so hoch, die Veilchen nickten sanft.
Es war ein Traum.

Das küßte mich auf deutsch und sprach auf deutsch
(Man glaubt es kaum
Wie gut es klang) das Wort: »Ich liebe dich!«
Es war ein Traum.

Ein Exilgedicht, ein Liebesgedicht, ein Gedicht über die Heimatsprache. Heine schrieb es in der frühen Zeit seiner Pariser Emigration (Erstdruck 1834). Es ist unter den Versen, die er zunächst in der Gruppe *Träumereien*, dann unter dem Titel *In der Fremde* zueinander stellte, das schönste, nämlich das wortkargste und sinnreichste. Man merkt, was Heine dem deutschen Volkslied verdankt, seiner

Innigkeit und Schlichtheit – seiner Süße; und man sieht, wie dieser Rohstoff durch seine Sprachraffinerie gegangen ist.

Natürlich muss man auf der Hut sein. Seine Lobrede kann auch Spottrede sein, seine Bonhomie Ironie; oft sind seine Schalmeienklänge Sirenengesänge. Zumal Teutonisches ist nie vor seiner Davidsschleuder sicher. So hat er nicht nur einmal den Eichenbaum, wenn er ihn als Symbol germanischen Kraftprotzentums verstand, satirisch gefällt.

Heine wendet die Ironie auch gegen sich selbst. So setzt der Schluss eines 1839 entstandenen Gedichts die erste Strophe unseres Textes ins Zwielicht. Es ist dort »Schildas teurer Eichenhain«, in dem sich der Dichter so wohl fühlte und wo er seine »zarten Reime« aus »Veilchenduft und Mondenschein« wob. Schilda? Das ist natürlich ein Wortsignal für Abstand. Und doch unterläuft auch dort Sympathie die ironische Abwehr.

In unserem Text ist dem Dichter das »schöne Vaterland« zu einem »Traum« geworden. Freilich meint Traum hier nicht einfach das Unwirkliche. »Traum« steht für einen Zustand zwischen »traumhaftem« Glück und Glück als bloßem Traum. Jedenfalls ist das Vaterland in diesem Gedicht der Wehmut, des Heimwehs, tatsächlich würdig.

Was Heimat bedeuten kann, fasst die zweite Strophe im Kuss und im Wort der Geliebten zusammen. Vor allem hier offenbart sich Heines Verskunst. Durch den Satzeinschub in Klammern wird die Volksliedidiktion rhythmisch aufgebrochen und die Erwartung wirkungsvoll zum entscheidenden Wort »Ich liebe dich!« hingehalten. Keine andere Sprache, so gibt der Dichter zu verstehen, hat ein angemesseneres Wort für Zärtlichkeit als die Heimatsprache; sie eben ist die Sprache der Zärtlichkeit.

Aber noch tiefere Beziehungen zu dieser Sprache deuten sich an. Heine ist Jude, ist im doppelten Sinne »heimatlos«. Dem Exil ging das »innere Exil« des jüdischen Außenseiters voraus. Nur in der deutschen Sprache konnte er eigentliche Heimat finden. So schreibt schon der frühe Heine, der Bonner Student, im Aufsatz *Die Romantik*: »das deutsche Wort« ist »unser höchstes Gut«, ein »Freiheitswecker«, ist »ein Vaterland selbst demjenigen, dem Torheit und Arglist ein Vaterland verweigern«.

Ein Vaterland in diesem Sinne ist dem Dichter die deutsche Sprache geblieben. Und viele der Verfolgten, die im 20. Jahrhundert vom Hitlerregime ins Exil getrieben wurden, zumal jüdische, haben berichtet, wie sehr sie gerade in Versen Heines ihre eigenen Empfindungen ausgedrückt fanden. So bleibt bedeutende Dichtung lebendig für verwandte Erfahrungen in anderer geschichtlicher Situation.

Die Wirklichkeit der Landschaften

Der Buhle Mond

Heinrich Heine (1797–1856): Die Lotosblume ängstigt /
Sich vor der Sonne Pracht ... – Emanuel Geibel (1815–1884):
Die stille Wasserrose ...

> Die Lotosblume ängstigt
> Sich vor der Sonne Pracht,
> Und mit gesenktem Haupte
> Erwartet sie träumend die Nacht.
>
> Der Mond, der ist ihr Buhle,
> Er weckt sie mit seinem Licht,
> Und ihm entschleiert sie freundlich
> Ihr frommes Blumengesicht.
>
> Sie blüht und glüht und leuchtet,
> Und starrt stumm in die Höh;
> Sie duftet und weinet und zittert
> Vor Liebe und Liebesweh.

Heines Gedicht steht als zehnter Text im Zyklus *Lyrisches Intermezzo* (1822/23). Mit ihm werden Lotosblumenbild und -metapher überhaupt erst in der deutschen Lyrik vertraut. Um das Liebesgleichnis des Gedichts zu verstehen, muss man nicht unbedingt den mythischen Hintergrund des Lotossymbols kennen – nach den Vorstellungen der alten Inder ruhte der Weltenschöpfer auf dem Lotos; bei ihnen war der Lotos Sinnbild der Erde, bei den Ägyptern Sinnbild des Universums. Immerhin geht auch im Gedicht der kosmische Horizont nicht verloren.

Deshalb lassen sich drei Bedeutungsschichten unterscheiden: Die des realen Naturvorgangs (die nicht auf Metaphernsprache verzichtet), eine mythische sowie eine symbolisch-gleichnishafte Schicht. Der den Strophen entsprechende Dreischritt führt auf der ersten Bedeutungsebene von der Schutzsuche der Pflanze vor sengender Sonne über die Öffnung der Blüte im Mondlicht zu ihrer vollen Entfaltung. Auf der mythischen Sinnebene ist es die Erde, die unter der Sonnenglut leidet und in der Nachtkühle aufatmet; die Vorstellung von Erde und Mond als Liebenden ist geläufig – sie erreichen sich nie, deshalb die Wehmut. Im Liebesgleichnis ersehnt die Liebende die Nacht, begegnet dem Geliebten, doch bleibt der Liebe die Erfüllung versagt.

Die vom Volkslied und der Romantik her, ja aus der Tradition der Liebesdichtung überhaupt vertraute Kopplung von Liebe und Leid erhält hier ein exotisches Dekor und gleitet in der Schlussstrophe ins Sentimentale, wenn man in der Ausdruckshäufung (blüht, glüht, leuchtet; duftet, weinet, zittert) nicht ein leises Ironiesignal mithört.

Ohne Heines Verse von der Lotosblume wäre Emanuel Geibels Gedicht über die Wasserrose kaum denkbar; zu deutlich sind die Korrespondenzen – auch im Titel des Zyklus, zu dem dieses Jugendgedicht Geibels gehört: *Lieder als Intermezzo*.

> Die stille Wasserrose
> Steigt aus dem blauen See,
> Die feuchten Blätter zittern,
> Der Kelch ist weiß wie Schnee.
>
> Da gießt der Mond vom Himmel
> All seinen goldnen Schein,
> Gießt alle seine Strahlen
> In ihren Schoß hinein.
>
> Im Wasser um die Blume
> Kreiset ein weißer Schwan:
> Er singt so süß, so leise,
> Und schaut die Blume an.
>
> Er singt so süß, so leise,
> Und will im Singen vergehn –
> O Blume, weiße Blume,
> Kannst du das Lied verstehn?

Geibel holt die Blumensymbolik vom Exotischen wieder ins Heimische und bei diesem Gedicht des in Lübeck geborenen Pfarrersohns erinnert sich der Leser vielleicht der Novelle von Geibels Landsmann Theodor Storm, in der die auf dem *Immensee* schwimmende Wasserlilie für den Erzähler zum Symbol eines nahen, aber unerreichbaren Liebesglücks wird.

Geibels Strophen trumpfen mit einer Häufung von Adjektiven, und zwar bloß schmückenden oder formelhaften Adjektiven auf (stille Wasserrose, blauer See, feuchte Blätter, weiß wie Schnee, weißer Schwan). An die Stelle der Lotos-Mythe tritt der griechische Mythos, und zwar gleich in doppelter Weise. Der goldne Schein des Monds, der sich in den Schoß der Blume ergießt, verweist auf Zeus' Begattung Danaës in der Gestalt eines goldenen Regens, die vom Schwan umkreiste Blume auf die verbreitetste Leda-Sage, wonach Zeus die Königin in der Gestalt eines Schwans verführte. Das Erotische, das bei Heine in der Schwebe bleibt, wird hier ins Direkte, Eindeutige gebracht. Das kann grundsätzlich kein Einwand gegen Geibels Gedicht sein. Was aber wiegt, ist die Unstimmigkeit in der Folge der Bilder. Da bereits mit der Anspielung auf Zeus' Besuch bei Danaë die Assoziation zum Empfängnisvorgang geweckt wird, ist der schmachtende Gesang des Schwans zur Zweitrangigkeit des Nachträglichen verurteilt: Eine Erfüllung ging schon der Werbung voraus.

Die gültigste, zumindest geistreichste Form hat das Blume-Mond-Motiv in einem zweiten Gedicht Heines erhalten, das nun ausdrücklich den Titel *Lotosblume* trägt. Es ist entstanden in seinem letzten Lebensjahr (1855/56), als ihm die junge deutsche Schriftstellerin Elise Krinitz, die er seine »Mouche« nannte, durch ihre Besuche die schweren und öden Tage auf dem Pariser Krankenlager etwas leichter machte, und ist das wohl bekannteste seiner Mouche-Gedichte.

Es knüpft unmittelbar an die biographische Situation an. »Wahrhaftig, wir beide bilden / Ein kurioses Paar«: sie ein »leidendes Kätzchen« und er »krank«. »Vertraut sind ihre Seelen, / Doch jedem von beiden bleibt fremd / Was bei dem andern befindlich / Wohl zwischen Seele und Hemd.« Ohne Wehleidigkeit belächelt der Dichter seine Hilflosigkeit, Entsagung und auch Lächerlichkeit. Und nun, in den beiden Schlussstrophen, der Rückbezug auf das frühere Gedicht:

> Sie sei eine Lotosblume,
> Bildet die Liebste sich ein;
> Doch er, der blasse Geselle,
> Vermeint der Mond zu sein.
>
> Die Lotosblume erschließet
> Ihr Kelchlein im Mondenlicht,
> Doch statt des befruchtenden Lebens
> Empfängt sie nur ein Gedicht.

Der jämmerliche Zustand des Paares entzaubert die Situation des früheren Gedichts, ja, der Rückbezug dient nur dazu, der Selbstdemontage Heines ein ironisches Spielfeld zu schaffen. Ein wahrhaft tragikomischer Fall! Denn es ist Heine gewesen, der gegen die Sinnenfeindlichkeit der jüdischen und christlichen Religion und der puritanischen Republikaner zu Felde zog, der mit der Rehabilitierung des »Fleisches« die Wiederversöhnung von Geist und Leib forderte und einen Sensualismus predigte, als dessen Beispiel er Goethes *Westöstlichen Divan* pries. Ausgerechnet der Apostel der Sinnenfreude ist nun auf Magerkost gesetzt.

Aber anders als in den Versen aus dem *Lyrischen Intermezzo*, wo sich die Lotosblume in Liebesweh verzehrt, wird hier die körperlose Liebe produktiv. Zeugt diese Liebe kein neues menschliches Leben, so doch ein Geschöpf der Kultur, und die Pointe »Nur ein Gedicht« ist umkehrbar: immerhin Dichtung. Der komische Liebhaber ist keineswegs ein Eunuch. Das ironische Spiel mit der Zeugungs- und Empfängnismetapher tastet die dichterische Schöpferkraft des

»lahmen« Liebhabers nicht an – und wir wissen, welch großartiges dichterisches Werk Heine dem Martyrium des Kranken- und Sterbelagers noch abgetrotzt hat.

Weinend muss mein Blick sich senken

Nikolaus Lenau (Nikolaus Franz Niembsch Edler von Strehlenau, 1802–1850). Schilflieder, Nr. 5 –
Joseph Freiherr von Eichendorff (1788–1857): Mondnacht

Schilflieder, Nr. 5

Auf dem Teich, dem regungslosen,
Weilt des Mondes holder Glanz,
Flechtend seine bleichen Rosen
In des Schilfes grünen Kranz.

Hirsche wandeln dort am Hügel,
Blicken in die Nacht empor;
Manchmal regt sich das Geflügel
Träumerisch im tiefen Rohr.

Weinend muß mein Blick sich senken;
Durch die tiefste Seele geht
Mir ein süßes Deingedenken
Wie ein stilles Nachtgebet!

Unendlich ist die Zahl der Mondgedichte oder doch der Naturgedichte, in denen der Mond sein Licht über die Landschaft gießt. Am berühmtesten unter den in zeitlicher Nähe zu den *Schilfliedern* (1832) entstandenen Gedichten wurde, nicht zuletzt durch die Vertonung von Robert Schumann, Eichendorffs *Mondnacht*. Das Gedicht sei hier zum Vergleich zitiert:

Mondnacht

Es war, als hätt' der Himmel
Die Erde still geküßt,
Daß sie im Blütenschimmer
Von ihm nun träumen müßt'.

Die Luft ging durch die Felder,
Die Ähren wogten sacht,
Es rauschten leis die Wälder,
So sternklar war die Nacht.

> Und meine Seele spannte
> Weit ihre Flügel aus,
> Flog durch die stillen Lande,
> Als flöge sie nach Haus.

Nur selten weist ein unterschiedliches Metrum schon auf die unterschiedliche Konzeption von Gedichten. In diesem Falle wohl. Die aufsteigende Bewegung des jambischen Metrums in Eichendorffs *Mondnacht* und die fallende des Trochäus in Lenaus *Schilflied* haben Symptomwert. In beiden Gedichten ist zunächst der Himmel, das Firmament als Ort des lichtspendenden Monds der Ausgangspunkt. Während bei Eichendorff das Bild vom Himmel, der die Erde küsst, auf alte Schöpfungsmythen anspielt, erscheint bei Lenau nur im »holden Glanz« eine Spur des Numinosen, die zudem durch die folgende Metapher der »bleichen Rosen« gelöscht wird. Die Region des Oben bleibt noch angedeutet im Aufblicken der Hirsche, aber in der dritten Strophe ist die fallende Bewegung unaufhaltsam, im sich senkenden Blick und im Sich-Versenken ins Innere. Bei Eichendorff dagegen führt in der dritten Strophe die Bewegung nach oben und ins Weite.

Dass Eichendorff die Bilder der geflügelten Seele und ihres Heimflugs religiös verstanden wissen wollte, beweist in der Handschrift seine Zuweisung des Gedichts zur Abteilung *Geistliche Gedichte*. Bei Lenau steht an Stelle der Rückkehr der Seele in die religiöse Heimat der Rückzug der Seele in sich selbst, in das traurige Gedenken an einen geliebten Menschen. Ein »Nachtgebet« ist diese Seelenregung nur als Vergleich, kraft Analogie. Den Text dieses »Gebets« bildet das Vokabular der Schwermut.

Was bei Lenau oft allzu schnell unter »Weltschmerz« rubriziert wird, bezieht sich hier also auf ein Du. Doch ist die Melancholie eine Konstante in der Seelenbiographie Lenaus. Der im ungarischen Temeswar geborene Autor vermochte nirgendwo heimisch zu werden. Österreich-Ungarn erschien ihm als »Völkergefängnis«, auch der Deutschlandaufenthalt bewahrte ihn nicht vor »Europamüdigkeit«; er wanderte 1832 nach Amerika aus, kehrte aber schon nach einem Jahr enttäuscht zurück. Seine Opposition zu Staat und Kirche lenkte sein schriftstellerisches Interesse auf historische Ketzergestalten und -bewegungen (*Savonarola* und *Die Albigenser*). Aber auch die Entladung des politischen Zorns hielt die Gemütsverfinsterung nicht auf. Bevor er Zuflucht in der schon beschlossenen Ehe finden konnte, brach er psychisch völlig zusammen und verlebte die wenigen Jahre bis zu seinem Tod in geistiger Umnachtung.

Die *Schilflieder* stammen noch aus der frühen Zeit der Unruhe. Lenau sicherte als erster Dichter der ungarischen Landschaft ihren Platz in der deutschsprachigen Naturlyrik. Noch hatte die Melancholie nicht jenen Grenzbezirk erreicht, wo Schwermut und Wahnsinn ununterscheidbar werden.

Alle Poren zur Natur geöffnet

Annette von Droste-Hülshoff (1797–1848): Im Grase

Im Grase

Süße Ruh', süßer Taumel im Gras,
Von des Krautes Arom' umhaucht,
Tiefe Flut, tief, tief trunkne Flut,
Wenn die Wolke am Azure verraucht,
Wenn aufs müde schwimmende Haupt
Süßes Lachen gaukelt herab,
Liebe Stimme säuselt und träuft
Wie die Lindenblüt' auf ein Grab.

Wenn im Busen die Toten dann,
Jede Leiche sich streckt und regt,
Leise, leise den Odem zieht,
Die geschloßne Wimper bewegt,
Tote Lieb', tote Lust, tote Zeit,
All die Schätze, im Schutt verwühlt,
Sich berühren mit schüchternem Klang
Gleich den Glöckchen, vom Winde umspielt.

Stunden, flücht'ger ihr als der Kuß
Eines Strahls auf den trauernden See,
Als des ziehnden Vogels Lied,
Das mir niederperlt aus der Höh',
Als des schillernden Käfers Blitz
Wenn den Sonnenpfad er durcheilt,
Als der flücht'ge Druck einer Hand,
Die zum letzten Male verweilt.

Dennoch, Himmel, immer mir nur
Dieses eine nur: für das Lied
Jedes freien Vogels im Blau
Eine Seele, die mit ihm zieht,
Nur für jeden kärglichen Strahl
Meinen farbig schillernden Saum,
jeder warmen Hand meinen Druck
Und für jedes Glück meinen Traum.

Selten begegnet man in der Lyrik der Droste einem so gelösten dichterischen Ich wie in diesen erstmals 1844 gedruckten Versen. Fließender als sonst ist der Rhythmus. Nichts vom sperrigen Satzbau, durch den sich manchmal die bohrenden Gedanken der Droste hindurchkämpfen. Nichts von der selbstquälerischen Inbrunst mancher ihrer geistlichen Gedichte. Die erste Zeile gleich gibt mit dem doppelten »süß« das Signalwort für einen Zustand der Entspannung und des Glücks. Alle vier Strophen bestehen jeweils aus einem Satz; unaufhaltsam, wenn auch in immer neuen Stößen, drängt der Gedanke durch die acht Verse zum Strophenschluss. Wortwiederholungen – das dreifache »tief« in der 3., das doppelte »leise« in der 11. und das dreifache »tot« in der 13. Zeile – zeigen die Intensität des Gefühls und des Sprechens an. In den vier Strophen halten die Abfolge von reimlosen und gereimten Versen und die unregelmäßige Füllung der Senkungen das Gedicht in der Waage zwischen Freiheit und Bindung. Solche Lockerheit der Verssprache scheint einem Ich angemessen, das seine Poren weit zur Natur geöffnet hat.

Der Taumel der Sinne, das Eintauchen in den Duft der Gräser wie die Wahrnehmung der »Wolke am Azure«, und die Imagination einer herabsäuselnden Stimme überschlagen sich im Rausch der Wörter. Der poetische Vergleich am Ende der ersten Strophe ruft eine Gegenwelt herauf, die der Toten. Aber sie ist hier ohne Schrecken, eine Welt der Erwachenden, deren Erinnerung das Abgestorbene wieder belebt und hörbar macht. In der zweiten Strophe also durch die «schüchterne« Anspielung auf die verheißene Wiederauferstehung eine Überlagerung der Sinnenwelt durch die religiöse?

Die dritte Strophe wendet sich wieder dem Diesseits zu, wobei offen bleibt, ob die flüchtigen, aber seligen »Stunden« erinnerte Vergangenheit sind oder eine Vision erfüllter Augenblicke. Den Vergleichen, die solche Glücksmomente poetisch umschreiben (der »Kuß« des Sonnenstrahls, das Lied des Vogels, der aufleuchtende Panzer des Käfers), sind Helligkeit und Unbeschwertheit gemeinsam. Nur das Abschiedsmotiv im letzten Händedruck, vorweggenommen im Bild des »trauernden Sees«, hebt das Übergewicht des Lichten auf.

So versteht sich die adversative Konjunktion am Anfang der letzten Strophe, das der Hinfälligkeit des lichten Augenblicks entgegengehaltene »Dennoch« – der Wunsch an den »Himmel«, alles ins traumhaft Glückliche zu wenden, was noch elegisch überschattet ist. Die poetischen Bilder der Vergleiche in der dritten Strophe werden jetzt zum Gegenstand des Wünschens selbst, zu Garanten eines Überdauerns glückhafter »Stunden«. Die Vorstellung von Ewigkeit deutet sich vorsichtig an im Bild der Seele, die mit dem freien Vogel ins Himmelblau emporsteigt.

Es soll nicht der Eindruck entstehen, als erlaube das Gedicht eine völlig schlüssige Aufhellung des poetisch-sinnhaften Vorgangs. Der Leser muss sich mit dem gedanklichen Ungefähr dieser vier Strophen zufrieden geben. Unter den dichterischen Gattungen kann die Lyrik vom Gebot strenger logischer Folgerichtigkeit am ehesten befreit werden. Dieses Gedicht ist ein Tagtraum von großer poetischer Magie. Es ist der dichterische Ausdruck einer Seelenlage, die man bei der Droste nicht eben häufig antrifft. Eine Ekstase ergreift das dichterische Ich, die sich einem Gefühl seliger Geborgenheit in der Natur verdankt. Und die Anschauung der Natur wird auch in der Vision nicht preisgegeben, die konkreten Elemente der Natur bleiben Bausteine des Tagtraums. Ein Gedicht wie *Die Mergelgrube* (aus den *Heidebildern*) ist mit seiner Tiefenbohrung in die Erdgeschichte von stärkerer Realitätsgebundenheit und es stellt der naiven, unreflektierten Naturbetrachtung die Optik eines historischen Bewusstseins gegenüber. Das Gedicht *Im Grase* ist von stärkerer existenzieller Gebundenheit; das Naturerlebnis löst einen rauschhaften Zustand aus: die Ahnung eines gesteigerten Daseins.

Wendepunkte

Friedrich Hebbel (1813–1863): Sommerbild – Herbstbild

Friedrich Hebbel hat in der Geschichte des Dramas mehr in Bewegung gesetzt als in der Geschichte der Lyrik. Doch sind ihm Gedichte geglückt, in denen sich der Lyriker ganz aus dem Bann des Dramatikers und Tragikers löst, Gedichte wie *Nachtlied, Abendgefühl* oder *Ich und Du*. Auch *Sommerbild* (1844) und *Herbstbild* (1852) sind Texte, in denen sich ein »lyrisches Ich« der Empfindung und der Reflexion hingibt, die das Anschauen der Natur in einer bestimmten Jahreszeitensituation auslöst. Und doch lässt sich in diesen wohl bekanntesten Gedichten Hebbels noch in Spuren die Blickweise des Dramatikers erkennen, im Interesse an der besonderen, spannungsvollen, ja extremen Szene oder Situation.

Sommerbild

Ich sah des Sommers letzte Rose stehn,
  Sie war, als ob sie bluten könne, rot;
Da sprach ich schauernd im Vorübergehn:
  »So weit im Leben, ist zu nah am Tod!«

Es regte sich kein Hauch am heißen Tag,
  Nur leise strich ein weißer Schmetterling;
Doch, ob auch kaum die Luft sein Flügelschlag
  Bewegte, sie empfand es und verging.

Dies ist ein Gedicht über die Situation »auf des Messers Schneide«. Das Blutrot der Rose lässt den Vorübergehenden erschauern, weil sich die Vorstellung des

Verblutens mit einstellt. Der Lebensprozess hat einen Punkt erreicht, wo der Umschlag in den Verfallsprozess unmittelbar bevorsteht. Von poetischer Schönheit und Prägnanz ist Hebbels Satz »So weit im Leben, ist zu nah am Tod!«

Die zweite Strophe fängt zunächst die Atmosphäre eines allgemeinen Stillstands in der Natur ein. Die Welt scheint nicht mehr zu atmen. Und nun noch einmal, wie am Ende der ersten Strophe, das Bild der inneren Widersprüchlichkeit des Daseins: Der einzige Lebensatem in der Windstille des heißen Tags, der durch den Flügelschlag des Schmetterlings ausgelöste Lufthauch, weht die Rose an als Todeshauch. Dass sich unaufdringlich im Weiß der Schmetterlingsfarbe schon Todesbleiche andeutet, vervollständigt das kunstvolle Geflecht der Bild- und Sinnkorrespondenzen.

HERBSTBILD

Dies ist ein Herbsttag, wie ich keinen sah!
    Die Luft ist still, als atmete man kaum,
Und dennoch fallen raschelnd, fern und nah,
    Die schönsten Früchte ab von jedem Baum.

O stört sie nicht, die Feier der Natur!
    Dies ist die Lese, die sie selber hält,
Denn heute löst sich von den Zweigen nur,
    Was vor dem milden Strahl der Sonne fällt.

Auch in *Herbstbild* liegt die Luft still wie unter einer Glocke, auch hier sind Lebensprozesse an einen Wende-, sind Wachstums- und Reifeprozesse an einen Endpunkt gelangt: Von den Bäumen lösen sich die Früchte. Die Geräusche des Fallens sind die Musik zu einer Erntefeier, die sich die Natur selber gibt. Erntearbeit der Pflücker kommt nicht ins Bild; es ist die lösende Kraft der Sonne, die hier Lese hält. Definiert man Szenen einer unschuldsvollen und in sich glücklichen Welt als Idyllen, so ist *Herbstbild* eine Idylle. Vor dem anderen Wendepunkt, wo die Melancholie des Abschieds und die Trauer des Vergehens einsetzen oder das »Herbstgefühl« der Vergänglichkeit Schwermut weckt, hält dieses *Herbstbild* inne.

Der Vers beider Gedichte ist der fünfhebige Jambus, der als Blankvers im Drama Shakespeares, der deutschen Klassiker und auch Hebbels kanonisch wurde. Aber er nimmt in keinem der Gedichte die Gemessenheit und Getragenheit des Tragödienverses an. Die strophische Gliederung, die Reimanordnung und die syntaktisch-rhythmischen Variationen, die Wortmelodie aus Reimen und Assonanzen und das Echospiel der tönenden Vokale geben den Gedichten eine lyrische Gelöstheit, die wohl kein Leser vermuten würde, der bis dahin nur den grüblerisch bohrenden Dramatiker Hebbel kennen gelernt hat.

Hebbels lyrisches Geschwisterpaar reizt den Leser nicht zuletzt durch ein leises Irritieren der Erwartung, durch das Ausbleiben der gewohnten Attribute.

Sommerbild wartet mit keiner Welt in schwellender Blüte, *Herbstbild* weder mit dem Lob des Genießens noch mit der Trauer des Abschieds auf. Die Gedichte verweigern sich den Stimmungs- und Gefühlsklischees. Für seine dramatischen Handlungen hat Hebbel oft die Epochen welthistorischer Krisen und Zeitenwenden gewählt. An Wendepunkte jahreszeitlichen Naturgeschehens führen die Gedichte.

Fest des Gleichklangs

Theodor Storm (1817–1888): Die Nachtigall

Noch in der Lyrik des 18. Jahrhunderts begegnen wir der Nachtigall unter dem Namen Philomele. In jener griechischen Sage, nach der die Königstochter Philomela von den Göttern in eine Nachtigall verwandelt wurde, gehen dem Gestaltwandel blutrünstige Ereignisse voraus, die zur poetischen Aura des Nachtigallengesangs nicht recht passen wollen. Mögen die Griechen in der Nachtigallenstimme einen klagenden Ton vernommen haben, so empfinden wir den Gesang (den Schlag) der Nachtigall eher als melodiös. Er ist besonders betörend des Nachts und am schönsten dann, wenn das Weibchen brütet; den Liebenden ist er willkommener Begleiter. Wem würde nicht der Satz Julias zu Romeo nach der gemeinsamen Nacht: »Es war die Nachtigall und nicht die Lerche«, wieder gegenwärtig, wenn er Storms Gedicht *Die Nachtigall* liest.

Die Nachtigall

Das macht, es hat die Nachtigall
Die ganze Nacht gesungen;
Da sind von ihrem süßen Schall,
Da sind in Hall und Widerhall
Die Rosen aufgesprungen.

Sie war doch sonst ein wildes Kind;
Nun geht sie tief in Sinnen,
Trägt in der Hand den Sommerhut
Und duldet still der Sonne Glut
Und weiß nicht, was beginnen.

Das macht, es hat die Nachtigall
Die ganze Nacht gesungen;
Da sind von ihrem süßen Schall,
Da sind in Hall und Widerhall
Die Rosen aufgesprungen.

Storm macht das Eindringliche des Nachtigallengesangs durch die vielfache Wiederholung jener Reimsilbe hörbar, die das Schallerlebnis versinnlicht. In der Reimanordnung der ersten Strophe taucht sie dreimal als Endreim und einmal als Binnenreim auf. Diese Ballung akustischer Entsprechungen verdichtet sich noch durch die genaue Wiederholung der ersten Strophe in der dritten. In der Wiederkehr einer ganzen Strophe als Refrain vervollständigt sich das Liedhafte und Musikalische des Gedichts zum Fest des Gleichklangs.

Von keiner Wirkung des Nachtigallengesangs auf Menschen wird direkt gesprochen. Der Dichter nimmt aber eine alte, aus Märchen vertraute und in der Romantik wieder erweckte Vorstellung auf: die von der Kommunikation aller Naturwesen untereinander. Von der lockenden Süße des Nachtigallengesangs überwältigt, entfalten die Rosen ihre Blätter. Mit dem Aufspringen der Knospe beginnt die hohe Zeit der Blume, die der Blüte, der Schönheit.

Die mittlere Strophe wendet sich dem Menschen zu, einem Mädchen, das offenbar gerade dem Alter des Herumtollens entwachsen ist. Storm lässt das Ungezügelte des »wilden Kindes« im Strophenbau sinnfällig werden: Der erste Vers ist eine Waise, der einzige Vers, der sich dem Reimmuster nicht fügt.

»Nun geht sie tief in Sinnen« – dieses Bild der sinnenden Frau taucht auch in Storms Gedicht *Juli* auf:

Juli

Klingt im Wind ein Wiegenlied,
Sonne warm herniedersieht,
Seine Ähren senkt das Korn,
Rote Beere schwillt am Dorn,
Schwer von Segen ist die Flur –
Junge Frau, was sinnst du nur?

Hier verweist die Symbolik der Bilder auf die Schwangerschaft der Frau oder doch ihre Hoffnung auf ein Kind. Im Gedicht *Die Nachtigall* kommt es zu solcher Eindeutigkeit nicht. Die junge Frau ist wie abwesend, ihre Schritte sind ziellos. Etwas muss sie getroffen, verwirrt haben. In einem anakreontischen Gedicht wäre es wahrscheinlich Cupidos Pfeil. Aber hier bleibt die Analogie zum Vorgang der ersten Strophe unbestimmt. Etwas ist verändert worden im Leben des Mädchens; und dass dieses Etwas mit ihrer Weiblichkeit und wohl auch Liebe zu tun hat, scheint sicher, denn unvergessen sind ja der »süße Schall« der Nachtigall und die aufgesprungene Rosenknospe. Aber nicht zur Konkretheit des Gleichnisses verstärkt sich der Bezug zwischen den Vorgängen der Strophen.

Der Dichter hält alles in der Schwebe. Und als wollte er allzu direkten Nachfragen zuvorkommen, zieht er den Vorhang wieder vor der Szene zu, schwenkt zurück zum märchenhaften Naturvorgang. Der Nachtigallengesang hat das erste und das letzte Wort.

Ein alter Brauch – erhaltenswert

Gottfried Keller (1819–1890): Sommernacht

Sommernacht

Es wallt das Korn weit in die Runde
Und wie ein Meer dehnt es sich aus;
Doch liegt auf seinem stillen Grunde
Nicht Seegewürm noch andrer Graus:
Da träumen Blumen nur von Kränzen
Und trinken der Gestirne Schein.
O goldnes Meer, dein friedlich Glänzen
Saugt meine Seele gierig ein!

In meiner Heimat grünen Talen,
Da herrscht ein alter schöner Brauch;
Wann hell die Sommersterne strahlen,
Der Glühwurm schimmert durch den Strauch:
Dann geht ein Flüstern und ein Winken,
Das sich dem Ährenfelde naht,
Da geht ein nächtlich Silberblinken
Von Sicheln durch die goldne Saat.

Das sind die Burschen, jung und wacker,
Die sammeln sich im Feld zu Hauf
Und suchen den gereiften Acker
Der Witwe oder Waise auf,
Die keines Vaters, keiner Brüder
Und keines Knechtes Hilfe weiß –
Ihr schneiden sie den Segen nieder,
Die reinste Lust ziert ihren Fleiß.

Schon sind die Garben fest gebunden
Und schön in einen Kranz gebracht;
Wie lieblich flohn die stillen Stunden,
Es war ein Spiel in kühler Nacht!
Nun wird geschwärmt und hell gesungen
Im Garbenkreis, bis Morgenduft
Die nimmermüden, braunen Jungen
Zur eignen schweren Arbeit ruft.

In dieser ›prächtigen Sommernacht‹ leuchten die Sterne so hell wie bei Eichendorff (*Sehnsucht*), und es singen auch hier junge Burschen. Aber niemand lauscht einsam dem Posthorn nach und niemand singt sehnsüchtig von Palästen im Mondenschein. Hier macht auch nicht Genuss die Nacht zum Tage, hier tauchen in der altvertrauten poetischen Kulisse der Sommernacht arbeitende Menschen auf. Das Gedicht hat Bodenhaftung.

Das ist ganz wörtlich gemeint. Die erste Strophe allerdings will an die Ackererde noch nicht so recht heran. Das Wogen des Ährenfeldes fordert den Vergleich mit dem Meer heraus, und in der Einschränkung des Vergleichs kehren noch einmal die geläufigen poetischen Vorstellungen zurück: Blumenkränze, Sternenschein, Frieden und Seelenlabsal.

Nach dieser lyrischen Introduktion aber setzt eine Erzählung ein. Berichtet wird, wie sich noch in der Gegenwart ein alter Brauch der heimatlichen Täler erhalten hat – eine schweizerische Variante zur Sage von den Heinzelmännchen in Köln, die durch August Kopischs Ballade in die Schulbücher gelangte. Wie Geister erscheinen auch die jungen Männer in Kellers Gedicht (»Dann geht ein Flüstern und ein Winken«), heimlich verrichten auch sie ihr Werk für andere. Menschliche Neugier und mutwilliger Schabernack freilich, die bei Kopisch die dienstbaren Zwerge vertreiben, kommen bei Keller nicht ins Spiel. Im Übrigen hat der Volksbrauch nicht den Märchencharakter der Kölner Lokalsage; er setzt Menschen in Aktion.

Und doch klingt auch in *Sommernacht* der Ton eines Märchenerzählers oder einer Märchenerzählerin an, nämlich in einer gewissen Naivität des lyrischen Sprechens und im Hang zu Vokabeln der Idylle. Ohnehin verstärkt die lyrische Form, verstärken Vers und Reim ein spielerisches Moment, das die Zeile »Es war ein Spiel in kühler Nacht« unmittelbar benennt. Die Hilfsaktion der Dorfburschen gerät im Gedicht zur Genreszene. Das silberne Blinken der Sicheln, das Wackere der Burschen, das liebliche Fliehen der Stunden, der schwärmerische Gesang – alles dies strahlt die Selbstzufriedenheit einer widerspruchsfreien intakten Welt aus. Es soll nicht Kellers Gedicht herabsetzen, wenn wir einen Zeitsprung machen: zur »Blut- und Bodendichtung« der Nationalsozialisten und zu Bauernszenen des »sozialistischen Realismus« mit ihrer Plakatierung strotzender Gesundheit und leuchtender Gesichter. Dort führt ideologisch verordneter, fauler Optimismus zu wirklichkeitsverfälschenden Bildern.

Der Vorwurf heuchlerischer Schönfärberei kann Kellers Gedicht nicht treffen. Gewiss erscheint die freiwillige Erntearbeit stark poetisiert, aber die Darstellung erweckt doch eine appellative Kraft, indem sie zeigt, wieviel Befriedigung, ja Freude unvergoltene Hilfeleistung gewähren kann. Das Gedicht wird zum hohen Lied auf eine noch selbstverständliche Tatbereitschaft, die man Nachbarschaftshilfe, Nächstenliebe, Armenhilfe oder Solidarität nennen kann, die jedenfalls einem sozialen Antrieb entspringt, den die Volksüberlieferung, der »alte schöne Brauch«, zur Verhaltenspraxis hat werden lassen.

Es scheint dem Dichter dieser Verse unvergessen zu sein, dass er selbst in dürftigen Verhältnissen aufwuchs und zunächst die Armenschule besuchte. Die Kindheit hat ihn andere Vorbilder achten gelehrt als Schulbücher, in denen Staatshelden gefeiert werden. Weitaus früher als Deutschland hat sich die Schweiz der Demokratie anvertraut und ein urdemokratisches Selbstverständnis, wonach Freiheitsrechte nicht von der Verpflichtung entbinden, an der Lösung sozialer Probleme der Gemeinschaft oder Gesellschaft mitzuwirken, wird auch in diesem Gedicht lebendig.

Zu keiner Falschmünzerei lässt sich Keller herbei. Das Gedicht endet weder als Preislied noch mit idyllischem Schwindel. Der Schluss holt die Erzählung zur Härte des bäuerlichen Lebens zurück: Der anbrechende Tag ruft die jungen Männer zur »eignen schweren Arbeit«.

Riss im Dasein

Aber ist das eine Antwort?

Heinrich Heine (1797–1856): Laß die heilgen Parabolen ... –
Walter Helmut Fritz (geb. 1929): Also fragen wir beständig ...

> Laß die heilgen Parabolen,
> Laß die frommen Hypothesen –
> Suche die verdammten Fragen
> Ohne Umschweif uns zu lösen.
>
> Warum schleppt sich blutend, elend,
> Unter Kreuzlast der Gerechte,
> Während glücklich als ein Sieger
> Trabt auf hohem Roß der Schlechte?
>
> Woran liegt die Schuld? Ist etwa
> Unser Herr nicht ganz allmächtig?
> Oder treibt er selbst den Unfug?
> Ach, das wäre niederträchtig.
>
> Also fragen wir beständig,
> Bis man uns mit einer Handvoll
> Erde endlich stopft die Mäuler –
> Aber ist das eine Antwort?

Im Fragenden dieses Gedichts, das in der letzten zu Lebzeiten Heines veröffentlichten Lyriksammlung, den *Gedichten 1853 und 1854*, den Zyklus *Lazarus* eröffnet, erkennt man Züge der Gestalt Hiobs wieder. Das jämmerliche Dasein auf dem Krankenbett, in der »Matratzengruft«, aber auch eine Rückbesinnung auf die jüdische Überlieferung und den persönlichen Gott haben Heine zu dieser Figur des Alten Testaments, des schwer Geprüften und gegen Gott Aufsässigen, geführt. Erst mit der Wiederannäherung an die Vorstellung eines persönlichen Gottes, nach langer Hinneigung zu einem sinnenfrohen Pantheismus, stellt sich für Heine die Frage nach göttlicher Verantwortung und Schuld. In vier Strophenblöcken wird, in der Form pochender Trochäen, mit Imperativen und hartnäckigen Fragen auf Klärung bestanden.
    Aber nicht wie der Hiob des Alten Testaments hält der Fragende des Gedichts

seinen Protest Gott selbst entgegen; er wendet sich an einen Adressaten, der Gott mit Gleichnissen und Glaubenssätzen zu erklären versucht. Aus der Konfrontation Hiobs mit Gott wird so ein – allerdings einseitig geführter – Disput über theologische Fragen. Da es keine Streitrede mit Gott gibt, entfällt auch die Antwort Gottes. Ja, es ist gerade das Ausbleiben der Antwort, das den Fragenden aufbringt – einen Zweifler, der sich das »Maul« nicht »stopfen« lässt.

Nicht um die Frage der Theodizee, die Frage nach der möglichen Rechtfertigung Gottes trotz des Übels in der Welt, geht es im eigentlichen Sinne. Mit der Gegenüberstellung einer »Kreuzlast« des Gerechten und der Siegerpose des Schlechten knüpft Heine an ein Thema der *Historien* im *Romanzero* (1851) an. Dort wird das grausame Geschichtsgesetz beklagt, das den Besseren unterliegen und den Schlechteren triumphieren lässt. Doch wird jetzt keine anonyme Geschichtsinstanz, sondern Gott, der »Herr«, zur Rechenschaft gezogen. Damit erhält Heines skeptische Geschichtssicht religiöse Eindringlichkeit.

Letzte Konsequenz des Fragens ist der Zweifel an der Allmacht Gottes, ja der Verdacht, dass Gott ein übles Spiel mit den Menschen treibe. Doch auch hier verharrt die Rede im Modus der Frage. So ist das Gottesbild dieses Gedichts das eines stumm gewordenen Gottes; Werner Kraft (Heine, der Dichter, 1983) hat gezeigt, wie am Ende gerade der Halbreim »Handvoll – Antwort«, also der vorenthaltene Reim, nicht nur das Ausbleiben der Antwort, sondern auch Heines Verweigerung eines Harmonisierungsversuchs versinnlicht. Die Empörerhaltung steht dem Hadern Hiobs in nichts nach, ist andererseits gebrochen durch tiefe Resignation.

Mit diesem Gedicht, das gewiss zu den makellos großen Dichtungen Heines zählt, tritt mehr als ein Jahrhundert später Walter Helmut Fritz ins Gespräch, in seinem Gedicht *Also fragen wir beständig ...* (1976).

> Also fragen wir beständig
> Bis man uns mit einer Handvoll
> Erde endlich stopft die Mäuler –
> Aber ist das eine Antwort?

Als Heinrich Heine das schrieb

als er mit letzten Amüsements
dem Verhängnis zuvorzukommen suchte

bei Gesprächen
das gelähmte Augenlid mit dem Finger hob

mit dem Opernglas
die Menschen auf der Straße beobachtete

da schleppte er sich
hinter sich selbst her

erfuhr er Last und Überlast

hatte er verstanden,
daß man immer zu spät sieht,
wann etwas aufzuhören beginnt

stellte er sich die Frage,
ob alles unabänderlich sei

ach diese Vogelscheuche Vergänglichkeit.

Vergänglichkeit ist, ob in offener oder verborgener Form, ein Thema vieler Texte von Walter Helmut Fritz. Und mit dem Motto hängt sich dieses Gedicht unmittelbar an die Schlussstrophe Heines an. Wieder erkennbar werden die Lebensstationen des späten Heine: seine Lebensgier vor der endgültigen Lähmung, das Heben des Augenlids mit dem Finger beim Eintreten von Besuchern in die »Matratzengruft«, das Zurückbleiben der leiblichen hinter der geistigen Person und die Einsicht in die Trägheit eines Bewusstseins, das der Wirklichkeit noch nicht ins Auge sehen möchte.

Da aber das vorangestellte Zitat die Erinnerung eben an das Eröffnungsgedicht im Zyklus *Zum Lazarus* aufruft, entgeht dem Leser nicht die Zurücknahme, die Reduktion des Heineschen Gedankens. Ob alles unabänderlich sei, diese Frage nimmt die Radikalität der Frage Heines ebenso wenig auf wie das Bild der »Vogelscheuche«, bei dem die Assoziation zum bloßen »Schreckgespenst« unvermeidbar ist. An die Unerbittlichkeit der Empörung Hiobs erinnert hier nichts mehr. Der persönliche Gott ist im Denkmuster dieses Gedichts nicht vorhanden, also kann der Mensch auch nicht mehr mit ihm zürnen. Was aber der Autor Walter Helmut Fritz mit Heine teilt, ist Skepsis gegen die schnellen Tröstungen.

OHNE JAMMERN

Theodor Fontane (1819–1898): Ausgang

AUSGANG

Immer enger, leise, leise
Ziehen sich die Lebenskreise,
Schwindet hin, was prahlt und prunkt,
Schwindet Hoffnung, Hassen, Lieben,
Und ist nichts in Sicht geblieben
Als der letzte dunkle Punkt.

Dieser Sechszeiler zählt zu den Gedichten, die man nicht unbedingt kommentieren muss. Form und Inhalt der Verse bereiten dem unmittelbaren Verständnis keine Schwierigkeiten. Je weiter sich der altgewordene Dichter aus dem Wirbel des lebendigen Daseins entfernt, desto entschiedener richtet sich der Blick auf das Ende. Aber es ist eine Festigkeit in der Resignation, die kein Jammern zulässt.

So hat die Abwendung von allem Prahlenden und Prunkenden wenig gemeinsam mit der Absage an die »Eitelkeit« der Welt, die mit leidenschaftlicher und rhetorischer Beharrlichkeit so manches Barockgedicht durchtönt. Nicht die Hinfälligkeit und Vergänglichkeit des Lebens wird beklagt, keine Weltabkehr gepredigt. Es ist der natürliche Lauf des Lebensprozesses, der erkannt und hingenommen wird.

Geradezu verführerisch ist der Gedanke, diesen Sechszeiler als ein Rollengedicht zu lesen, es dem alten, seinem Ende entgegensehenden Dubslav von Stechlin in den Mund zu legen. Da wäre freilich das Zeugnis skeptisch-tapferer Altersresignation der Romanfigur dann auch nur eine Rollenrede des alten Fontane selbst.

Wie gemeisselt

Conrad Ferdinand Meyer (1825–1898): Luther

Luther

Je schwerer sich ein Erdensohn befreit,
Je mächtger rührt er unsre Menschlichkeit.

Der selber ich der Zelle früh entsprang,
Mir graut, wie lang der Luther drinnen rang!

Er trug in seiner Brust den Kampf verhüllt,
Der jetzt der Erde halben Kreis erfüllt.

Er brach in Todesnot den Klosterbann –
Das Größte tut nur, wer nicht anders kann.

Er fühlt der Zeiten ungeheuren Bruch
Und fest umklammert er sein Bibelbuch.

In seiner Seele kämpft, was w i r d und w a r,
Ein keuchend hart verschlungen Ringerpaar.

Sein Geist ist zweier Zeiten Schlachtgebiet –
Mich wundert nicht, daß er Dämonen sieht.

Das Gedicht steht als Text Nr. XXXII in Conrad Ferdinand Meyers Epos in Reimpaarversen (Gedichtzyklus) *Huttens letzte Tage* (1871). Ihm vorauf geht das Gedicht *Die deutsche Bibel*, eine Huldigung an »das Erz der deutschen Zunge« Luthers. Mit den Personennamen anderer Gedichttitel (Ariost, Erasmus oder Paracelsus) wird der geschichtliche Hintergrund der Dichtung umrissen, die Zeit des Übergangs vom Mittelalter zur Neuzeit, der Renaissance, des Humanismus, der Reformation – eine jener Epochen, die das besondere Interesse des Autors auf sich zogen.

Conrad Ferdinand Meyer hat noch ein anderes Luther-Gedicht geschrieben, aus Anlass der Vierhundertjahrfeier von Luthers Geburtstag am 10. November 1883, das *Lutherlied*. In neun achtzeiligen Strophen mit Reimpaarversen lässt er die wichtigsten Stationen im Leben Luthers Revue passieren: das Mönchsgelöbnis, die neue theologische »Offenbarung« in der Klosterzelle, das Verhör durch den päpstlichen Legaten in Augsburg, die öffentliche Verbrennung der Bulle, mit der ihm vom Papst der Bann angedroht wird, der Reichstag zu Worms im Dezember 1502, Wartburgaufenthalt und Übersetzung der Bibel. Die beiden Schlussstrophen loben Luthers Lehre und bringen auf den Choral *Ein feste Burg ist unser Gott* ein lyrisches Hoch aus.

Von dieser lyrischen Chronik sticht das Luther-Gedicht des Hutten-Zyklus durch seine konzentrierte Form und seinen reflektierenden Charakter ab. In der zweiten Strophe spielt Ulrich von Hutten, der Sprecher, auf eine biographische Parallele an: Auch er war aus der Klosterzelle geflohen. Im Übrigen aber geht dieses Gedicht auf einzelne Lebensereignisse nicht ein; Luther wird in seiner historischen Rolle gesehen.

Huttens Hochachtung gilt zunächst der Selbstbefreiung Luthers und den Entscheidungsqualen, die ihr voraufgehen, dann dem Exemplarischen seiner Tat: Er ist der Protagonist eines Kampfes, in den die halbe Welt hineingerissen wurde. Die vierte Strophe nimmt das Motiv der qualvollen, aber notwendigen und unabdingbaren Entscheidung noch einmal auf und hebt die Figur ins Monumentale, ohne sich auf das theologische Problem selbst einzulassen. Auch in der folgenden Strophe wird die Kraft, den unerhörten Zeitenbruch auszuhalten, sehr allgemein dem absoluten Vertrauen auf die Bibel zugeschrieben. Zum Ort eines Ringkampfs nicht nur, sondern zur Walstatt einer Schlacht zwischen Vergangenheit und Zukunft, zwischen Abgelebtem und Werdendem stilisieren die beiden Schlussstrophen die Seele Luthers.

Als Repräsentant einer Wendeepoche, der deren unerhörte Spannungen in sich auszutragen hat, erscheint also Luther. Ihm hat auch das Mittelalter ein schweres Erbe mitgegeben. So jedenfalls darf man den Hinweis auf die Dämonen im letzten Vers verstehen.

Als einen Angelpunkt deutscher Geschichte hatte Heine, im Essay *Zur Geschichte der Religion und Philosophie in Deutschland* (1835), Luther gesehen, aber doch als Begründer der Geistes- und Denkfreiheit in Deutschland, der den Boden bereitete für ein stufenweises Fortschreiten der deutschen Geistesgeschichte zur politischen Revolution. Der »Held« der Reformation wird ihm zum »kompletten Menschen«, in dem »Geist und Materie« sich verbünden. Auch dem Dichter Conrad Ferdinand Meyer ist Luther ein Heros, aber gerade der inneren Spaltung wegen, die er auf sich genommen hat.

An einem großen Individuum, an dem in einer Übergangsperiode die Magnetkräfte zweier polarer Zeitalter zerren, arbeitet sich dieses Gedicht ab. In immer neuem Anlauf meißelt der Dichter Züge des einen Grundmotivs heraus: des Bruchs, der durch das Individuum und die Epoche geht. Es ist, als hätte den Dichter die Statue eines Künstlers jener Renaissancezeit, die ihm so vertraut war, inspiriert: die Statue des mit den Gesetzestafeln vom Sinai herabgestiegenen, sitzenden, aber leidenschaftlich aufgewühlten Moses von Michelangelo.

Winter-Wanderschaft

Friedrich Nietzsche (1844–1900): Abschied [Vereinsamt]

Einsamkeit ist eines der Hauptthemen im Denken Nietzsches. »Mein ganzer Zarathustra«, erklärt er in *Ecce homo*, »ist ein Dithyrambus auf die Einsamkeit«. Dort allerdings wird Einsamkeit als Bedingung für Selbstfindung und Schöpfertum, für die Erneuerung des Menschen verstanden. Dagegen konzentriert sich *Abschied* [*Vereinsamt*] – diese Titel sind nur zwei unter den von Nietzsche erwogenen – auf den Gedanken des Ausgeschlossenseins und des Leidens an der Einsamkeit. Es ist 1884 entstanden und 1894 erstmals gedruckt worden.

Abschied [Vereinsamt]

Die Krähen schrei'n
Und ziehen schwirren Flugs zur Stadt:
Bald wird es schnei'n –
Wohl dem, der jetzt noch – Heimat hat!

Nun stehst du starr,
Schaust rückwärts ach! wie lange schon!
Was bist du Narr
Vor Winters in die Welt – entflohn?

Die Welt – ein Thor
Zu tausend Wüsten stumm und kalt!
Wer Das verlor,
Was du verlorst, macht nirgends Halt.

> Nun stehst du bleich,
> Zur Winter-Wanderschaft verflucht,
> Dem Rauche gleich,
> Der stets nach kältern Himmeln sucht.
>
> Flieg', Vogel, schnarr'
> Dein Lied im Wüsten-Vogel-Ton! –
> Versteck', du Narr,
> Dein blutend Herz in Eis und Hohn!
>
> Die Krähen schrei'n
> Und ziehen schwirren Flugs zur Stadt:
> Bald wird es schnei'n,
> Weh dem, der keine Heimat hat!

Mit jahreszeitlichen Bildern beginnt das Gedicht: Abflug der Krähen vom Land, bevorstehender Schneefall, Sorge um rechtzeitige Geborgenheit. Die Abwandlung des bildkräftigen und lautmalerischen Verbs »schwirren« zum Adjektiv nimmt schon Kühnheiten expressionistischer Lyrik, etwa August Stramms, vorweg. Der Wechsel zwischen zweihebigem und vierhebigem Vers in den vierzeiligen Strophen mit Kreuzreim wird zumeist für eine Spannung zwischen zeigender und reflektierender Haltung genutzt.

Erkennen der eigenen Lage und Selbstbezichtigung in der zweiten Strophe kulminieren im Wort »Narr«. In einer der sogenannten *Dionysos-Dithyramben* Nietzsches, *Nur Narr! nur Dichter!*, ist der »Narr« dazu verdammt, von der Wahrheit ausgeschlossen und in die Lüge verstrickt zu sein. Hier in *Vereinsamt* steht das Wort »Narr« für den Unklugen, der verfrüht aufgebrochen ist; und doch umgibt ihn, wie den Narren in der Dionysos-Dithyrambe, die Aura des Tragischen.

Denn der Weltgierige wurde in Wüsten gelockt. »Die Wüste wächst, weh dem, der Wüsten birgt ...« beginnt eine andere der Dionysos-Dithyramben. Dort gerät Zarathustra unter die »Töchter der Wüste«, die »allerliebsten Mädchen« in der »Oasis« – Welthunger ist auch Liebeshunger, und der Mensch, der Wüsten »birgt«, ist von »Wollust ausgeloht«. Solche Bedeutung darf dem Bild der Wüste in *Vereinsamt* nicht unterlegt werden. Denn zu sehr erweist sich hier die Wüste als Ort der Kälte, der Sprach- und Echolosigkeit und des Verlustes.

Der Weg, der dem Winter-Wanderer in der Wüste vorgezeichnet ist, führt eben in keine Oase, sondern in noch härtere Kälte, in noch unerbittlicheres Alleinsein. Und nirgendwo im Gedicht klingt der Gedanke an Selbstfindung und Schöpfertum auch nur an. Winter und Wüste, das sind hier gleichnishafte Bilder für eine als Fluch verhängte unfruchtbare Einsamkeit.

Die vorletzte Strophe möchte der Versuchung zum Selbstmitleid vorbeugen. Auch dem »Lied im Wüsten-Vogel-Ton« wird das Gesetz der Kälte vorgeschrieben: nämlich das Leid hinter einem Panzer aus »Eis und Hohn« zu verbergen. Doch dann bricht in der Schlussstrophe, mit der wiederholten, aber durch eine wesentliche Variation veränderten Anfangsstrophe, die Klage sich Bahn. Das »blutende Herz« sammelt allen Ausdruck im Wehruf.

In einer *Antwort* aus demselben Jahr (in zwei Strophen) hat Nietzsche das Missverständnis seines Gedichtes abgewehrt und klargestellt, was sich im Gedicht nicht ausspreche: Sehnsucht »zurück / Ins deutsche Warm, / Ins dumpfe deutsche Stuben-Glück«. Die Warnung ist deutlich genug. Jede Verkürzung des Gedichts auf biographische oder temporäre Bezüge verbietet sich. Die Obdachlosigkeit des »Narren« in diesem Gedicht ist von existenzieller Art. Sie darf auch nicht mit jener melancholischen Einsamkeitserfahrung verwechselt werden, die aus Gottfried Benns bekanntem Vers im Gedicht *Tristesse* spricht: »Und dann November, Einsamkeit, Tristesse«. Melancholie und Tristesse haben immer noch etwas die Seele Erwärmendes; die »Winter-Wanderschaft« in *Vereinsamt* führt ins Eis. Ich kenne keinen Text in der deutschen Lyrik, in dem religiöser und philosophischer Trost so fern wären und die Verlassenheit des Individuums so total wie in diesem Gedicht.

Ein frischer Ton

Frech und salopp

Detlev von Liliencron (1844–1909): Der Handkuß

Wie eine frische Brise fuhr die Lyrik des schleswig-holsteinischen Dichters Detlev von Liliencron in die Windstille der Ateliers, in denen Epigonen die klassizistischen und romantischen Formen kopierten. Er selbst, der Sohn eines adligen Zollbeamten und einer amerikanischen Generalstochter, wurde von einem unsteten Leben umgetrieben, war preußischer Offizier und quittierte, verschuldet, ein paar Jahre nach dem Krieg von 1870/71 den Dienst, brachte sich in Amerika als Sprach- und Klavierlehrer, auch als Zureiter über die nächste Runde, suchte in Schleswig-Holstein als Kirchspielvogt sesshaft zu werden, nahm nach einigen Jahren ein neues Risiko auf sich, das des freiberuflichen Schriftstellers, und lebte seit 1901 von einer kleinen Jahrespension des Kaisers. Bekannt machte ihn die Gedichtsammlung *Adjutantenritte* (1884), deren Titel das Draufgängerische andeutet, mit dem er in die Domäne der Kunst-Konservatoren einbrach.

Das Gedicht *Handkuß* (1888) bindet in unnachahmlicher Weise einen forsch-saloppen Ton in eine tänzerische Form ein:

Der Handkuss

> Viere lang,
> Zum Empfang,
> Vorne Jean,
> Elegant
> Fährt meine süße Lady.
>
> Schilderhaus,
> Wache raus.
> Schloßportal,
> Und im Saal
> Steht meine süße Lady.
>
> Hofmarschall,
> Pagenwall.
> Sehr graziös,
> Merveillös
> Knixt meine süße Lady.

Königin,
Hoher Sinn.
Ihre Hand,
Interessant,
Küßt meine süße Lady.

Viere lang,
Vom Empfang,
Vorne Jean,
Elegant,
Kommt meine süße Lady.

Nun wie war's
Heut bei Czars?
Ach, ich bin
Noch ganz hin,
Haucht meine süße Lady.

Nach und nach,
Allgemach,
Ihren Mann
Wieder dann
Kennt meine süße Lady.

Der staccatohafte Stil, die kurzen Reimpaarverse und die der grammatischen Vollständigkeit spottende telegrammartige Reihung von Signalwörtern, hätte leicht etwas vom Ton hackender, schnarrender Rede annehmen können, der als preußischer Leutnantston beliebter Gegenstand der Karikatur geworden ist. Denn das Geschehen, der Besuch bei Hofe, spielt in einer gesellschaftlichen Sphäre, in der schneidige Offiziere zur Dekoration gebraucht werden. Und der Mann, der hier spricht, auch er scheint mit dem Sprachreglement des Offizierskasinos, der Mischung von zackiger Kürze und Nonchalance (»merveillös«, »süße Lady«) vertraut zu sein.

Das Eckige der Sprache aber wird aufgefangen durch eine Leichtfüßigkeit der Verse, die aus der polkaartigen rhythmischen Bewegung des Gedichtganzen entsteht. Für ein musikalisches Element sorgt sichtbar auch die jeweilige Schlusszeile der Strophen, der – immer neu variierte – Kehrreim. Und es sind gerade die Varianten des Refrains, die den Ablauf des Geschehens und die Lebensart der Hauptfigur anzeigen (»fährt, steht, knixt, küßt, kommt, haucht meine süße Lady«). Der musikalisch-tänzerische Schritt der Verse hebt das Quicklebendige der Person, der »süßen Lady«, hervor und trägt zugleich zum ungewöhnlichen Charme des Gedichts bei.

Ungewöhnlich ist auch die Anschaulichkeit der lyrischen Darstellung. Jede Strophe entwirft eine neue Szene, und es genügen jeweils nur ein paar Impressionen, solche Szenen zu umreißen: Viere lang (Vierspänner), der Kutscher und die elegante Lady bei der Ausfahrt, dann das Schilderhaus, das Schlossportal und im Saal die Lady usw. Obwohl Tätigkeitswörter ausschließlich in den Refrains auftauchen, also ein substantivischer Stil vorherrscht, entsteht der Eindruck eines ungestümen Eilens von Szene zu Szene. Es ist die pointillistische Wahrnehmung (und Wiedergabe dieser Wahrnehmung), die der Bewegung Tempo gibt. Und es wird unmittelbar einsichtig, warum man Liliencrons lyrischen Stil in Analogie zum Stil der Malerei als impressionistisch empfand.

In einer Zeit, da sich ein Lyriker wie Emanuel Geibel als den letzten frommen Ritter der reinen Kunst, des Schönen und des geheiligten Maßes und als göttlich begnadeter Sänger sah, da romantische Gefühls- und Stimmungslyrik nur noch fahle Spätblüten hervorbrachte und die Leser der *Gartenlaube* sich ohnehin an Goldschnittlyrik hielten, in solcher Zeit bescherte der unbefangene Sensualismus Liliencronscher Gedichte der Lyrik des Jahrhundertendes eine kleine Wiederholung dessen, was in der deutschen Literaturgeschichte »Sturm und Drang« genannt wird.

Revolution der Lyrik?

Arno Holz (1863–1929): Brücke zum Zoo

Brücke zum Zoo

Im Tiergarten, auf einer Bank,
behaglich,
ein Knie über das andere, bequem-nachlässig zurückgelehnt,
sitze ich
und rauche und
freue mich über die schöne Vormittagssonne!

Vor mir,
glitzernd, der Kanal:
den
Himmel spiegelnd, beide Ufer
leise schaukelnd.

Über die Brücke, langsam Schritt, reitet ein Leutnant.

Unter ihm,
zwischen den dunkelen, schwimmenden, blütenkerzigen Kastanienkronen,
propfenzieherartig,
ins

>   Wasser gedreht,
                den
          Kragen siegellackrot
                sein
             Spiegelbild.
>   Aus den hohen Uferulmen
          schmettern die Finken,
               vom nahen
                 Zoo,
> erfreulich ohrenbeleidigend, metallischschrillgell, markdurchdringlich,
               verliebt,
>   erhebt sich ein Affengekreisch;
              ein ganz
             wahrhaftiger,
          wahrer und wirklicher
               Kuckuck,
           irgendwo, hinter mir
              siebenmal,
                 ruft.

Das Gedicht steht in der Sammlung *Phantasus* von 1898/99, mit der Holz vollzogen zu haben glaubte, was er im Titel einer Schrift von 1899 *Revolution der Lyrik* nennt. Welches sind die Ordnungsgesetze dieser durch »Revolution« geschaffenen neuen Lyrik? Der Verzicht auf Metrum, Reim und regelhafte Strophe zugunsten der Anordnung des Textes um eine Mittelachse; statt selbstzweckhafter »Musik durch Worte« ein Rhythmus, der die Abfolge von Eindrücken und Empfindungen wiedergibt. Die »jeweilig beabsichtigten Lautbilder« sollen möglichst auch schon typographisch angedeutet werden. Wie alle »Revolutionen« setzte Holz seine Theorie absolut. Hält das Gedicht *Brücke zum Zoo* dem Anspruch des Autors an seine eigene Lyrik stand?

Der Anfang bestätigt Holz' hohe Selbsteinschätzung. Die Selbstvorstellung des Dichters (»auf einer Bank« sitzend, »ein Knie über das andere« geschlagen) spielt auf ein Gedicht Walthers von der Vogelweide an (»Ich saz ûf eime steine / und dahte bein mit beine«). Mit dem versteckten Zitat stellt sich Holz in die Reihe der deutschen Lyriker allerersten Ranges. Und beachtlich ist gewiss die Genauigkeit in der Wiedergabe von Sinneseindrücken. Die Augen und Ohren des Dichters lassen die konkrete Großstadtrealität geradezu greifbar werden: das schaukelnde Spiegelbild des Himmels im Kanal, den reitenden Leutnant als die gewohnte Staffage des Tiergartens, die Blüten der Kastanien, kerzen- und »pfropfenzieherartig«, das Geschmettere der Finken, vom Zoo herüber das Affengekreisch und aus der Nähe den siebenfachen Kuckucksruf.

Halten wir uns an die letzten Verse, so zeigt ihre Anordnung Folgerichtigkeit im Sinne der Theorie. Das Erstaunen über das in der Großstadt ganz Unerwartete wird dadurch kenntlich gemacht, dass sich der Dichter im Staccato der Kurzzeilen immer neu die Wirklichkeit des Kuckucksrufs bestätigt; Wahrnehmung und Empfindung bestimmen die Versgestalt. Ob der Artikel (Vers 9 und 18) unbedingt allein eine Zeile für sich beanspruchen und dadurch sich isolieren sollte, ist zweifelhaft. Aber offenbar sucht Holz den grammatischen Grundriss zu verdeutlichen, indem er Satzglieder wie Subjekt, Prädikat, Umstandsangaben oder satzwertige Partizipien durch Zeileneinschnitt voneinander abhebt.

Der Beschreibungseifer erinnert an den Willen zur fast wissenschaftlichen Exaktheit in der »Kleinmalerei« von Barthold Hinrich Brockes. Doch fehlt bei Holz die theologische Überwölbung des Gedichts; nicht auf »irdisches Vergnügen in Gott«, sondern auf den Sinnenreiz (dem selbst das »Ohrenbeleidigende« noch »erfreulich« sein kann) zielt Dichtung hier. Originelle Komposita wie »pfropfenzieherartig«, »metallischschrillgell« oder »markdurchdringlich« sind Wortbildungen, durch die das Ungefähre von poetischen Metaphern vermieden und das Poetische gleichwohl gerettet werden kann.

»Behaglich« ist das Stichwort für die Art, mit der die Beobachtungen mitgeteilt, ja erzählt werden. Der Haltung eines Epikers entsprechen die Detailtreue und -freude, das Verweilen beim Gegenstand und die Wahl einer prosanahen Sprache. Dass hier aber Prosasätze nicht einfach durch Zeilen- und Mittelachsen-Anordnung aufgelöst worden sind, beweist leicht der Versuch, das Gedicht in Erzählprosa zu übersetzen. Zumal am Schluss zeigt die Hinführung des Satzes auf das »siebenmal« und schließlich »ruft« die pointierende Abweichung vom regulären Satzbau.

Dennoch ist hier kein Bruch mit der Grammatik und der lyrischen Konvention vollzogen, der den Begriff der »Revolution« rechtfertigen würde. Und typographische Muster wie die Gruppierung des Textes um eine Mittelachse sind längst aus der Geschichte des Bildgedichts bekannt. Historisches und ästhetisches Gewicht aber hat Holz' Versuch, für den Facettenreichtum der Großstadtwirklichkeit, für ihre Alltagsnüchternheit und ihre geheime Poesie eine neue lyrische Form zu finden und dieses Muster in einer Vielfalt von Varianten zu erproben.

Moritat

Frank Wedekind (1864–1918): Der Tantenmörder

Das Gedicht *Der Tantenmörder* hat seinen Ort in der Geschichte des Bänkelsangs, genauer: des literarisierten Bänkelsangs. Die im 19. Jahrhundert von Hufschlag und Schwerterklang widerhallende und von Rittern und Helden bevölkerte Welt der Ballade hatte sich um 1900 endgültig überlebt, und nicht um deren »Wiederherstellung«, zu der Börries von Münchhausen aufrief, konnte es gehen, sondern um eine Wiederauffrischung der Ballade von einem unfeierlichen Ton, ja sogar von populären Formen her. Dafür bot sich vor allem der Bänkelsang an. Schon der siebzehnjährige Wedekind entdeckte diese Quelle für ein moritatenhaftes Gedicht mit dem Titel *Auf die Ermordung Alexanders II.* (1881). Unter den späteren Balladen sind *Brigitte B.*, das Bänkellied von der Verführung eines Dienstmädchens durch einen Gauner, und *Der Tantenmörder* die bekanntesten geworden: sowohl mit Jubel wie mit Entrüstung aufgenommen.

Der Tantenmörder

Ich hab' meine Tante geschlachtet,
Meine Tante war alt und schwach;
Ich hatte bei ihr übernachtet
Und grub in den Kisten-Kasten nach.

Da fand ich goldene Haufen,
Fand auch an Papieren gar viel
Und hörte die alte Tante schnaufen
Ohn' Mitleid und Zartgefühl.

Was nutzt es, daß sie sich noch härme –
Nacht war es rings um mich her –
Ich stieß ihr den Dolch in die Därme,
Die Tante schnaufte nicht mehr.

Das Geld war schwer zu tragen,
Viel schwerer die Tante noch.
Ich faßte sie bebend am Kragen
Und stieß sie ins tiefe Kellerloch.

Ich hab' meine Tante geschlachtet,
Meine Tante war alt und schwach;
Ihr aber, o Richter, ihr trachtet
Meiner blühenden Jugend-Jugend nach.

Verbirgt sich im Erzähler von *Brigitte B.* tatsächlich noch ein Bänkelsänger mit Bildertafel oder -leinwand und mit Zeigestock, so ist in unserem Gedicht die Moritatenfigur zugleich Berichterstatter, Ich-Erzähler. Der Mörder schildert vor Gericht den Antrieb zum Verbrechen und den Hergang der Tat. Aber auch hier bleibt die Bilderfolge des Bänkelsängers noch erkennbar: Jede der drei Binnenstrophen vergegenwärtigt eine Geschehensstation. Und durch die Sprache des Geständnisses, die nicht psychologisch gedeutet werden will – der auf Mitleid hoffende Angeklagte würde sich nicht wie ein finsterer Schlächter aufführen –, schlägt wieder der fühllos-drastische Ton des Bänkelsängers durch.

Die Moritaten der Jahrmarkts-Bänkelsänger waren schrecklich-grausige Geschichten, die einer Sensationslust des Publikums entgegenkamen wie ihre Vorläufer, die Zeitungslieder. Der plärrende Gesang des Bänkelsängers (im 19. Jahrhundert dann auch die Drehorgel zur Begleitung) und die Demonstrationsgebärde mit dem Zeigestock, nicht zuletzt die schrillen Darstellungen auf der Bildertafel rückten aber das schreckliche Geschehen zugleich vom Zuschauer ab. Und immer war in der Sensationszubereitung des Bänkelsangs auch ein Element der Selbstparodie wirksam. Solchem Effekt helfen in Wedekinds *Der Tantenmörder* komische Doppelformen wie »Kisten-Kasten« und »Jugend-Jugend« oder das umgangssprachlich-jargonhafte »schnaufen« nach.

Das Bild vom »Stoß in die Därme«, der Zynismus des Verses »Die Tante schnaufte nicht mehr« und der Sarkasmus des Ausdrucks »schlachten« sprengen aber den Rahmen des Nur-Komischen und treiben die Darstellung ins Groteske, in jene Art des Grotesken, die zwar Schauer erregt, aber die ernste Beklemmung vom Hörer oder Leser fernhält. Diese Art der Grotesken stellt uns nicht vor einen unheimlichen Abgrund in unseren Welt- und Lebensverhältnissen, legt es nicht auf existenzielle Erschütterung an, sondern trägt mit ihrer spielerischen Form eher zu unserer Entlastung vom Überdruck der täglichen Verbrechens- und Katastrophenberichte bei. Ja, man kann Wedekinds *Tantenmörder* – heute noch mehr denn zur Zeit der Entstehung – als eine Parodie auf die grelle Sprache und die grellen Bilder der Sensationsdarstellung in den Medien lesen.

Wedekind brachte das Bänkellied nicht auf den Jahrmarkt zurück, verschaffte ihm aber den Zutritt zur Brettl- und Kabarettbühne. Er holte jenes Profane wieder in die Literatur, das der Volksballade nie fremd war. Zum Jungbrunnen einer neuen Form von »Kunstballade« allerdings wurde die Volksballade erst bei seinem Schüler Bertolt Brecht. Und selbst im Genre der erneuerten Moritat hat ihn sein Schüler, gemeinsam mit dem Komponisten Kurt Weill, übertrumpft: in der *Dreigroschenoper*, dem Welterfolg, mit dem Evergreen *Die Moritat von Mackie Messer*.

Heinrich Heine

Feier später Schönheit

Schönheit als Droge

Hugo von Hofmannsthal (1774–1929): Was ist die Welt?

> Was ist die Welt? Ein ewiges Gedicht,
> Daraus der Geist der Gottheit strahlt und glüht,
> Daraus der Wein der Weisheit schäumt und sprüht,
> Daraus der Laut der Liebe zu uns spricht,
>
> Und jedes Menschen wechselndes Gemüt,
> Ein Strahl ists, der aus dieser Sonne bricht,
> Ein Vers, der sich an tausend andre flicht,
> Der unbemerkt verhallt, verlischt, verblüht.
>
> Und doch auch eine Welt für sich allein,
> Voll süß-geheimer, nie vernommner Töne,
> Begabt mit eigner, unentweihter Schöne,
>
> Und keines Andern Nachhall, Widerschein.
> Und wenn du gar zu lesen drin verstündest,
> Ein Buch, das du im Leben nicht ergründest.

Sechzehn Jahre alt war Hofmannsthal, als er dieses Gedicht schrieb. Gymnasiastenpoesie also, wenn auch nicht die übliche. Verse eines jungen Wieners, der sich das Leben lesend erschloss und die Schönheit nicht in der Tageshelle des Draußen suchte, sondern in den geheimen Dämmerwelten, die sich ihm in den Büchern auftaten. »Zum Traume sag ich: ›Bleib bei mir, sei wahr!‹ / Und zu der Wirklichkeit: ›Sei Traum, entweiche!‹ / Das Wort, das Andern Scheidemünze ist, / Mir ists der Bilderquell, der flimmernd reiche«, heißt es in einem gleichfalls 1890 entstandenen kunstvollen Ghasel. Was fangen wir mit dieser frühreifen Verskunst eines Dichters an, der es noch nicht gelernt hat, über den Rand der Bücher hinaus in die Erfahrungswelt zu blicken, was in einer Zeit, die der »süß-geheimen« Töne nun wahrlich entwöhnt ist?

Es sei nicht verschwiegen, dass dieses Sonett nicht zu meinen »Lieblingsgedichten« gehört. Dennoch lässt es mich nicht los. Die Folge der Bilder, eine melodische Führung der Sätze, die Klangentsprechungen, eine rhythmische Bewegtheit, die uns das metrische Schema des fünffüßigen Jambus vergessen lässt, und die scheinbare Leichtigkeit, mit der die strenge Form des Sonetts erfüllt wird – alles dies nimmt mich gefangen, immer aufs Neue. Aber die Haltung, aus der heraus dieses Gedicht geschrieben wurde, und die Lebensperspektive, die ihm zugrunde liegt, befremden mich.

So wird das Gedicht zum Beispiel dafür, dass Schönheit in der Kunst durchaus nicht nur Wohlgefallen auslösen und zu Bewunderung oder gar Begeisterung hinreißen muss, dass sie keineswegs volle Hingabe oder Versenkung des Aufnehmenden verlangt, keineswegs immer reinen Genuss gewähren muss. Es gibt eben auch eine poetische Schönheit, die Widerstände oder gar Widerspruch hervorruft, deren unaufhörlicher Reiz gerade darin besteht, uns immer wieder gereizt zu machen. Nennen wir sie das schöne Ärgernis.

Aus der Metapher des ersten Verses entfaltet sich das ganze Gedicht. In die Vorstellung, dass die Welt ein »ewiges Gedicht« sei, mischt sich scheinbar das Echo auf Nietzsches Wort, Dasein und Welt seien nur als ästhetische Phänomene ewig gerechtfertigt oder zumindest erträglich. Im Übrigen offenbart der Verlauf des Gedichtes auf sehr anschauliche Weise ein Gesetz symbolistischer Dichtung: dass nämlich die Metapher und die durch sie umschriebene Sache, das poetische Zeichen und das Bezeichnete ineinander übergehen, ja ununterscheidbar werden.

In der ersten Strophe stehen Welt und Gedicht unter den Zeichen der Ewigkeit und der Trinität von göttlichem Geist, Weisheit und Liebe. Die zweite Strophe wendet sich vom Ganzen zum zeitlich begrenzten Einzelnen, zum Menschen, zum Vers, der nur das Glied einer Kette ist. Gegen das zweite Quartett des Sonetts setzt der Beginn des ersten Terzetts sein entschiedenes »Und doch«. Der Begrenztheit und Vergänglichkeit hält nun die Autonomie des Einzelnen als unberührter schöner Eigenwelt die Waage. Und abgerundet wird der Gedanke der Individualität in der Schlussstrophe durch den der Originalität.

Die Ausgangsfrage »Was ist die Welt?« gerät über der prächtigen Ausfaltung der Gedicht-Metapher fast in Vergessenheit. Die lyrische Bildlichkeit des Sonetts, die ihrerseits wieder aus dem Bereich der Lyrik schöpft, verselbstständigt sich, gewinnt Eigengewicht – jedenfalls in dem Maß, dass hier mit einer Ansicht der »Welt« gleichzeitig ein Dichtungsprogramm entworfen wird, auch wenn man die Metapher des unergründlichen Buches im Schlussvers auf die »Welt« zurückbezieht. Das Gedicht gibt also eine Weltdeutung und eine Poetik zugleich, und es kommt an einen Punkt, wo sich das Verhältnis von Bezeichnetem und Zeichen geradezu umzukehren scheint: Nicht die Welt ist ein Gedicht, sondern ein Gedicht ist die Welt.

Für den jungen Hofmannsthal war die Dichtung »die« Welt. Und eben diese Ästhetisierung der Welt, der die Dichtung nicht nur als Lebensbereicherung gilt, sondern als Lebensersatz, bringt mich gegen die Verse auf. Die Antwort auf die zunehmende »Poesielosigkeit« unserer heutigen Welt finden wir nicht in der Poesiesüchtigkeit des jungen Hofmannsthal. Andererseits ist Literatur kein Stoff für Giftschränke. Hofmannsthals »Was ist die Welt?« kann wie eine Droge sein, aber warum sollte man sich der Faszination nicht überlassen, wenn man sich zugleich mit Misstrauen wappnet?

Kein Laufplatz für Jogger

Stefan George (1868–1933): Komm in den totgesagten park …

> Komm in den totgesagten park und schau:
> Der schimmer ferner lächelnder gestade ·
> Der reinen wolken unverhofftes Blau
> Erhellt die weiher und die bunten pfade.
>
> Dort nimm das tiefe Gelb · das weiche grau
> Von birken und von buchs · der wind ist lau ·
> Die späten rosen welkten noch nicht ganz ·
> Erlese küsse sie und flicht den kranz ·
>
> Vergiss auch diese letzten astern nicht ·
> Den purpur um die ranken wilder reben
> Und auch was übrig blieb von grünem leben
> Verwinde leicht im herbstlichen gesicht.

Dieses titellose Gedicht eröffnet im Band *Das Jahr der Seele* den ersten Zyklus, *Nach der Lese*. Nichts spüren lässt es von der Freude des Winzers, der seine Traubenernte gesichert weiß, nichts von jener frohgemuten Lust »auf den Wein, den holden«, die der norddeutsche Dichter Theodor Storm in seinem *Oktoberlied* besingt. Erst im zweiten Gedicht des Zyklus ruft der in einem Winzerdorf bei Bingen geborene Dichter die Kindheitserinnerung ins Bild: »Die reifen trauben gären in den bütten«. Dennoch verfällt das Gedicht nicht in eine trauernde Resignation, wie das Stichwort vom »totgesagten park« zunächst vermuten lässt. Was den Eintretenden erwartet, ist keinesfalls Abgestorbenes, sondern späte Schönheit.

Von besonderer poetischer Schönheit ist die erste Strophe, die das tiefe, makellose Himmelsblau herbstlicher Tage, das sogar auf die Wolken abfärbt, als die Spiegelung ferner Meere sieht. In den beiden anderen Strophen zeigt sich die Natur in der Unentschiedenheit des Übergangs. Noch nicht erloschen ist die Kraft der Farben, noch hält der laue Wind den Gedanken an Herbststürme fern, noch lässt sich aus den welkenden Rosen ein Kranz flechten und noch wollen die letzten Astern gewürdigt werden. Im »Verwinde« der Schlusszeile verschränken sich zwei Bedeutungen: »winden« im Sinne von »flechten« und das »Verwinden« des Abschiedsschmerzes.

Mit überraschender, aber eben doch letzter Schönheit wartet der »totgesagte park« auf. Anders jedoch als in Hebbels *Sommerbild*, wo die »letzte Rose« schon »so weit im Leben« steht, dass sie »zu nah am Tod« ist, entfalten hier die Bäume, Büsche und Blumen einen milden Glanz. Ja, wie zu einer Feier des Verfallenden scheint alles versammelt. Und bedenken wir, dass sich dieses Gedicht dem Leitthema »Jahr der Seele« unterstellt, so ist die Stimmungs- und Gefühlslage des Parkbesuchers und des Partners, den er zum Eintreten aufgefordert hat, von besonderem Gewicht. Geradezu etwas wie Genuss gewährt der Abschied hier, ein Genießen der Spätphase im Naturprozess.

Aber in welcher Art von Natur wird hier der Reiz des Späten gesucht? Es ist nicht, wie in Georg Trakls Gedicht *Der Herbst des Einsamen*, die Weite der Landschaft mit ihrem Wald, ihren Äckern und Siedlungen. Es ist die künstlich geordnete, vornehmem Sich-Delektieren zugedachte, gegen die freie Landschaft abgeschlossene Natur. Und es ist eine von ihrem Ursprung her aristokratische Lebenshaltung, die ihr Genügen in solcher Park-Natur findet.

So fällt denn auch das Erlesene der Parkelemente und der sie benennenden Wörter auf: Weiher und Pfade, tiefes Gelb und weiches Grau, Buchs und späte Rosen, Purpur – und der Imperativ »Erlese« selbst. Dieser Park ist kein Tummelplatz für Kinder, kein Gelände für bloß lufthungrige Spaziergänger und – um eine gegenwärtige Gebrauchsart nicht zu vergessen – kein Laufplatz für Jogger. Schon die an ein einzelnes Du gerichtete Aufforderung schränkt das Privileg des Eintretens auf die zu luzidem Naturempfinden Befähigten, auf den eingeweihten Kreis der Anhänger des Schönen ein. Kleinschreibung und Mittelstellung des Punkts sind Besonderheiten Georgescher Verse und als solche Zeichen der Abgrenzung überhaupt, aber sie erscheinen bei dieser Führung durch den Park auch als angemessene Sprachpreziosen. Kein poetisches Ritual allerdings vollzieht sich. Der Wechsel der Reimanordnung in den Strophen deutet auf Freude am Variantenspiel.

Diese Seh-Anweisung scheint wie auf die Freundesschar des George-Kreises und allenfalls noch für Gleichgesinnte geschrieben. Das dichterische Ich dieser Verse schafft um sich und den Freund die Aura der Auserlesenen. »Des sehers wort ist wenigen gemeinsam«, beginnt nicht von ungefähr ein anderes Gedicht im Band *Das Jahr der Seele* (1897). Haltung und Sprache der Erwähltheit sind heute, mehr als zu Zeiten Georges, angewiesen auf Nischen im literarischen und kulturellen Leben. Das überfeinerte Genussempfinden für eine späte, schon morbide Schönheit ist vom Makabren unseres Jahrhunderts überrollt worden. Zu bewundern bleibt die hohe Sprachkultur Georgescher Verse.

Wer jetzt kein Haus hat

Rainer Maria Rilke (1875–1926): Herbsttag

Das Gedicht *Herbsttag* entstand im Herbst 1902. Rilke hatte die Wohngemeinschaft mit seiner Frau, der Bildhauerin Clara Westhoff, und der gemeinsamen Tochter in Westerwede (unweit vom Künstlerdorf Worpswede) aufgegeben und war nach Paris gezogen, um an einem Rodin-Buch zu arbeiten. Der biographische Hintergrund, der sich im Gedicht andeutet, muss die Auslegung der Verse nicht determinieren.

Herbsttag

Herr: es ist Zeit. Der Sommer war sehr groß.
Leg deinen Schatten auf die Sonnenuhren,
und auf den Fluren laß die Winde los.

Befiehl den letzten Früchten voll zu sein;
gieb ihnen noch zwei südlichere Tage,
dränge sie zur Vollendung hin und jage
die letzte Süße in den schweren Wein.

Wer jetzt kein Haus hat, baut sich keines mehr.
Wer jetzt allein ist, wird es lange bleiben,
wird wachen, lesen, lange Briefe schreiben
und wird in den Alleen hin und her
unruhig wandern, wenn die Blätter treiben.

Erkennbar ist, trotz Dreizahl der Strophen, die Zweiteilung des Gedichts. Mit dem Beginn der letzten Strophe ändern sich Haltung des Sprechens und Perspektive; das dichterische Ich wechselt von der Anrede an den »Herrn« zu einer Reflexion, wendet den Blick von der herbstlichen Natur zur menschlichen Situation.

Der Imperativ in den ersten beiden Strophen ist nicht der Imperativ des Befehls, sondern des Gebets, der Bitte – der vierte Vers weist das Recht des Befehlens ausdrücklich dem »Herrn« zu. Wer ist dieser »Herr«? Offenbar die den Jahreszeitenwechsel bewegende Kraft, ein die Naturgesetze bestimmender Gott. Sobald das Gedicht von der menschlichen Situation spricht, wird Gott nicht mehr als unmittelbar anwesend gedacht.

Die Bitte bezieht sich, genau genommen, auf das, was ohnehin geschieht oder doch zu geschehen pflegt. Allenfalls könnte man hinter ihr eine gewisse Ungeduld vermuten, die auf Beschleunigung des jahreszeitlichen Prozesses, auf seine wirkliche Vollendung drängt. Aber unübersehbar ist ein preisender Zug in der

Anrede an den »Herrn«. Die Beschreibung herbstlicher Vorgänge – Verringerung der Sonnenstunden, Vorankündigung von Stürmen, Reifen der Früchte und des Weins bis zur letzten Stufe – wird in die Form einer Bitte gekleidet, in der eine große Geste der Huldigung, des Rühmens versteckt ist. Die für Rilkes Stil kennzeichnende Charakterisierung des Sommers als »sehr groß« hat da Signalwert.

Ein im Dezember 1921 entstandenes, Leonie Zacharias gewidmetes Gedicht wiederholt kehrreimartig das »Ich rühme«. »Ein zum Rühmen Bestellter« ist der Dichter im siebten der *Sonette an Orpheus*. Den Wunsch zu rühmen dürfen wir auch dem zu Anfang des Jahrhunderts geschriebenen Gedicht, seinen ersten Strophen, unterlegen.

Vom Bild des gereiften Weins wendet sich das dichterische Ich etwas unvermittelt – allenfalls das unausgesprochene Motiv der Weinlese ließe sich als Brückenglied denken – dem Dasein des Menschen, der Frage nach seiner Behausung zu, genauer: der Situation dessen, der eben kein Haus hat, der dem Alleinsein ausgesetzt ist. Auch hier koppelt sich, wie oft in der Dichtung, Herbststimmung mit dem Einsamkeitsgefühl.

Fast programmatisch geworden ist die Verbindung von Einsamkeits- und Herbstthema in der Lyrik Georg Trakls. Doch fordert zum Vergleich eher Nietzsches *Abschied [Vereinsamt]* heraus. Dort steht die herbstliche Jahreszeit im Übergang zum Winter, der Vereinsamte erwartet den ersten Schnee. Schnee und Kälte sind Metaphern für das Existenzgefühl des totalen Verstoßenseins, für die Vereisung des Herzens. Der Schlussvers des Gedichts, »Weh dem, der keine Heimat hat!«, scheint als Echo in Rilkes Zeile »Wer jetzt kein Haus hat, baut sich keines mehr« nachzuklingen. Aber wie anders verstanden wird Einsamkeit hier! Einsamkeit als Möglichkeit, unabgelenkt zu lesen, zu schreiben, durch Alleen zu gehen, unruhig zwar, aber doch wohl in fruchtbarer Unruhe. Erst in der Einsamkeit scheint das dichterische Ich zu sich selbst zu kommen. Und unwillkürlich denkt man beim Lesen dieser Verse eine Situation des späten Rilke mit: den durch Freunde gesicherten, aber doch einsamen Aufenthalt im Turm des Schlosses Muzot während der letzten Lebensjahre, während einer Zeit unerhörter dichterischer Produktivität, in der die *Duineser Elegien* vollendet werden und die *Sonette an Orpheus* entstehen.

Erfüllung und Abschied

Georg Trakl (1887–1914): Der Herbst des Einsamen

Der Herbst des Einsamen

Der dunkle Herbst kehrt ein voll Frucht und Fülle,
Vergilbter Glanz von schönen Sommertagen.
Ein reines Blau tritt aus verfallener Hülle;
Der Flug der Vögel tönt von alten Sagen.
Gekeltert ist der Wein, die milde Stille
Erfüllt von leiser Antwort dunkler Fragen.

Und hier und dort ein Kreuz auf ödem Hügel;
Im roten Wald verliert sich eine Herde.
Die Wolke wandert übern Weiherspiegel;
Es ruht des Landmanns ruhige Gebärde.
Sehr leise rührt des Abends blauer Flügel
Ein Dach von dürrem Stroh, die schwarze Erde.

Bald nisten Sterne in des Müden Brauen;
In kühle Stuben kehrt ein still Bescheiden
Und Engel treten leise aus den blauen
Augen der Liebenden, die sanfter leiden.
Es rauscht das Rohr; anfällt ein knöchern Grauen,
Wenn schwarz der Tau tropft von den kahlen Weiden.

Der »Einsame« ist eine Schlüsselfigur der Lyrik Trakls, und in der Sammlung *Sebastian im Traum*, die 1915, also im Jahr nach Trakls Tod, erschien, beschließt *Der Herbst des Einsamen* einen Zyklus von zehn Texten, der im Ganzen den Titel des Gedichtes trägt. Aber Einsamkeit ist eine lyrische Grundsituation überhaupt, seitdem sich das Ich seiner Individualität bewusst geworden ist und Ich-Sein nicht nur als Beglückung, sondern auch als Ausgrenzung erfährt.

Trakl hebt die Isolation des Einsamen in einer Partnerschaft auf. Was das heißt, sagt die erste Strophe von *Verklärter Herbst* (aus Trakls früher Lyriksammlung) unmittelbar: »Gewaltig endet so das Jahr / Mit goldnem Wein und Frucht der Gärten./ Rund schweigen Wälder wunderbar / Und sind des Einsamen Gefährten.« Der Einsame unseres Gedichts öffnet sich, nicht abgelenkt, mit allen Sinnen zur Welt, fast möchte man sagen: Erst die Einsamkeit schafft die Möglichkeit solcher Wahrnehmungsfülle.

Das Gedicht hält das Doppelgesicht der herbstlichen Jahreszeit fest, die Spannung zwischen Fruchtsegen und Vergehen, zwischen der kräftigen Färbung des Laubwaldes und dem Vergilben sommerlicher Schönheit, zwischen Erfüllung und Abschied. Was über die sichtbare Natur hinausweist, bleibt angedeutet: eine mythische Schau, die aus dem Flug der Vögel den Willen der Götter erschließen zu können hoffte, die christliche Bilderwelt mit Kreuz und Engel.

Hörbar wird das Gedicht als Komposition im Dreiertakt. Durch dreifache Reime vernetzen sich die drei Strophen. Dreifach taucht mit dem Blau dasselbe Farbwort auf. Bezeichnet das »reine Blau« der ersten Strophe noch die atmosphärische Klarheit des Himmels, das Azurblau sonniger Herbsttage, so entzieht sich in der mittleren Strophe »des Abends blauer Flügel«, auch wenn sich damit ein Dunstblau oder die Dämmerung assoziieren lassen, schon genauerer Deutung. Nicht mehr gleichzusetzen mit der konkreten Farbe ist das Blau in den »Augen der Liebenden«.

Bei Gottfried Benn avanciert das Blau zur Farbchiffre (zum »Südwort«) schlechthin. In Trakls Lyrik findet es sich mehrfach als Merkmal der Reinheit, als Attribut der Engel: der Boten des Jenseits und der Erscheinungen des Beseelten. Grundsätzlich aber verbietet sich die eindeutige Auslegung. Denn Farbwörter können zwischen verschiedenen Stufen und Fassungen von Gedichten Trakls fast willkürlich wechseln, sind nicht mehr vom Bezugswort her bestimmt, sondern von Eigengesetzen der Gedichtstruktur. So lässt sich in der Schlusszeile des Gedichts das Schwarz der Tautropfen zwar als Farbe des Todes, aber auch als Korrespondenz zum »dunklen Herbst« verstehen, als Antwort, die das Ende des Gedichts mit dem Anfang verklammert.

Wie sich von der ersten zur dritten Strophe der Tag über den Abend zur Nacht hin neigt, so führt auch in den Einzelstrophen die Bewegung vom Hellen – in der letzten Strophe stehen dafür die Sterne – ins Dunkle. Aber wenn am Ende des Gedichts die Bildlichkeit des Todes sich durchsetzt, so doch nicht im Sinne des Triumphs. Das »knöchern Grauen« hebt die sanfte Gewalt der Liebe nicht auf. Die Vergänglichkeit wird als eine Kehrseite von »Frucht und Fülle« hingenommen.

Ein wahres Kunstgebilde ist dieses Gedicht mit seiner klaren Architektur, mit der Musik seiner Reime und Alliterationen und dem Echospiel klangvoller Vokale und Doppellaute. Man muss die Lebensgeschichte des Autors nicht kennen, um von diesem Gedicht fasziniert zu sein. In einer Zeit, die eine geduldige Wahrnehmung der Natur kaum noch zulässt und den Gedanken an den Tod nach Kräften verdrängt, geht von diesem Gedicht eines »Einsamen« auch die Magie des Fremden, des Abhandengekommenen aus. Denn wir suchen in der Dichtung ja nicht nur Ebenbilder, sondern auch Gegenbilder.

Der Sturm ist da

DIE WILDEN MEERE HUPFEN

Jakob van Hoddis (Hans Davidsohn, 1887–1942): Weltende

Weltende, im ersten Monat des Jahres 1911 erschienen, war ein Fanal. Das Gedicht wurde zum Erkennungszeichen des Frühexpressionismus, für Johannes R. Becher wie für Gottfried Benn. Und nicht von ungefähr eröffnete Kurt Pinthus seine berühmte Anthologie *Menschheitsdämmerung* (1920) mit den beiden Strophen dieses Gedichts.

WELTENDE

Dem Bürger fliegt vom spitzen Kopf der Hut,
In allen Lüften hallt es wie Geschrei,
Dachdecker stürzen ab und gehn entzwei
Und an den Küsten – liest man – steigt die Flut.

Der Sturm ist da, die wilden Meere hupfen
An Land, um dicke Dämme zu zerdrücken.
Die meisten Menschen haben einen Schnupfen.
Die Eisenbahnen fallen von den Brücken.

Ist das Gedicht ein Spiegel zeitbedingter Untergangsängste? Im Mai 1910 war der Halleysche Komet wieder erschienen, und voraufgegangen waren tatsächlich furchterregende Ankündigungen des Weltendes. Assoziationen zu solchen inzwischen widerlegten Prophezeiungen mögen zur Wirkung der Verse beigetragen haben, aber sie erklären noch nicht das enorme Echo. Autoren wie Johannes R. Becher wurden vom Gedicht *Weltende* gerade umgekehrt zu Aufbruchsstimmungen, zur Gewissheit eines Neubeginns, zum Jubel über einen »geschichtlichen Schöpfungstag« hingerissen. Das muss mit den Motiven und Bildern und mit der provozierenden lyrischen Behandlung des Themas zu tun haben.

Der Anfang des Gedichts nimmt vom Sturm, den die erste Zeile der zweiten Strophe benennt, eine Wirkung vorweg, freilich eine banale: das Davonfliegen des Huts. Das eigentlich Derangierende dabei ist die groteske Verzerrung des Menschlichen, der »spitze Kopf« des Bürgers. Das greift schon zeichnerischen Karikaturen des Bürgers in den zwanziger Jahren, etwa von George Grozs, vor. Mit dem »Geschrei« in allen Lüften, der Anspielung auf die Offenbarung Johannis, deutet sich ein apokalyptisches Ausmaß des Geschehens an. Doch kehrt der dritte Vers zum despektierlichen Ton zurück. Nicht dass Dachdecker abstürzen, ist irritierend, sondern dass sie »entzweigehn«. Kinderspielzeug, Puppen, Marionetten gehen »entzwei«. Mit der Mechanisierung des Menschlichen setzt sich wieder die Groteske durch. Das Weltende erscheint wie eine Panne, ein Betriebsunfall, wie ein Unglück in der Kinderstube. Auch die Gefahr einer Sintflut, angedeutet im Ansteigen der Flut, ist bagatellisiert; das Weltende wird an ferne Küsten, ans andere Ende der Welt verlegt, zur bloßen Zeitungsnachricht herabgestuft.

Im ersten Vers der zweiten Strophe gibt Ironie sich unverhüllt zu erkennen: im eklatanten Widerspruch zwischen der ›Wildheit‹ des Meeres und seiner ›hupfenden‹ Bewegung. In »hupfen« setzt sich wieder die Bildlichkeit der Kinderwelt durch, die auch im Adjektiv »dick« (»dicke Dämme«) erhalten bleibt. Geradezu ad absurdum geführt wird das »Weltende«, wenn es lediglich »Schnupfen« verursacht. Der Ernst des Ereignisses steht in keinem Verhältnis zu seinen Folgen. Das gilt auch noch für die letzte Zeile des Gedichts. Der Vorgang, dass Eisenbahnen von den Brücken stürzen, wird wieder aus der Kinderperspektive gesehen: Allenfalls Spielzeug-Eisenbahnen »fallen« von den Brücken.

Die sarkastische Ironie des Gedichts besteht darin, dass ein fatales Ereignis zugleich beschworen und aufgehoben wird. Die Sprache unterläuft die Vorstellung von der Weltkatastrophe, bagatellisiert sie durch Parodie, Banalisierung und Übertragung ins Infantile. Spiel-Charakter der Ironie und Bildlichkeit entsprechen einander.

Geht es, worauf der Anfangsvers deutet, um das »Weltende« der bürgerlichen Welt, deren Unwertigkeit der Dichter betont, indem er auch ihr Ende noch zur Farce stempelt? Enthüllt die Sprache die lächerliche Unzulänglichkeit einer Welt- oder Weltende-Erfahrung des Bürgers? Verschafft sich der Dichter im ironischen Spiel Distanz zum tatsächlichen Zerbrechen einer Weltordnung? Die Reihe der Fragen ließe sich fortsetzen.

Ganz unzweifelhaft ist der Bruch mit dem traditionellen Gedicht. Im Rahmen einer konventionellen – wenn auch in der Reimanordnung variablen – Versform, dem fünffüßigen Jambus, treibt die Sprache ihr Spiel mit den Erwartungen und Vorstellungen des Lesers, enttäuscht ein überliefertes Kunstverständnis, schockiert ein auf Kunsternst eingestelltes Rezeptionsverhalten. Und folgerichtig erhält dieses Gedicht bei den Dadaisten, im Züricher *Cabaret Voltaire*, programmatische Bedeutung.

Die Poesie ist tot – es lebe die Poesie!

Richard Huelsenbeck (1892–1974): Dada-Schalmei

DADA-SCHALMEI

Auf der Flöte groß und bieder
Spielt der Dadaiste wieder,
Da am Fluß die Grille zirpt
Und der Mond die Nacht umwirbt,
Tandaradei.

Ach, die Seele ist so trocken
Und der Kopf ist ganz verwirrt,
Oben, wo die Wolken hocken,
Grausiges Gevögel schwirrt,
Tandaradei.

Ja, ich spiele ein Adagio
Für die Braut, die nun schon tot ist,
Nenn es Wehmut, nenn es Quatsch – o
Mensch, du irrst, solang du Brot ißt,
Tandaradei.

In die Geisterwelt entschwebt sie,
Nähernd sich der Morgenröte,
An den großen Gletschern klebt sie
Wie ein Reim vom alten Goethe.
Tandaradei.

Dadaistisch sei dies Liedlein,
Das ich euch zum besten gebe,
Auf zwei Flügen wie ein Flieglein
Steig es langsam in die Schwebe.
Tandaradei.
Denk an Tzara, denk an Arpen,
An den großen Huelsenbeck!

Am 5. Februar 1916 kommt die noch junge europäische Kabarett- und Brettlkunst mit einem Wechselbalg nieder, dem dadaistischen *Cabaret Voltaire* in Zürich. Ein Wildling wächst heran, der die Bürger verschreckt; ebendies war der Zweck der Zeugung.

Die Dadaisten, sagt Richard Huelsenbeck im *Dadaistischen Manifest* von 1918, zerfetzen »alle Schlagworte von Ethik, Kultur und Innerlichkeit, die nur

Mäntel für schwache Muskeln sind«, sie lassen sich »von den Dingen werfen«. Im dadaistischen Affront gegen die »künstlerische Kultur«, im »bruitistischen« und im »simultanistischen« Gedicht, in den Fotomontagen und Gebrauchstext-Imitationen haben alle folgenden, den alten Kunstbegriff verabschiedenden Richtungen ihren Ursprung, die konkrete wie die Lautpoesie, die graphische Collage, die Pop-art oder das Happening. Der Wechselbalg hat eine weit verzweigte Nachkommenschaft.

Richard Huelsenbeck, der sich in Zürich zu Hugo Ball gesellt und in Hans Arp und Tristan Tzara Gleichgesinnte gefunden hatte, gründet 1918 in Berlin mit Raoul Hausmann, Walter Mehring, George Grosz und anderen den *Club Dada*. Die Lust am Absurden schließt die selbstironische Maskerade mit ein. Zum »Oberdada« wählt man Johannes Baader, der sich als »Präsident des Weltalls« vorstellt; man fordert »tägliche Speisung aller schöpferischen und geistigen Menschen auf dem Potsdamer Platz«. »Was wir Dada nennen«, hatte schon Hugo Ball in seinem Diarium notiert, »ist ein Narrenspiel aus dem Nichts.«

Buffonerie tummelt sich auch in Huelsenbecks *Dada-Schalmei*, sie tritt aber keineswegs aus dem Nichts hervor. Anfangs werden die alten Bildmuster der arkadischen und der amönen, anmutigen Landschaft zitiert und zugleich persifliert. Zum Zirpen der Grille und zum buhlerischen Leuchten des Monds bläst kein Pan und kein Hirte die Flöte, sondern eben der Dadaiste. Ein Zitat ist auch der Refrain, das »Tandaradei« aus dem Liebeslied »Under der linden / an der heide« von Walther von der Vogelweide. Huelsenbeck spielt mit den Evergreens traditioneller lyrischer Motive.

Zur Situation des mittelhochdeutschen Liedes freilich, zur Liebesfeier auf dem Blumenlager, das der »friedel« dem Mädchen bereitet hat, kommt es nicht. Huelsenbecks zweite Strophe zeigt eine veränderte Landschaft, in der Wolken wie Geier hocken – die rechte Kulisse für jene Störungen des Gemüts und des Verstandes, deren Anlass die dritte Strophe enthüllt. Die Liebste, die in Walthers Lied ihr fröhliches Tandaradei singt, ist hier eine tote Braut, für die der Dadaist eine getragene Melodie anstimmt. Dass sich kein falscher Ernst und keine Traurigkeit einstellen, dafür sorgt der Sprachulk der Reimentsprechung zu »Adagio«.

Mit der Verwandlung der Braut in den schwebenden Geist taucht nun endgültig der andere Großmeister der deutschen Lyrik auf, Goethe, den schon die Parodie des Verses »Es irrt der Mensch, solang' er strebt« aus dem *Prolog im Himmel* des *Faust* angekündigt hat. Das Bild der großen Gletscher verweist die späte Dichtung Goethes in eine eisige Höhenlage.

Dagegen bekennt sich das dadaistische Lied in der Schlussstrophe zu seiner Unscheinbarkeit: »Flieglein« ist ein doppeltes Diminutiv. Wunderbar leicht wird gerade dadurch das Lied. Bleibt die dadaistische Lust an der Provokation immer in Tuchfühlung mit dem Nonsens, so kann sie sich doch auch einer liebenswerten Verrücktheit überlassen. Immer schon hielt das musikalische Element des Refrains, des »Tandaradei«, den dadaistischen Ulk in der Schwebe. Die Entlastung von der Strenge des alten Kunstbegriffs – hier ist sie erreicht. Und wie sich am Ende so mancher Volkslieder ein Autor durch seinen Berufsstand zu erkennen gibt, so hier das dadaistische Triumvirat durch seine Namen. Dies aber ist die geheime Losung der *Dada-Schalmei*: Die Poesie ist tot – es lebe die Poesie!

Welt im Extrakt

August Stramm (1874–1915): Sturmangriff – Kriegsgrab

August Stramm, seit 1913 Mitarbeiter in Herwarth Waldens avantgardistischer Zeitschrift *Der Sturm*, fiel im Ersten Weltkrieg als Reserveoffizier in den russischen Rokitnosümpfen (1915). In beiden Gedichten suchen Erfahrungen des letzten Lebensabschnitts ihren Ausdruck, und zwar in einer äußerst reduzierten Sprachform.

> STURMANGRIFF
>
> Aus allen Winkeln gellen Fürchte Wollen
> kreisch
> peitscht
> das Leben
> vor
> sich
> her
> den keuchen Tod
> die Himmel fetzen
> blinde schlächtert wildum das Entsetzen
>
> KRIEGSGRAB
>
> Stäbe flehen kreuze Arme
> Schrift zagt blasses Unbekannt
> Blumen frechen Staube schüchtern
> Flimmer
> tränet
> glast
> Vergessen

In der Zeichensetzung nimmt sich Lyrik schon vor dem Expressionismus ihre Freiheiten. Diese Gedichte Stramms aber verschmähen jegliche Satzzeichen. Gliederung ist allein den Zeilen überlassen. Absolute Einbindung der Teile in das Ganze, eine Geschlossenheit des lyrischen Kleingebildes wird erstrebt.

Dem entspricht ein starker Zug zur Kontraktion, zur Zusammenziehung des Sprachkörpers. Präfixe und Endungen fallen weg: kreisch(end), keuchen(den), (zer)fetzen. Bedeutungen werden verschmolzen: »Himmel fetzen« (etwa: Wolkenfetzen am Himmel jagen). Die an sich numeruslose Form des Abstraktums (Furcht) erscheint im Plural (»Fürchte«), wird also konkretisiert; Substantive und Adjektive werden verbalisiert (»schlächtert«). Der Auflading mit Kraft und Bewegung dient auch die Transitivierung des intransitiven (nicht zielenden) Verbs: »zagt«. Im Gedicht *Das Kriegsgrab* bringt der dritte Vers die Wende mit den beiden zu Tätigkeitswörtern umgebildeten Adjektiven »frechen« und »schüchtern«. Mit den Blumen begehrt noch einmal das Leben auf, Staub ist der Vergehenssphäre zugehörig. »Tränet« deutet noch auf Trauer, mit dem »glast« (der Durchsichtigkeit) setzt eine Unkörperlichkeit ein, die dem Vergessen Vorschub leistet.

Durch Auslassungen wird die lyrische Rede unvollständig, elliptisch, aber die Reduktion von Wörtern und Sätzen auf den Bedeutungskern ermöglicht eine sprachliche Konzentration von Welt, ein hohes spezifisches Gewicht des Weltsegments. Eine Verbalisierungstendenz lädt die in einem Extrakt eingefangene Welt mit Energie auf. Es zeigt sich, was Stramms experimentelle Lyrik leisten kann: durch den radikalen Bruch mit einer grammatisch geordneten Sprache dem Gedicht eine neue innere Spannung zu geben – die Spannung zwischen Ballung und Dynamisierung der Sprache.

Formvollendeter Abschied von der Form

Ernst Stadler (1883–1914): Form ist Wollust

»Nun ist der Mensch wieder größer, unmittelbarer Gefühle mächtig.« »Sein Herz atmet, seine Lunge braust, er gibt sich hin der Schöpfung«, stellt triumphierend Kasimir Edschmid in seinem zusammenfassenden Bericht *Über den dichterischen Expressionismus* von 1917 fest (Neudruck 1960). Von solcher elementaren Regung und von den Schranken, die sie behindern, handelt Ernst Stadlers Gedicht.

Form ist Wollust

Form und Riegel mußten erst zerspringen,
Welt durch aufgeschlossne Röhren dringen:
Form ist Wollust, Friede, himmlisches Genügen,
Doch mich reißt es, Ackerschollen umzupflügen.
Form will mich verschnüren und verengen,
Doch ich will mein Sein in alle Weiten drängen –
Form ist klare Härte ohn' Erbarmen,

> Doch mich treibt es zu den Dumpfen, zu den Armen,
> Und in grenzenlosem Michverschenken
> Will mich Leben mit Erfüllung tränken.

Eine Wandlung, ein künstlerischer Neubeginn wird zunächst konstatiert: die Öffnung zu einer bisher verschlossenen Welt. Den zwei Kunstprinzipien sind bestimmte Bildfelder zugeordnet, Bilder der Begrenzung und des Gefesseltseins dem einen, Bilder der produktiven Tätigkeit und des Aufbruchs dem anderen. Die »Form« schafft Genuss und Wohlbefinden (»Wollust«, das Wort für sexuelle Begierde und Lust, ist hier Metapher), »Form« wirkt wie ein Sedativ, dämpft alle Aktivität und erzeugt mit dem »himmlischen Genügen« zugleich Spannungslosigkeit. Das künstlerische Gegenprinzip hat reißenden, mitreißenden Charakter. »Ackerschollen umpflügen«, also die erdgebundene Tätigkeit, ist Gegenbild zum »himmlischen Genügen«.

Im dritten Verspaar deutet sich ein philosophischer Horizont im Gegensatz der Kunstprinzipien an: der Ausbruch aus dem Ich-Gefängnis in die Seinserweiterung. Und das vierte Verspaar bringt die Wendung zur ethischen (sozialethischen) Perspektive. Die Klarheit der Form ist mit Erbarmungslosigkeit erkauft, ihr entgegen setzt sich das soziale Mitleid. Löst also eine vergleichsweise »demokratische« eine »aristokratische« Haltung ab? Vor Simplifizierung warnt der Schluss. Es ist letztlich doch Selbsterfüllung, die in der Selbsthingabe gesucht wird.

Das Gedicht setzt sich offenbar mit einem Kunstbegriff auseinander, bei dem die »Form« als Quelle eines sich selbst genügenden ästhetischen Genusses verstanden wird, rechnet also mit einem zur bloßen Formkunst entleerten Klassizismus und seiner epigonalen Glätte ab. Vielleicht auch richtet es sich gegen Stefan George und seine Schule.

Ein Widerspruch bleibt. Der Durchbruch zur entgrenzenden, aufwühlenden und sich verströmenden Dichtung spiegelt sich nicht in der Struktur des Gedichtes selbst; die Sprengkraft des Themas überträgt sich nicht auf die Form. Eindringlich bringt sich das trochäische Metrum zur Geltung und lässt als einzige Variation den Wechsel zwischen fünf- und sechshebigen Trochäen zu. Der Gedanke entwickelt sich in fester Schrittfolge; den Aufbau des Gedichts bestimmt der Paarreim, der das Gedicht in fünf Abschnitte gliedert. Vier der fünf Verspaare sind parallel gebaut. Den jeweils ersten Vers beherrscht das Formmotiv, den jeweils zweiten das Erlebnismotiv. Dreimal wird die Entgegensetzung im »doch«, der adversativen Konjunktion, markant. Der starke Akzent auf der ersten Silbe gibt dem Trochäus hier etwas Apodiktisches.

So verabschiedet Stadler die »Form« in einem formvollendeten Gedicht. Damit wird dieser Zehnzeiler zum Beispiel für den begrenzt »revolutionären« Charakter eines großen Teils expressionistischer Lyrik überhaupt. Die Mehrzahl expressionistischer Gedichte verrät sogar ausgesprochene Anhänglichkeit an überlieferte Vers- und Strophenmuster. In der Anthologie *Menschheitsdämmerung* ist Paul Zech mit einem großen Anteil an Sonetten vertreten; in der Dichtung Georg Heyms wartet das Jahr 1910 geradezu mit einem Erntesegen an Sonetten auf. Alles in allem überstehen die bekannten lyrischen Formen den expressionistischen Auf- und Umbruch verhältnismäßig unversehrt. Für einen wirklichen Einbruch sorgt aber der »Sturm«-Kreis, mit Autoren wie August Stramm oder Kurt Schwitters.

MÜTZEN AUS RUSS

Georg Heym (1887–1912): Berlin

BERLIN

Schornsteine stehn in großem Zwischenraum
Im Wintertag, und tragen seine Last,
Des schwarzen Himmels dunkelnden Palast.
Wie goldne Stufe brennt sein niedrer Saum.

Fern zwischen kahlen Bäumen, manchem Haus,
Zäunen und Schuppen, wo die Weltstadt ebbt,
Und auf vereisten Schienen mühsam schleppt
Ein langer Güterzug sich schwer hinaus.

Ein Armenkirchhof ragt, schwarz, Stein an Stein,
Die Toten schaun den roten Untergang
Aus ihrem Loch. Er schmeckt wie starker Wein.

Sie sitzen strickend an der Wand entlang,
Mützen aus Ruß dem nackten Schläfenbein,
Zur Marseillaise, dem alten Sturmgesang.

Andere Großstadtgedichte Georg Heyms sind bekannter: *Die Dämonen der Städte* oder *Der Gott der Stadt*, beide in der zweiten Hälfte des Dezember 1910 geschrieben. Die Alpträume des Steinwüsten-Bewohners bergen neue Mythen, Mythen des Industriezeitalters.

Zwischen beiden Gedichten entstand dieses Sonett, das achte (und letzte) der sogenannten *Berlin*-Gedichte Heyms. Im Berlin der vorhergehenden Texte haben sich noch keine Dämonen niedergelassen. Der Beobachter Heym bewegt sich eher neugierig als verstört inmitten des »Steinmeers« und der »Menschenströme«. Zwar ragen hinter dem Idyll erhaltener Gärten bedrohlich »der Riesenschlote Nachtfanale« auf, doch behaupten sich gegen den Lärm und den Rauch der Arbeitswelt die Musik von den Ausflugsdampfern und die Lampions der Laubenfeste. Und stark ist die Faszination der Eisenbahngleise, auf denen die Vorortzüge heran- und davonbrausen – hier pulst das Leben der Stadt am kräftigsten.

Auch in der Bildlichkeit unseres Berlin-Gedichts finden sich Schornstein und Eisenbahn wieder, doch rangieren die Wörter zugleich als Metaphern. Und im zweiten Teil des Sonetts gehen Wahrnehmungen in Gesichte über. Wie nur wenige andere Gedichte zeigt dieses die Nahtstelle zwischen realer Gegenständlichkeit und jener visionären Bilderwelt, die Heym zum Vorläufer des Expressionismus macht.

In der Dämmerung des Wintertages und im letzen Licht des Sonnenuntergangs werden die Schornsteine zu Pfeilern, auf denen das Himmelsgewölbe lastet. Wecken »Palast« und »goldne Stufe« Assoziationen zu Pracht und Reichtum, so widerruft sie die Wirklichkeit des Stadtviertels, durch das sich schwer der Güterzug schleppt. Das Motiv der Mühsal verklammert die beiden Teile des Sonetts, den Bildern des Lastentragens antwortet im ersten Terzett das Bild des Armenfriedhofs.

Dann entgrenzt sich Gesehenes zu Geschautem. Aus ihren Löchern heraus erblicken die Toten den Sonnenuntergang. Der goldene Horizont erscheint jetzt rot, und die Farbe Rot hat aufreizende, anfeuernde Wirkung (schmeckt wie starker Wein). Die letzten Verse des Sonetts sind die eindringlichsten; vom Gedicht haften bleibt das Bild der in Reihe sitzenden, strickenden Toten – vor allem aber das Bild der »Mützen aus Ruß«, weil Heym in ihm auf unvergleichliche und ganz unsentimentale Weise das Gespinsthafte der Totenexistenz, die Tristheit der Umwelt und die Blöße der Armut zusammenfasst.

Das Signal der Farbe Rot wird aufgenommen im Gesang der Toten, der Marseillaise. Die Anspielung auf die Französische Revolution in diesem Gedicht überrascht nicht. Aus dem Juni des Jahres 1910 stammen Heyms Sonette *Bastille*, *Louis Capet*, *Danton* und *Robespierre*. Möglich, dass Heym zugleich auf die damals vielgesungene sogenannte Arbeitermarseillaise anspielt, auf Jakob Audorfs »Wohlan, wer Recht und Freiheit achtet«.

Vielleicht ist der Schluss, ob dem Autor bewusst oder nicht, auch ein Echo auf Heines Gedicht *Die schlesischen Weber*. Während allerdings die Weber eine geschichtliche Kraft repräsentieren, die in die Zukunft wirkt (sie weben dem überlebten »Altdeutschland« das Leichentuch), bleiben die Toten des Armenfriedhofs unentschädigt für das im Leben Vorenthaltene. Phantommützen stickend, rufen sie im »alten Sturmgesang« die Erinnerung an ihre Solidarität zurück, von der sie zehren müssen.

Das Sonett gehört zu den bedeutenden Großstadtgedichten unserer Literatur. Im lyrischen Werk Georg Heyms hat es kaum eine Parallele. Beklemmende Großstadterfahrungen werden nicht ins Mythische übersetzt; die dichterische Vision gibt hier dem Sozialen Tiefendimension.

Rainer Maria Rilke

Sachlich unterkühlt

Die Botschaft des Geldes

Yvan Goll (Isaak Lang, 1891–1950): Kölner Dom

Kölner Dom

Rheinkohle statt Gold
Die Fische und die nackten Nymphen
Sterben im romantischen Wasser aus
Über die Brücke fahren nur Trauerzüge
In Särgen wird das letzte Gold geschmuggelt
Der Osten exportiert seine Frühsonne
Aurora ist kein Frauenname mehr
Doch paßt er gut für eine Aktiengesellschaft

Wir kamen von Frankreich
Über den Bahnhof hinaus fuhr unser Zug in den Kölner Dom
Die Lokomotive hielt vor dem Allerheiligsten
Und kniete sanft
Zehn Tote kamen direkt ins Paradies
Petrus »English spoken« auf dem Ärmel, bekam ein gutes Trinkgeld

Die glasgemalten Engel telephonierten
Und flogen hinüber zur Cox-Bank
Rosa Dollarschecks einzulösen
Gegen Mittag wurde ein neuer Zug gen Warschau gebildet.

Kein Bauwerk hat die deutschen Dichter so sehr angezogen und sie zugleich so sehr entzweit wie der Kölner Dom. Flammenden Aufrufen zur Vollendung des mittelalterlichen Torsos, um die Mitte des neunzehnten Jahrhunderts, antwortete später der Jubel über das Gelingen. Schreckbilder vom Dom als klerikaler Zwingburg oder als modernem Turmbau zu Babel konnten nichts ausrichten. Die Kathedrale wurde zum Altar, vor dem die Dichter andächtig ihre religiösen und geistigen und stolzgeschwellt ihre nationalen Messen zelebrierten. Unter den Gedichten des zwanzigsten Jahrhunderts ist Yvan Golls *Kölner Dom* von 1924 ein Vorreiter; das Gedicht hält schon die Erscheinung fest, die sich heute dem Besucher Kölns aufdrängt: die Inbesitznahme des Doms durch den Tourismus.

Das Motiv des durch den Bahnhof hindurchfahrenden Zuges erinnert an Ernst Stadlers Gedicht *Fahrt über die Kölner Rheinbrücke bei Nacht* (1913), in dem erstaunlicherweise der Dom gar nicht auftaucht: Der Schnellzug fährt durch die Dunkelheit wie durch einen »Minengang«, erreicht die Brücke und fliegt »königlich ... hoch übern Strom«, Millionen Lichtern entgegen, fliegt anscheinend ohne Halt vorbei an der »blinkenden Parade« und taucht wieder hinein in die »langen Einsamkeiten«, aber nun auch in ein verschwommenes mythisches Dunkel, ein dionysisches – expressionistisches – Gemenge von »Kommunion«, »Zeugungsfest« und »Untergang«.

Dagegen sind Golls Verse von einer Nüchternheit, die sich sogar die poetischen Formen des regelmäßigen Verses und des Reims verbietet. Die erste Strophe verabschiedet alle Romantik, die sich um den Rheinstrom gewoben hat. Die Faszination der Sagen vom Rheingold, dem Nibelungenhort, und von der Loreley ist verflogen. Beginnt mit dem »Sterben« der Fische etwa auch schon die Verseuchung des Rheins? Das Gold des Industriezeitalters ist die Kohle. Mythische Namen wie Aurora, der Name für die Göttin der Morgenröte, sind zum Aushänge- und Werbeschild für Wirtschaftsunternehmen geworden.

Der Beginn der zweiten Strophe knüpft an den Eindruck an, den die unmittelbare Nachbarschaft von Hauptbahnhof und Dom dem Ankommenden vortäuscht: dass der Zug in den Dom hineinfährt. So entlädt im Gedicht die Bahn die Besuchermassen geradewegs in die Kathedrale. Doch die fromme Szene – der Vorbeter, die Lokomotive, kniet – kippt plötzlich ins Makabre um: Die Dienstfertigkeit der Eisenbahn enthüllt sich als Unfall. Allerdings wird auch diesem Unglück seine tröstliche Seite abgewonnen. Der sakrale Ort ist Pforte zum Paradies, der Domwächter oder -führer avanciert zum Einlass gewährenden heiligen Petrus, dem man ein Trinkgeld schuldet.

Der Zynismus der Verse ist der Zynismus der Satire, er verlästert nicht die Religion, sondern macht gerade die Entleerung des Religiösen durch das bloße Schaubedürfnis und dessen Vermarktung kenntlich. Das verdeutlicht die letzte Strophe. Die Engel der Glasmalerei werden zu Bankboten, statt der religiösen bringen sie die Botschaft des Geldes. Sachlich kehrt der letzte Vers zur Tagesordnung zurück. Nach dem Eisenbahnunglück wird ein Ersatzzug bereitgestellt.

Der jüdisch-französisch-deutsche Dichter Yvan Goll, der im Jahr 1924 auch seinen Gedichtband *Der Eiffelturm* abschloss, hat die grotesken Wucherungen der Tourismusindustrie klarer vorausgesehen als seine Weggefährten der Avantgarde. Jedesmal, wenn ich vom Kölner Hauptbahnhof her zur Domplatte hinaufsteige, melden sich in meinem Kopf seine Verse von der Einfahrt des Zugs in die Kathedrale.

Das sentimentale Vokabular hat ausgedient

Erich Kästner (1899–1974): Sachliche Romanze

Spricht jemand von »Neuer Sachlichkeit«, der literarischen Richtung, die in den zwanziger Jahren dem Visionären und Utopischen des Expressionismus illusionslose Wirklichkeitsnähe entgegenstellte, so fällt unweigerlich der Name Erich Kästner. »Sachlich« gibt sich Kästners Gedicht schon im Titel, und »Romanze« ist es im Sinne der Gattungsbezeichnung. Doch behandelt es das Ende einer romanzenhaften Liebe. Die »Neue Sachlichkeit« scheint nur eine Antiromanze zuzulassen.

Sachliche Romanze

Als sie einander acht Jahre kannten
(und man darf sagen: sie kannten sich gut),
kam ihre Liebe plötzlich abhanden.
Wie andern Leuten ein Stock oder Hut.

Sie waren traurig, betrugen sich heiter,
versuchten Küsse, als ob nichts sei,
und sahen sich an und wußten nicht weiter.
Da weinte sie schließlich. Und er stand dabei.

Vom Fenster aus konnte man Schiffen winken.
Er sagte, es wäre schon Viertel nach Vier
und Zeit, irgendwo Kaffee zu trinken.
Nebenan übte ein Mensch Klavier.

Sie gingen ins kleinste Café am Ort
und rührten in ihren Tassen.
Am Abend saßen sie immer noch dort.
Sie saßen allein, und sie sprachen kein Wort
und konnten es einfach nicht fassen.

In Heinrich Heines *Lyrischem Intermezzo*, im XXXIX. Gedicht, liebt ein Jüngling ein Mädchen, das einen Zweiten liebt, aber von einer anderen ausgestochen wird und aus Enttäuschung einen Dritten, den »ersten besten Mann«, heiratet. »Es ist eine alte Geschichte. / Doch bleibt sie immer neu; / Und wem sie just passieret, / Dem bricht das Herz entzwei.« Eine »alte Geschichte« ist auch die Trennung von Liebenden, die sich auseinander gelebt haben. Doch bricht in Kästners Gedicht kein »Herz entzwei«.

An Heines lyrischen Stil erinnert der Gebrauch der Volksliedzeile, die sich kein starres metrisches Schema aufzwingen lässt. Sie erreicht mit der freien Füllung der Senkungen hier eine rhythmische Lockerheit, die sich dem Prosarhythmus annähert und deshalb einem Stil der Sachlichkeit entgegenkommt. Wie Heine verzichtet Kästner allerdings nicht auf den sinnlichen Reiz des Reims (hier des Kreuzreims), sodass sich eine klare strophische Ordnung herstellt, die nur in der letzten Strophe leicht durchbrochen wird. Wie bei Heine auch dient der Versachlichung eine saloppe Redeweise: durch die Gleichsetzung der Liebe mit einem Gebrauchsgegenstand (sie kommt »abhanden« wie »ein Stock oder Hut«). Banalisiert wird der Trennungsvorgang durch beziehungslos nebeneinander gestellte Begleitumstände (Fensterblick auf Schiffe, Kaffeezeit, Klaviergeräusch).

Doch gibt Kästners neusachlicher Ton etwas auf, was in Heines Gedichten nur selten verloren geht: das Liedhafte. Die Eingänglichkeit der Verse, die dem *Buch der Lieder* im 19. Jahrhundert zu seinem unvergleichlichen Erfolg verhalf, verdankt sich nicht zuletzt der Glättung des Volksliedstils, die schon die Romantik – zumal mit Brentanos und von Arnims Volksliedersammlung *Des Knaben Wunderhorn* – durchgesetzt hatte. Darin bleibt Heine, trotz ironischer Brüche, ein Nachfahre der Romantik. In Kästners Romanze ist alle romantische Hinterlassenschaft getilgt. Nur begrenzt von Reim- und Strophenform, triumphiert das Prosaische.

War möglicherweise die Liebe einmal glühende Lava, so ist sie längst erloschen. Heiteres »Betragen« und Kussversuche enden in Ratlosigkeit. Selbst Tränen rühren den Partner nicht mehr. Um der entstandenen Leere zu entkommen, flieht man ins Café. Umsonst. An die Stelle der Liebe ist totale Beziehungslosigkeit getreten. Man rührt stumm in den Tassen, das endgültige Schweigen greift um sich.

Und etwas Wundersames geschieht. Die Ansammlung des Prosaischen schafft eine Sphäre der Traurigkeit, die von hoher poetischer Eindringlichkeit ist. Die Melancholie, die über dem Geschehen liegt, entwickelt sich aus dem Verlorensein der Partner in einer echolosen Umwelt und aus ihren hilflosen Gesten. Nein, am Ende ereignet sich nicht, was Heines Sprache noch in alter Weise benennt, es bricht kein »Herz entzwei«. Das alte sentimentale Vokabular hat ausgedient. In der *Sachlichen Romanze* stehen die Partner vor dem schlechterdings Unfasslichen. Der Absturz, die Fallhöhe aber ist kaum geringer.

Magie der Natur

Jeder ist allein

Hermann Hesse (1877–1962): Im Nebel

Im Nebel

Seltsam, im Nebel zu wandern!
Einsam ist jeder Busch und Stein,
Kein Baum sieht den andern,
Jeder ist allein.

Voll von Freunden war mir die Welt,
Als noch mein Leben licht war;
Nun, da der Nebel fällt,
Ist keiner mehr sichtbar.

Wahrlich, keiner ist weise,
Der nicht das Dunkel kennt,
Das unentrinnbar und leise
Von allen ihn trennt.

Seltsam, im Nebel zu wandern!
Leben ist Einsamsein.
Kein Mensch kennt den andern,
Jeder ist allein.

Ich gestehe, dass die Anfangszeile »Seltsam, im Nebel zu wandern!« eine Zeitlang große Faszination auf mich ausgeübt hat, sich automatisch in mir meldete, wenn ich, wo immer auch, plötzlich in den Nebel geriet, wenn im Krieg heranwallender Nebel das Gefühl bedrohlicher Orientierungslosigkeit auslöste, aber auch wenn in den Novembernächten der Kieler Zeit vom Nord-Ostsee-Kanal herüber die Nebelhörner der Schiffe tönten und man sich selbst außerhalb aller Gefahr glauben konnte. Ob Schauer, Angst oder ein wohliges Sicherheitsgefühl das Übergewicht hatten, immer brachte sich etwas mit ins Spiel, was mich isolierte und auf mich selbst zurückverwies. Es war im Grunde nur der Anfangsvers, der, wie gewisse Melodien, durch Assoziationen herbeigerufen wurde. Als ich später das Gedicht wieder als Ganzes las, mehrfach und mit voller Konzentration, schlugen auch einige kritische Alarmglocken.

Eine merkwürdige Altersperspektive beherrscht das Gedicht. Zurückgeblickt wird auf ein Leben in der Gemeinschaft vieler Freunde. Der Nebel, nur Metapher, ja Symbol, lässt diese »lichte« Zeit in einem verschwommenen Einstmals verschwinden. Ein weise Gewordener gibt seine Erkenntnis als Lebensdefinition weiter. Solche Gebärde des Weisen wirkt aufgesetzt; sie erscheint noch merkwürdiger, wenn man weiß, dass der Autor dieses 1906 veröffentlichten Gedichts noch nicht einmal dreißig war. Und vollends befremdet die Schlussstrophe, die den Ort des Menschen in der Welt formelhaft bestimmt, zumal in der die Simplifizierung nicht meidenden Sentenz »Leben ist Einsamsein«.

Aber dies ist nur die eine Möglichkeit der Aufnahme des Gedichts. Die Aussagen verlieren ihre aufreizende Einseitigkeit, wenn sie nicht als objektive, sondern als durchaus subjektive Befunde verstanden werden. Dem Leser, der von der Grundstimmung unberührt bleibt, muss das Gedicht verschlossen bleiben. Hier gelten die Voraussetzungen einer Art von Lyrik, die man – ob der Ausdruck glücklich ist, sei dahingestellt – »Stimmungslyrik« genannt hat. Über die »Stimmung« des Gedichts entscheidet schon der erste Vers, der zur Bekräftigung am Anfang der letzten Strophe wiederholt wird. Die Empfindungen, die beim Wandern im Nebel ausgelöst werden, sind wichtig, nicht die Realität, die bei plötzlichem Verschwinden des Nebels sichtbar würde.

An diesen Empfindungen beteiligt ist aber eine Konvention, die vor allem in der romantischen Lyrik verfestigt wurde: die enge Verknüpfung der Stimmung des lyrischen Ich mit der Naturstimmung. Nicht nur schließt Hesses Gedicht vom Naturphänomen Nebel auf die Verhältnisse des Lebens und der Welt, es setzt auch das menschliche Ich in Analogie zu den Einzelerscheinungen der Landschaft. Der Isoliertheit von Steinen, Büschen und Bäumen antwortet im sehenden und empfindenden Subjekt das Erlebnis des Alleinseins, der Einsamkeit. Genauer wohl: Das Ich des Dichters projiziert seine Stimmung, seine Einsamkeit in die Natur hinein.

Nicht von ungefähr hat Hermann Hesse seinen ersten Gedichtband (1899) *Romantische Lieder* genannt. Seine neuromantischen Dichtungen sind auch geheime Proteste gegen den Naturalismus, gegen etwas, was er als Realitätshörigkeit empfand. Den Ansprüchen der sozialen Welt setzte er das Recht auf Selbstbezogenheit, auf den Traum, auf die Weltscheu entgegen. Und so gerät auch in das Gedicht *Im Nebel* am Ende mit der dreimaligen Umschreibung von Einsamkeit ein leicht programmatischer Zug. Dieses dichterische Ich behauptet seine Subjektivität im Bestehen auf Einsamkeit.

Letzte Fahrt

Bertolt Brecht (1898–1956): Vom ertrunkenen Mädchen – Georg Heym (1887–1912): Ophelia

In einer der poetischsten Szenen von Shakespeares *Hamlet* berichtet die Königin über den Tod der von Hamlet zurückgestoßenen und in Wahnsinn gefallenen Ophelia. Ihr Bericht schließt (in der Schlegelschen Übersetzung) mit den Versen

> Doch lange währt' es nicht,
> Bis ihre Kleider, die sich schwer getrunken,
> Das arme Kind von ihren Melodien
> Hinunterzogen in den schlamm'gen Tod.

Die Verse sollte man noch im Ohr haben, wenn man Bertolt Brechts 1920 entstandenes und in die *Hauspostille* übernommenes Gedicht *Vom ertrunkenen Mädchen* hört:

Vom ertrunkenen Mädchen

> Als sie ertrunken war und hinterschwamm
> Von den Bächen in die größeren Flüsse
> Schien der Opal des Himmels sehr wundersam
> Als ob er die Leiche begütigen müsse.
>
> Tang und Algen hingen sich an ihr ein
> So daß sie langsam viel schwerer ward.
> Kühl die Fische schwammen an ihrem Bein
> Pflanzen und Tiere beschwerten noch ihre letzte Fahrt.
>
> Und der Himmel ward abends dunkel wie Rauch
> Und hielt nachts mit den Sternen das Licht in Schwebe.
> Aber früh ward er hell, daß es auch
> Noch für sie Morgen und Abend gebe.
>
> Als ihr bleicher Leib im Wasser verfaulet war
> Geschah es (sehr langsam), daß Gott sie allmählich vergaß
> Erst ihr Gesicht, dann die Hände und ganz zuletzt erst ihr Haar.
> Dann ward sie Aas in Flüssen mit vielem Aas.

In seinem Buch *Das Wasser und die Träume* hat Gaston Bachelard das Wasser als Melancholie weckendes Element bezeichnet. Und es ist kein Zufall, dass sich gerade in der Lyrik von Shakespeares Ophelia-Gestalt eine deutliche Spur zu Brechts »ertrunkenem Mädchen« zieht. Berühmt geworden ist ein Gedicht des französischen Lyrikers Arthur Rimbaud aus dem Jahre 1870, *Ophélie*. Hier wird

Ophelia zu einer zeitlosen, fast mythischen Figur; schon mehr als tausend Jahre treibt sie als bleiches Phantom auf einem schwarzen Strom dahin; sie ist bereits Teil der elementaren Natur geworden, erscheint als Inbild menschlicher Zerbrechlichkeit. Und gar im Zustand der Auflösung befinden sich Körper und Identität in einem Ophelia-Gedicht vom Ende des Jahrhunderts, von Georges Rodenbach.

Dagegen gewinnt im 1910 entstandenen zweiteiligen Gedicht von Georg Heym Ophelia ihre Körperlichkeit zurück, doch überfällt den Leser gleich der erste Vers mit einem Schock, mit dem Bild der Wasserratten in ihrem Haar. Im zweiten Teil des Gedichts allerdings wechseln die Wahrnehmungen. Im Unterschied zum zeitlosen Treiben des Leichnams bei Rimbaud taucht Ophelia hier in die moderne Welt ein. Industrielandschaften ziehen an den Ufern vorbei, von Gedröhn und Maschinenkreischen erfüllte Städte, in denen die Menschen zu harter Fron verurteilt sind. Doch bleibt die industrielle Welt nur Durchgangsstadium; am Ende lässt auch Georg Heym Ophelia ins Zeitlose hinaustreiben, vielleicht in die Feuer des Weltuntergangs:

> Der Strom trägt weit sie fort, die untertaucht,
> Durch manchen Winters trauervollen Port.
> Die Zeit hinab. Durch Ewigkeiten fort,
> Davon der Horizont wie Feuer raucht.

Georg Heyms Bild der Ratten kehrt wieder in Gottfried Benns Gedicht *Schöne Jugend*, in dem sich das Makabre noch einmal steigert. Der Mediziner Benn beschreibt den Vorgang einer Leichenöffnung in der Anatomie. Die Ratten, die sich im Innern des Leichnams ernährten, werden ins Wasser geworfen. »Ach, wie die kleinen Schnauzen quietschten!« Der Zynismus scheint unüberbietbar, den kleinen Ratten wird mehr Anteilnahme entgegengebracht als dem toten Menschen. Aber die scheinbare Inhumanität steht hier ganz im Dienst einer gezielten antiästhetischen Provokation.

Auch Brecht beschönigt den Verfall des menschlichen Körpers nicht. Doch erscheinen das Licht der Sterne und der Opal des Himmels als Metaphern für die Wärme von Sympathie und Mitgefühl. »Begütigen« ist das Leitwort der ersten Strophe. Begütigen heißt hier auch: beschwichtigen, über etwas hinwegtrösten. Aber dies steht im Zeichen des »Als ob«. Denn der Verfall ist unaufhaltsam, der abgestorbene menschliche Leib unterliegt dem Naturgesetz der Verwesung wie tierisches Aas. Das scheinbar Tröstende erweist sich als das Gleichgültige. Hier will an der Vergänglichkeit des Menschen auch Gott nicht rütteln. Die anfängliche Poetisierung des Todes wird zurückgenommen, weicht dem sachlichen Befund.

Dennoch lässt sich Brecht hier auf Bilder ein, die nach Benns *Morgue*-Gedichten von 1912, zu denen *Schöne Jugend* gehört, nicht mehr möglich schienen.

Fast romantisch, neuromantisch wirken Wendungen wie »wundersam«, »Licht in der Schwebe« oder »Opal des Himmels«; und selbst auf den Schlussvers mit seiner unerbittlichen Feststellung strahlt noch die Behutsamkeit des lyrischen Tons hinüber. Das Faszinierende an diesem Gedicht des zweiundzwanzigjährigen Brecht ist, dass die scheinbar romantischen Vokabeln ganz unverbraucht wirken. Die Wiederauffrischung der deutschen Dichtungssprache in der *Hauspostille* ist wohl die bedeutendste Leistung des jungen Brecht.

Heilende Welt

Hans Carossa (1878–1956): Der alte Brunnen

In den Volksliedern, so heißt es in Heines Schrift *Die Romantische Schule* zur Sammlung *Des Knaben Wunderhorn*, fühle man den Herzschlag des deutschen Volkes. Das Lied *Der Lindenbaum* in der von Franz Schubert vertonten *Winterreise* stammt vom Dichter Wilhelm Müller, aber wohl nur in wenigen Liedern glaubte man diesen Pulsschlag so sehr zu spüren wie in den Versen »Am Brunnen vor dem Tore ...«. In Thomas Manns Roman *Der Zauberberg* stürmt Hans Castorp unter den jungen Freiwilligen des Ersten Weltkriegs mit diesem Lied auf den Lippen gegen die feindlichen Linien und in den Tod.

Es gibt unter den bekannten deutschen Brunnen-Liedern auch eine andere Linie, die Gedichte über die grandiose Fontana di Trevi in Rom. Sieht man von Friedrich von Schacks *Fontana Trevi* ab, so setzten das Maß vor allem Conrad Ferdinand Meyers *Der Römische Brunnen* (»Aufsteigt der Strahl und fallend gießt / Er voll der Marmorschale Rund ...«) und eines von Rainer Maria Rilkes *Sonetten an Orpheus* (»O Brunnen-Mund, du gebender, du Mund, / der unerschöpflich Eines, Reines, spricht ...«).

Hans Carossas *Der alte Brunnen* schließt sich eher an die volksliedhaften Verse Wilhelm Müllers, an deren heimelige Atmosphäre an:

> Der alte Brunnen
>
> Lösch aus dein Licht und schlaf! Das immer wache
> Geplätscher nur vom alten Brunnen tönt.
> Wer aber Gast war unter meinem Dache,
> Hat sich stets bald an diesen Ton gewöhnt.
>
> Zwar kann es einmal sein, wenn du schon mitten
> Im Traume bist, daß Unruh geht ums Haus,
> Der Kies beim Brunnen knirscht von harten Tritten,
> Das helle Plätschern setzt auf einmal aus.

Und du erwachst, – dann mußt du nicht erschrecken!
Die Sterne stehn vollzählig überm Land,
Und nur ein Wandrer trat ans Marmorbecken,
Der schöpft vom Brunnen mit der hohlen Hand.

Er geht gleich weiter, und es rauscht wie immer.
O freue dich, du bleibst nicht einsam hier.
Viel Wandrer gehen fern im Sternenschimmer,
Und mancher noch ist auf dem Weg zu dir.

Die Entstehungsgeschichte des Gedichts überspannt zehn Jahre (1923–1933), erstmals gedruckt wurde es 1924. Der Keim des Gedichts findet sich auch in der ersten Fassung (1913) von Carossas *Lebenslied* und über die zugrunde liegenden Eindrücke im Ort seiner damaligen Arztpraxis, Seestetten an der Donau, schreibt er in einem Tagebucheintrag vom 25.8.1913: »... Murmeln des Brunnens vor dem Hause. Wenn es für einige Augenblicke verstummt, so weiß man, daß jetzt jemand trinkt ...«

Das Gedicht beginnt im Ton des Schlaflieds. Aber weder wiegt das Geplätscher des Brunnens – was ja denkbar wäre – den Hausbewohner in den Schlaf, noch hindert es den, der mit dem Geräusch vertraut geworden ist, am Einschlafen. Eine Störung wird erst empfunden, sobald das Plätschern einmal aussetzt. Diese nächtliche Störung jedoch kündigt keine Gefahr an; im Gegenteil, sie ist das akustische Signal einer geradezu idyllischen Szene: Ein Wanderer löscht am Marmorbecken seinen Durst und zieht friedlich weiter.

Unbeirrbar bleibt in diesem Gedicht ein Gefühl der Geborgenheit. Drei Momente sind es, die solche Sicherheit begründen: das über alle Tages- und Jahreszeiten hinausreichende Dauerhafte, die Unerschöpflichkeit der wasserspendenden Natur; die Unwandelbarkeit des Sternenhimmels, unter dessen Dach sich der Mensch behütet weiß; und das Vertrauen in die Verbundenheit der Menschen, die alle Einsamkeit aufhebt.

Solche Geborgenheit versteht sich nicht von selbst, bedenkt man die Zeitgeschichte des Jahrzehnts, während dessen der Autor an dem Gedicht feilte. Carossa nahm zwischen 1916 und 1918 als Militärarzt am Ersten Weltkrieg teil. In den Jahren danach rieb ihn seine Münchner Kassenpraxis so sehr auf, dass sich, wie er gestand, seine »innere Struktur nahezu aufzulösen drohte«. Carossa war also inzwischen aus jener Geborgenheit herausgefallen, in der er sich noch in der Seestettner Idylle aufgehoben fühlen konnte.

Aber der Widerhall neuer Erfahrungen hätte das Gedicht wohl brüchig werden lassen. Und an seiner dichterischen Grundhaltung hielt Carossa trotz zeitgeschichtlicher Turbulenzen fest. Sein Dichtungsverständnis teilt dem Arzt und dem Dichter die gemeinsame Aufgabe zu, es den heilenden Kräften der Natur gleichzutun. Das gibt dem anrüchig gewordenen Begriff der »heilen Welt« bei Carossa die genauere Bedeutung der angstbannenden, »heilenden Welt« und nimmt ihm den Beigeschmack des Erlogenen, der »erpressten Idylle«. Doch nur in wenigen Gedichten Carossas scheint der versteckte therapeutische Nebensinn so sehr durch eine konkrete eigene Erlebnissituation gedeckt wie hier.

Zwei Gränchen Staub im Wind

Oskar Loerke (1884–1941): Brief – Wilhelm Lehmann (1882–1968):
Auf sommerlichem Friedhof (1944)

Oskar Loerke, Träger des Kleist-Preises von 1913, war als Cheflektor des S. Fischer Verlags eine der Schaltstellen des literarischen Lebens in den zwanziger Jahren. In seinen Dichtungen bleiben Landschaftserlebnisse einer Kindheit im Osten prägend. Seine Naturlyrik streift in der magischen Beschwörung eines »grünen Gottes« das Mythische. Durch die nationalsozialistische Kulturpolitik aus dem Amt des Sektionssekretärs der Preußischen Akademie der Künste getrieben, zog er sich mehr und mehr von der Öffentlichkeit zurück. – Aus einer Situation der Abgeschiedenheit spricht das Ich des Gedichts *Brief*:

> BRIEF
>
> Ich liege einsam hier im dunklen Haus,
> Und fern löschst du die müde Lampe aus,
> Und Abend ist es, Abend. Unser Ohr,
> So sehr es lauscht, ist für den andern taub,
> Nicht ragt ein Ziegel deines Dachs hervor:
> Du und Dein Haus bist nur ein Körnchen Staub.
> Und wenn das Haus auf Deinem Kopf zerbricht,
> Und wenn du stürbest, sieh, ich weiß es nicht.
> Und ich kann sterben, und du weißt es nicht.
> ... Zwei Gränchen Staub im Wind: mehr sind wir nicht.

Schon der Titel kündigt verminderte Kommunikation an. Ein Brief kann das Getrenntsein der Partner nur notdürftig überbrücken. Und dieser Brief handelt zudem von der Vergeblichkeit und Unmöglichkeit der wechselseitigen Wahrnehmung. Ein Liebesbrief, der aller Hoffnung bar ist! Sind die Partner füreinander taub geworden, weil die Empfindungen erkalteten? Oder ist die lebendige Ich-Du-Beziehung das Opfer von Zwängen, von äußerer Gewalt geworden? Das Gedicht verrät es nicht.

Wie abgestorben sind die Partner füreinander. So hat der Gedanke an Vergänglichkeit und Tod nichts Abruptes. Das Bibelwort »Es ist alles aus Staub geworden, und wird wieder zu Staub« scheint als Echo nachzuhallen im »Körnchen Staub«. Aber nicht dem Tod selbst gilt die Klage, sondern dem Unerbittlichsten dieser Trennung: dass nicht einmal die Nachricht vom Tod des einen den anderen erreichen wird. So voneinander weggerissen, sind beide nur noch »zwei Gränchen Staub im Wind«.

Die Ich-Du-Beziehung ist in den Zustand ihrer Verneinung geraten, und die Negation bemächtigt sich auch der lyrischen Form. Loerke hielt grundsätzlich an metrischen und strophischen Ordnungen fest; so hat hier die Abweichung von gewohnter Reimkunst besonderes Gewicht. Alle drei Schlussverse enden mit demselben Wort. Dieses dreifache »nicht« wird zum Basso ostinato im lyrischen Ausdruck abgründiger Resignation.

Als seinen Lehrer rühmte Loerke den zwei Jahre älteren Wilhelm Lehmann im Nachwort seiner Sammlung *Der Silberdistelwald* (1934). Lehmann seinerseits übernahm einen Loerkeschen Begriff in seinem Versbuch von 1941, *Der grüne Gott*. Auch Lehmann stand politisch im Abseits, das Schriftstellerverzeichnis der »Reichsschrifttumskammer« von 1942 enthält seinen Namen nicht. Wechselseitige Verehrung begründet die Freundschaft Loerkes und Lehmanns. So traf der Tod Loerkes in Berlin-Friedenau, im Februar 1941, den Freund in Eckernförde tief. Der Besuch an Loerkes Grab ist der Anlass zu Lehmanns lyrischem Requiem.

Auf sommerlichem Friedhof (1944)

In memoriam Oskar Loerke

Der Fliegenschnäpper steinauf, steinab.
Der Rosenduft begräbt dein Grab.
Es könnte nirgend stiller sein.
Der darin liegt, erschein, erschein!

Der Eisenhut blitzt blaues Licht.
Komm, wisch den Schweiß mir vom Gesicht.
Der Tag ist süß und ladet ein,
Noch einmal säßen wir zu zwein.

Sirene heult, Geschützmaul bellt.
Sie morden sich: es ist die Welt.
Komm nicht! Komm nicht! Laß mich allein,
Der Erdentag lädt nicht mehr ein.
Ins Qualenlose flohest du,
O Grab, halt deine Tür fest zu!

Zunächst, mit der Beobachtung des Singvogels und der Wahrnehmung des Rosendufts, Naturbilder – ganz unverzichtbar für Wilhelm Lehmann, in dessen Lyrik die Magie der Verse aus der prallen Fülle der Naturerscheinungen, aus der

Wirklichkeitsdichte entsteht. Die Stille des Friedhofs weckt den Wunsch nach der Wiederkehr des Freundes, nach dem Zwiegespräch. Wie eine Lock- und Empfangsgebärde das farbige Strahlen der Fingerhut-Pflanze. Die Erinnerung an »süße« Tage will konkreter werden, aber der grammatische Konjunktiv entrückt das Wiederbeisammensein ins bloße Gedankenspiel.

Und dann die Wendung durch den Einbruch der Zeitgeschichte in die Ruhe des »ewigen Friedens«, die Zerstörung der Stille durch die schreckliche Sprache des Krieges. Die Bitte um Rückkehr des Freundes wird widerrufen, das doppelte »Komm nicht!« wird zur Beschwörungsformel. Den von seinen Erdenqualen Erlösten darf man in die Welt des Mordens nicht zurückholen wollen. Und beim Wunsch nach dem endgültigen Verschlossensein des Grabes bleibt unvergessen der Trost im zweiten Vers des Gedichts: Es ist Rosenduft, der das Grab »begräbt«; es ist die Natur, die auch den Toten noch birgt.

So versteckt sich im Gedicht ein den Freunden gemeinsames naturlyrisches Credo.

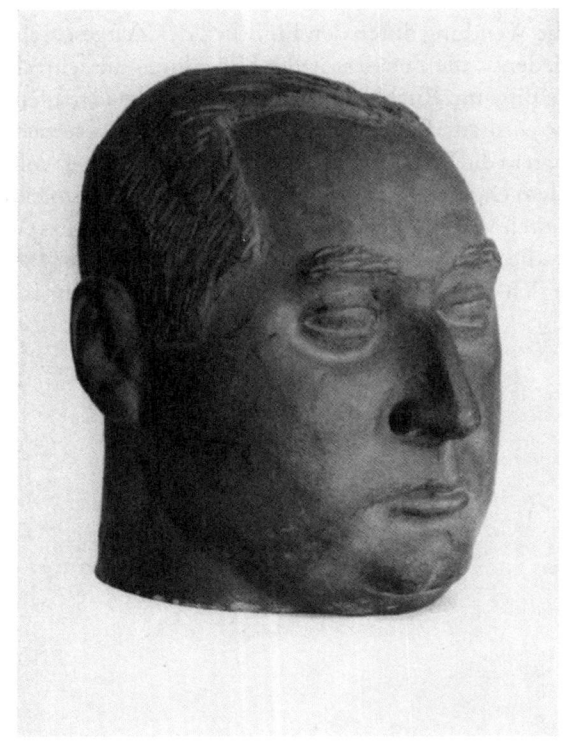

Gottfried Benn

Lyrik in Henkerszeit

Gottes Welt in Menschenhand

Hermann Kasack (1896–1966): Grabschrift

GRABSCHRIFT

Wenn du mich beweinen willst, beweine:
Was vergeblich in mir sang.
Denn ich schlug, wie du, auf Steine,
Daß der Quell daraus entsprang.

Das Vermächtnis unsrer Tage
Ist ins Schattenreich verbannt.
Wenn du klagen mußt – beklage
Gottes Welt in Menschenhand.

Dieses Gedicht hat der Sohn, der Slavist Wolfgang Kasack, dem Vater in seinen Grabstein auf dem Stuttgarter Waldfriedhof schlagen lassen. Es ist nicht, wie die zweite Zeile anzudeuten scheint, das Gedicht eines Mannes ohne besondere Wirkung. Hermann Kasack förderte als Lektor im Potsdamer Verlag Kiepenheuer und als Verlagsdirektor bei S. Fischer (bis 1927) arrivierte und junge Schriftsteller. Er gab, als einer der ersten Autoren, der Dichtung ein Forum im Hörfunk (ab 1925), bis die Nationalsozialisten seine Sendungen verboten (1933). 1941 trat er die Nachfolge seines Freundes Oskar Loerke als Cheflektor beim S. Fischer Verlag an und führte das – wegen seines jüdischen Besitzers in Suhrkamp Verlag umbenannte – Unternehmen nach Peter Suhrkamps Einlieferung ins Konzentrationslager fort. Zwischen 1953 und 1963 leitete er als Präsident die Deutsche Akademie für Sprache und Dichtung in Darmstadt. Er bewegte im literarischen Leben viel, und sein Roman *Die Stadt hinter dem Strom* (1947) gehörte zu den bekanntesten deutschen Erzählwerken der Nachkriegsjahre.

Die Klage im Gedicht richtet sich also auf etwas anderes als auf ein beruflich-literarisches Versagen. Ist es das Versagen eines Publikums, dem er sich vergeblich mitzuteilen versuchte? Kaum. Es ist vielmehr der Weltzustand, der die innere Stimme des Dichters, den tieferen Sinn des Dichterworts ins Leere gehen lässt, »Vermächtnis« ins »Schattenreich verbannt«.

In eine genauere Beschreibung dieses Weltzustandes lässt sich das Gedicht nicht ein. Doch hinter den Andeutungen kann man die Zeiterlebnisse des Autors vermuten: die Erfahrungen des Lebens unter der Willkürherrschaft, im Chaos, im Labyrinth. Am 30.11.1948 schrieb Kasack an seinen Sohn Wolfgang: »Für eine neue Erzählung fiel mir der Titel ein, der zugleich [...] das Stoffgebiet ahnen lässt: ›Das Labyrinth‹. Darin bewegt sich ja die Zeit, und der labyrinthische Bau um unsere Existenz wächst und lässt den Ausgang nicht mehr finden.« (Der Roman erschien 1952 dann unter dem Titel *Das große Netz*.)

Aber unübersehbar im Gedicht ist ein religiöser Horizont. Das Bild vom Schlag auf die Steine verweist eindeutig auf die Bibel, auf den Stab, mit dem Moses Wasser aus dem Felsen schlug, und leiht damit der Dichtung eine sakrale Aura. So wird die Klage des Schlussverses, »Gottes Welt in Menschenhand«, doppelsinnig: Die Schöpfung Gottes ist unter die Räuber, die Mörder, die Tyrannen gefallen; aber die Welt ist auch abgefallen von Gott.

Selbstgericht

Reinhold Schneider (1903–1958): Entfremdet ist das Volk mir ... – Albrecht Haushofer (1903–1945): Schuld

Einige der Autoren, die dem Hitlerregime den Beifall versagt, aber das Land nicht verlassen hatten, erhoben nach dem Krieg in ihren Angriffen auf Exilschriftsteller die Literatur der sogenannten »Inneren Emigration« zur Literatur des »besseren« Deutschlands. Auf solche Anmaßung antwortete Thomas Mann mit einem *Offenen Brief* an Walter von Molo (28.9.1945) seinerseits mit berechtigter Schärfe, aber auch mit Überspitzung; er verdächtigte alle Literatur, die in der Zeit des »Dritten Reichs« gedruckt werden konnte, sie habe zur Beschönigung der Verkommenheit und des Verbrechens beigetragen.

Wahr ist, dass auch einige »unerwünschte« Autoren durch Kontrollen schlüpfen konnten (der Münchner Piper Verlag druckte zwischen 1933 und 1944 vierzehn Werke solcher Autoren), dass aber entschieden oppositionelle Bücher die Zensur nicht hätten passieren können. Reinhold Schneiders Sonette erschienen 1941 als Privatdruck.

Schneider gehörte zu den Repräsentanten des religiösen Widerstands. Er war befreundet mit Jürgen Klepper, dessen geistliche, die Bibel auslegende Lieder (*Kyrie*) in der »Bekennenden Kirche«, der in den inneren Widerstand gegangenen protestantischen Kirche, gesungen wurden. Nach der Rückwendung zur Konfession seiner Mutter wurde Schneider zum Mittelpunkt des inneren katholischen Widerstands. Er erhielt 1940 Schreibverbot, veröffentlichte aber 1944 den Auswahlband *Das Gottesreich in der Zeit* und wurde 1945 wegen angeblicher Vorbereitung zum Hochverrat angeklagt. Nur der Zusammenbruch des »Dritten Reichs« rettete ihn vor dem Prozess.

Sicherlich hoffte Reinhold Schneider, den Widerstandswillen der Widerstandswilligen schärfen zu können. Dass er in den Köpfen der Machthaber und ihrer Mitläufer etwas bewegen könne, glaubte er wohl nicht. Von schmerzlicher Klarsicht und voll Trauer sind seine Sonette aus der Zeit des Naziterrors und der Verblendung des Volkes. Weit entfernt bleibt das Sonett *Entfremdet ist das Volk mir ...* von der Zufriedenheit des Widerstandskämpfers mit sich selbst.

>   Entfremdet ist das Volk mir, nur sein Leiden
>   Bedrängt mich nachts, und furchtbar drückt die Not,
>   Daß ich nicht spreche nach des Herrn Gebot
>   Und schweigend seh das Heilige verscheiden.
>
>   Ob aller Augen sich am Glanze weiden,
>   Seh ich die Nacht, das Unheil und den Tod,
>   Und wie der Untergang im Siege droht
>   Und sich in falschen Ruhm Verderber kleiden.
>
>   Verkehrt sind alle Zeichen, stumm die Dichter.
>   Es bannt das Wort nicht mehr die Todesmächte,
>   Die deine Seele, Volk, in Fesseln schlagen.
>
>   Mein Volk, mein Volk, wie wird der ewige Richter
>   Dereinst uns wägen nach dem ewigen Rechte,
>   Wenn er nicht zählte, was wir stumm getragen!

Der Vers »Daß ich nicht spreche nach des Herrn Gebot« verweist auf das Dilemma des Schriftstellers Schneider, auf seine Gewissensnot. Nur wenige Gedichte reflektieren so klar die Situation des oppositionellen Schriftstellers in der Inneren Emigration: Das Wort, das gesagt werden müsste, nicht zu wagen oder nicht sagen zu dürfen – so oder so Schuld auf sich zu laden.

Ganz beherrscht von der Schuldfrage wird das Sonett von Albrecht Haushofer.

Wie Gottfried Benn diente sich Haushofer zunächst dem Hitlerregime an und entschloss sich dann zur Abkehr, vollzog aber die Kehre in ganz anderer Weise als Benn durch die Tat. Der Lyriker und Autor klassizistischer Geschichtsdramen lehrte seit 1940 als Professor für politische Geographie in Berlin, war zeitweise Berater von Hitlers Stellvertreter Rudolf Heß und von Hitlers Außenminister von Ribbentrop. Er sammelte jedoch in Berlin um sich einen Kreis Oppositioneller, wurde 1941 zum ersten Mal verhaftet und des Amtes enthoben. Er nahm Verbindung zur Widerstandsbewegung der Offiziere und Bürgerlichen auf, nach dem Attentat vom 20. Juli 1944 verhaftete man ihn erneut. Kurz vor dem Einmarsch der sowjetischen Armee in Berlin erschoss ihn ein Rollkommando der SS vor dem Moabiter Gefängnis. Nach der Befreiung fand sein Bruder ein

Manuskript mit Gedichten, die als die *Moabiter Sonette* (1946) großen Widerhall fanden. Das Gedicht *Schuld* zählt zu ihnen.

> Schuld
>
> Ich trage leicht an dem, was das Gericht
> mir Schuld benennen wird: an Plan und Sorgen.
> Verbrecher wär' ich, hätt' ich für das Morgen
> des Volkes nicht geplant aus eigner Pflicht.
>
> Doch schuldig bin ich anders als ihr denkt,
> ich mußte früher meine Pflicht erkennen,
> ich mußte schärfer Unheil Unheil nennen –
> mein Urteil hab ich viel zu lang gelenkt ...
>
> Ich klage mich in meinem Herzen an:
> Ich habe mein Gewissen lang betrogen,
> ich hab mich selbst und andere belogen –
>
> ich kannte früh des Jammers ganze Bahn –
> ich hab gewarnt – nicht hart genug und klar!
> Und heute weiß ich, was ich schuldig war ...

Das Gedicht bezieht sich zunächst auf den berüchtigten »Volksgerichtshof« unter dem Blutrichter Roland Freisler. Dessen Anklage belastet Haushofers Gewissen nicht, die Erwartung des Prozesses, des Urteils und der Vollstreckung nicht sein Bewusstsein. Haushofer stellt sich vor die Schranke des inneren Gerichts. Und die Begründung für das vernichtende Selbsturteil läuft immer wieder hinaus auf ein »Zu spät!«

Die metrisch strenge Form des Sonetts ist für die unerbittliche Selbstbefragung eine besonders angemessene Ausdrucksform. Dennoch bleibt beiden Autoren in diesem Fall das Problem ästhetischer Vollkommenheit wohl sekundär. Die beiden Sonette sind vielmehr Beispiele für die hohen moralischen Ansprüche von Dichtern des Widerstands an sich selbst.

Begegnung mit dem künftigen Henker

Gertrud Kolmar (Gertrud Chodziesner, 1894–1943): Ludwig XVI., 1775

Das Gedicht konfrontiert zwei historische Gestalten miteinander, den auf einem Höhepunkt seines Lebens stehenden letzten französischen König vor der Großen Revolution, und einen noch unbekannten »Schüler aus Arras«, Ludwigs späteren großen Widersacher Robespierre. Gertrud Kolmar lässt beide nach der Krönung des Königs in Reims aufeinander treffen, während der Feier im Collège Louis-le-Grand zu Paris, wo der junge Advokatensohn aus Arras erzogen wurde.

LUDWIG XVI., 1775

Der neue Herrscher wird in Reims gekrönt.
Die Glocken läuten. Ein Gefangner stöhnt.

Und Kutschen rollen nach Paris zurück.
Die Hohe Schule wünscht in Ehrfurcht Glück.

Die Knaben singen; ein Erkorner spricht
Begrüßend sein lateinisches Gedicht,

Ein Stipendiat, der, dürftig und verwaist,
An Königs Freitisch Brot und Bildung speist,

Mit fahlem, starrem Auge, blasser Stirn.
Der Große duldets; seine Blicke irrn

Und ruhen träge aus beim letzten Satz.
Er greift ein huldreich Wort aus seinem Schatz,

Sieht an, wirft hin und schiebt mit lässigem Schuh
Dem schüchtern Wartenden den Brocken zu.

Die Lehrer dienern vor und ziehn gewandt
Das Lob, die Gabe, aus des Jünglings Hand,

Des scheuer Name weder tönt noch blinkt
Und morgen flügellos in Alltag sinkt.

»... ein Schüler aus Arras.« Der Herrscher führt
Die Rechte unbewußt zum Nacken, spürt –

Nichts. Das ist Märchen. Nein. Er hört und nickt
Gleichgültig-gnädig, lächelt ungeschickt:

Ein Mensch mit friedlich dumpfendem Gesicht.
Man nennt ihn König. Seher ward er nicht.

Das Gedicht steht in Reimpaarstrophen, einer zumal in der Ballade beliebten strophischen Form, vertraut vor allem aus Heines *Belsatzar*. Und es ist eine ›Historie‹ Heines, *Karl I.*, die für Gertrud Kolmars Gedicht ihre Patenschaft anmelden kann. Dort eine ähnliche Situation: Der englische König Karl I. erkennt an der Wiege eines Köhlerkindes mit visionärem Blick seinen späteren Henker: »die greisen / Haarlocken schneidest du ab zuvor – / Im Nacken klirrt mir das Eisen.«

Beide Male, 1649 wie 1793, wird eine Revolution ihr Urteil an Königen vollstrecken. Und ist Robespierre Ludwigs XVI. Henker auch nicht in realem, so ist er es doch in allgemeinerem Sinne: Er stellt im Januar 1793 im Konvent den Antrag auf die sofortige Hinrichtung des Königs.

Nicht ausschließlich beherrscht die Konfrontation der beiden künftigen Gegner das Gedicht Gertrud Kolmars. Wenigstens Schlaglichter fallen auf die politische Situation und die des verwaisten Schülers: auf die Gefangenen im Kerker, auf die Lehrer der »Hohen Schule«, die das königliche Lob für den Stipendiaten beflissen auf sich selbst ableiten, auf die Rückkehr in den Erziehungsalltag und die Anonymität. Nur die Erscheinung Robespierres – »Mit fahlem, starrem Auge, blasser Stirn« – verweist schon auf den späteren Jakobiner, den Fanatiker der Tugend, dem man den Beinamen »Der Unbestechliche« gab.

An Heines Romanze *Karl I.* unmittelbar, an das »Eisen« im »Nacken«, erinnert eine Gebärde Ludwigs: »Der Herrscher führt / Die Rechte unbewußt zum Nacken«. Doch die Gabe der visionären Schau, die in der Romanze Karl Stuart besitzt (mit dem, wie Heine an anderer Stelle sagt, »die Herrlichkeit des Königtums« dahingegangen sei), fehlt dem Bourbonen, einem Herrscher, dem die Geschichtsschreibung Ehrenhaftigkeit, aber Regierungsschwäche bescheinigt – die Dichterin fasst die Charakteristik im Adjektiv »friedlich« und in der Wortneubildung »dumpfend« zusammen. Die für den Bruchteil eines Augenblicks aufblitzende Ahnung vom Tod unter der Guillotine erlischt sofort wieder.

Ist Ludwig für das kommende Unheil blind, so blieb es die Dichterin, die Berliner Jüdin, die 1943 in ein Konzentrationslager deportiert wurde und dort ums Leben kam, nicht. Es sei uns fern, Hitlerdiktatur und Französische Revolution, deren vorübergehender Schreckensherrschaft wegen, gleichzusetzen. Dennoch hat es den Anschein, dass Gertrud Kolmar in der Situation des französischen Königs die eigene verschlüsselt. Und ihr Zukunftswissen war ein anderes, war eben gerade von »seherischer« Art. Als die Verschleppung der Juden schon anderthalb Jahre andauerte, im Oktober 1941, schrieb Gertrud Kolmar an eine Verwandte: »Glaube mir, daß ich, was auch kommen mag, nicht unglücklich, nicht verzweifelt sein werde, weil ich weiß, daß ich den Weg gehe, der mir von innen bestimmt ist ... So viele von uns sind ihn, die Jahrhunderte hindurch, gewandert, warum sollte ich anders gehen wollen als sie!«

Es steht uns nicht zu, über Gertrud Kolmars Einverständnis mit der jahrhundertelangen Leidensgeschichte und Leidensfähigkeit des jüdischen Volkes zu richten. Aber es fällt uns schwer, den Weg in die Vernichtungslager als einen Weg zu sehen, der den Juden »von innen her bestimmt« gewesen sei. Das Monströse des Holocaust lässt sich aus keinen historischen Erfahrungen begründen und darf auch von keiner Leidensmystik hingenommen werden. Wer heute Gertrud Kolmars Brief als eine heimliche Ergänzung zum Gedicht liest, kann es nicht ohne inneren Protest tun.

Die Dinge mystisch bannen durch das Wort

Gottfried Benn (1886–1956): Gedichte

Gedichte

Im Namen dessen, der die Stunden spendet,
im Schicksal des Geschlechts, dem du gehört,
hast du fraglosen Aug's den Blick gewendet
in eine Stunde, die den Blick zerstört,
die Dinge dringen kalt in die Gesichte
und reißen sich der alten Bindung fort,
es gibt nur ein Begegnen: im Gedichte
die Dinge mystisch bannen durch das Wort.

Am Steingeröll der großen Weltruine,
dem Ölberg, wo die tiefste Seele litt,
vorbei am Posilipp der Anjouine,
dem Stauferblut und ihrem Racheschritt:
ein neues Kreuz, ein neues Hochgerichte,
doch eine Stätte ohne Blut und Strang,
sie schwört in Strophen, urteilt im Gedichte,
die Spindeln drehen still: die Parze sang.

Im Namen dessen, der die Stunden spendet,
erahnbar nur, wenn er vorüberzieht
an einem Schatten, der das Jahr vollendet,
doch unausdeutbar bleibt das Stundenlied –
ein Jahr am Steingeröll der Weltgeschichte,
Geröll der Himmel und Geröll der Macht,
und nun die Stunde, deine: im Gedichte
das Selbstgespräch des Leides und der Nacht.

Immer wieder wird das Lesen von Gedichten abenteuerlich dadurch, dass ich beim Eindringen in den Text an eine Stelle komme, wo plötzlich die Fangarme des Gedichtes zupacken, um mich nun nicht mehr freizugeben. In diesem Gedicht von Benn geschah es am Ende der ersten Strophe: »im Gedichte / die Dinge mystisch bannen durch das Wort«. Es war eine Reminiszenz, die mich elektrisierte, die Erinnerung an Eichendorffs Vierzeiler *Wünschelrute*: »Schläft ein Lied in allen Dingen, / Die da träumen fort und fort, / Und die Welt hebt an zu singen, / Triffst du nur das Zauberwort.« Eichendorff deutet einen mystischen Zusammenhang zwischen dem Kern der Dinge und der dichterischen Sprache an: Der Dichtermagier hebt ins Lied, was in den Dingen noch verborgen ist, noch ungeweckt.

Spricht Benn von einer ähnlichen mystischen Erweckung? Genaues Lesen lässt der Vermutung keine Chance. Es ist ja etwas Zerstörerisches, Kaltes, Bindung und Ordnung Zersprengendes, dem das Gedicht begegnet. Und nun zeigt sich, wie sehr frühere Textvarianten das Verständnis des Gedichtes klären helfen. In der ursprünglichen Fassung hieß es: »Es gibt nur eine Abwehr: im Gedichte / die Dinge mystisch bannen durch das Wort.« Das Gedicht stellt sich also der Erfahrungswelt entgegen; es ist nicht Wünschelrute, sondern Zauberspruch, der den bösen Zauber der Dinge bannt, unschädlich macht.

Der Text gehört zur Gruppe der sogenannten *Biographischen Gedichte* Benns. Entstanden ist er 1941, im dritten Kriegsjahr. Und die Kriegserfahrung war nicht dazu angetan, Benns Deutung der Weltgeschichte als eines Zerstörungsprozesses zu erschüttern. Auch unser Gedicht stellt den Zeitenlauf als ruinös (»Steingeröll« der »Weltruine«) und als Leidensgeschichte dar. Große Beispiele werden genannt: der betende Christus, an dem der Kelch nicht vorübergehen wird, dem die Passion bevorsteht; und Konradin, der letzte Staufer, der auf Befehl Karls von Anjou 1268 in Neapel enthauptet wurde. Wo aber das Gedicht sein Urteil spricht, fließt kein Blut, würgt kein Strang; sein »Gericht« ist Schicksalsgesang.

Gott wird bei der Berufung auf den Namen dessen, der »die Stunden spendet«, nicht benannt, weil er nur »erahnbar« und sein »Stundenlied« unausdeutbar bleibt – dem bloßen »Geröll« der Weltgeschichte, der Machtherrschaft und der Transzendenz ist kein Sinn abzulesen. Wieder erweist sich eine frühere Textstufe als hilfreich: »Kein Himmelstrost, / kein Trost aus der Geschichte, / Die Unschuld fällt, der Mord ergreift die Macht ...«

Und diesem Zustand setzt die Vorfassung des Textes die »Tröstung« im Gedicht entgegen, die »Biographie des Leides und der Nacht«. In der endgültigen Textgestalt, im »Selbstgespräch des Leides und der Nacht«, grenzt sich aber das Gedicht selbstsicherer von der Lebenswelt ab. Gegen das geschichtliche Dasein setzt sich das ästhetische autonom. Sogar die Trost-Funktion wird von der endgültigen Textfassung preisgegeben. Nur noch Monolog ist das Gedicht. Die Eichendorff-Reminiszenz war also eine Fehlzündung, doch erhellt sie Benns Gedicht. Es ist nicht die Sprache der Dinge selbst, die das Gedicht entbindet; das tiefe sympathetische Einverständnis des Lieds mit der Schöpfung ist bei Benn längst verloren gegangen. Das dichterische Wort bannt die Dinge, indem es sie unwesentlich werden lässt. Diese Gegenkraft des Gedichts aber bleibt Zauberkraft wie bei Eichendorffs Lied, und etwas von ihr wird erlebbar in der Form dieses Bennschen Gedichts, in der Musik der Reime und Wiederholungen, in dem Vers- und Satzschranken unterlaufenden Rhythmus, der auf die Gegenwendung am Strophenende hinlenkt, in dem Facettenreichtum der Schlüsselbilder und dem fremdartigen Reiz des »Südworts« (wie »Posilipp der Anjouine«), der Bennschen Droge.

Exildichtung

Hilferuf

Else Lasker-Schüler (1869–1945): Mein blaues Klavier

Als die Lyrikerin das Gedicht *Mein blaues Klavier* schrieb, in der ersten Zeit des Zürcher Exils (vor 1936, veröffentlicht wurden die Verse erstmals 1937 in einer Pariser Exilantenzeitung), lagen ihre Ehen mit dem Arzt Dr. Lasker und dem späteren Herausgeber des *Sturm*, Herwarth Walden (Georg Levin), auch ihre Liebe zu Gottfried Benn längst hinter ihr. Nach mehreren Palästina-Reisen blieb sie, von 1939 an, für immer in Jerusalem; aber nicht abschütteln ließ sich das Heimweh. Sie starb im Januar 1945. Kein Abglanz von der Farbigkeit eines einmal bohemehaften Lebens fiel in ihre letzten Jahre.

Vom Verlust sprechen schon diese Verse aus der Frühzeit des Exils:

> ### Mein blaues Klavier
>
> Ich habe zu Hause ein blaues Klavier
> Und kenne doch keine Note.
>
> Es steht im Dunkel der Kellertür,
> Seitdem die Welt verrohte.
>
> Es spielen Sternenhände vier
> – Die Mondfrau sang im Boote –
> Nun tanzen die Ratten im Geklirr.
>
> Zerbrochen ist die Klaviatür .....
> Ich beweine die blaue Tote.
>
> Ach liebe Engel öffnet mir
> – Ich aß vom bitteren Brote –
> Mir lebend schon die Himmelstür –
> Auch wider dem Verbote.

Das Präsens des Satzes »Ich habe zu Hause ein blaues Klavier« ist ein nur verhülltes Präteritum. Das stellt die vierte Zeile klar; und mit der Verrohung der Welt kann nur die Gewalt des Hitlerregimes gemeint sein, vor der die Jüdin aus ihrem Haus entfliehen musste.

Ein blaues Klavier? Wir kennen aus expressionistischer Kunst und Dichtung die scheinbare Beliebigkeit der Farbe, ihre Chiffrenhaftigkeit (Franz Marcs *Die blauen Pferde*, Georg Trakls Vorliebe für die Farbmetapher Blau oder Gottfried Benns Erhebung des Blau zum »Südwort« schlechthin). Auch in der Wunderwelt der Lyrik Else Lasker-Schülers kann die Farbe Blau für ein Instrument, das schwarz oder braun zu sein pflegt, nicht überraschen. Aber das Zürcher Tagebuch der Dichterin gibt einen konkreten Hinweis: »Ich besitze alle meine Spielsachen von früher noch, auch mein blaues Puppenklavier.«

Nun wird der zweite Vers verständlicher. Dieses Instrument ist nicht zum musikalischen Gebrauch bestimmt, es ist ein Gegenstand, an dem die Erinnerungen kristallisieren, ein Symbol für Kindheit und Heimat. Dass es ins Kellerdunkel verbannt ist, deutet den gewaltsamen Riss zwischen Gegenwart und Vergangenheit an.

Mit der dritten Strophe erobert wieder jene poetische Welt aus Märchen, Privatmythen und Rollenspiel das Gedicht, die eine Dichterin berühmt machte, die sich als Prinz von Theben, Tino von Bagdad oder Joseph von Ägypten maskierte. Und dieser Poetisierung entspricht das Artistische in der lyrischen Form des Textes. Auf den Pfeilern von nur zwei Reimen (-ier und -ote) ruht die Architektur des Versgebildes. Unreine Reime leistet sich die Dichtung seit jeher; aber das fröhliche Eingeständnis des Reimzwangs im schalkhaften Wort »Klaviatür« wird doch Signal einer Verspieltheit, die ein Gegengewicht zu den Erfahrungen in der verrohten Wirklichkeit schafft.

Andererseits sind »Sternenhände« und »Mondfrau« Märchenrequisiten, gegen die das Bild der tanzenden Ratten gesetzt ist – die Zeiterfahrungen bleiben unvergessen. Das blaue Klavier, zunächst in Dunkelheit gestoßen, dann zerbrochen, erscheint nun als Tote und weist so hinüber zur Himmelsbildlichkeit. Was in der Schlussstrophe erbeten wird, ist nichts Geringeres als das Paradies schon zu Lebzeiten, also die Aufhebung eines göttlichen Gebots oder Verbots für die Einlasssuchende, eine ihrer Herkunft wegen von Verboten Umstellte und Verfolgte. Mit Selbstmordgedanken hat solcher Wunsch nichts zu tun.

Dieses Gedicht sucht beim Leser aus der Situation einer Verfolgten und Vertriebenen weder Mitleidskapital noch den Funken des Zorns zu schlagen. Mit dem poetischen Maskenspiel bringt die Dichterin den Leser zu sich selbst in Distanz. Auch hier noch macht sie von den Freiheiten dichterischer Phantasie Gebrauch. Und doch schlägt durch das Spiel der Bilder und Reime die Bitternis des Leidens durch. So wird der Schluss des Gedichts, die scheinbar kindliche Bitte am Himmelstor, zum Hilferuf.

Atemholen auf der Flucht

Bertolt Brecht (1898–1956): Zufluchtsstätte

ZUFLUCHTSSTÄTTE

Ein Ruder liegt auf dem Dach. Ein mittlerer Wind
Wird das Stroh nicht wegtragen.
Im Hof für die Schaukel der Kinder sind
Pfähle eingeschlagen.
Die Post kommt zweimal hin
Wo die Briefe willkommen wären.
Den Sund herunter kommen die Fähren.
Das Haus hat vier Türen, daraus zu fliehn.

Während des dänischen Exils auf der Insel Fünen bewohnte Brecht zwischen 1933 und 1939 ein Haus in Skovbostrand bei Svendborg. In wenigen Sätzen werden die Grundverhältnisse der Zufluchtsstätte umrissen. Das Ruder auf dem Strohdach kennzeichnet von vornherein das Domizil als eine nur bedingt sichere Wohnstätte – ein stärkerer Wind oder gar ein Sturm könnte das Dach wegreißen. So wissen wir von Anfang an: Der Bewohner hält sich die Gefährdetheit des Daseins in diesem Haus bewusst. Dennoch richtet er sich nach den Bedürfnissen der Familie ein, davon zeugen die Pfähle der Kinderschaukel. Mit der Fürsorge für die Kinder wird dem Zukunftsoptimismus ein kleiner Spielraum gewährt. Die Reflexion allerdings – »Wo die Briefe willkommen wären« – deutet auf einen Anflug von Resignation und die Isolation des Emigranten. Immerhin, diese Isolation ist keine Gefangenschaft, Ortswechsel sind möglich; diese Gewissheit verschafft der Anblick der Fähren.

Selbst die Vorläufigkeit der Zuflucht erlaubt das Atemholen (und dem Dichter Brecht, wie wir wissen, Zeit zur Arbeit an bedeutenden literarischen Werken). Lebensmut und Lebensfreude keimen auf. Das spiegelt sich im Mut zur Schönheit der lyrischen Form. In einem anderen Gedicht der dänischen Exilzeit, *Schlechte Zeit für Lyrik*, versagt sich Brecht, vom »Entsetzen« über die Reden Hitlers zum Schreibtisch gedrängt, den lyrischen Schmuck: »In meinem Lied ein Reim / Käme mir fast vor wie Übermut.« In den Versen über die Zufluchtsstätte binden Reime die Zeilen in lockerer Weise: der Kreuzreim im ersten, der umarmende Reim im zweiten Teil des Achtzeilers. Allerdings hindern leichte rhythmische Sperren, das Zusammentreffen zweier Hebungen in »wegtragen« und »... sind Pfähle«, den Leser daran, sich in eine Idylle einzuwiegen.

Denn welche Freiheit ist es, die erhalten blieb? Die Schlusszeile stellt es ernüchternd klar: die scheinbare Freiheit des Gejagten. »Das Haus hat vier Türen, daraus zu fliehn.« Türen sind dazu da, dass man eintreten und hinausgehen, Gäste empfangen kann. Fluchtgänge baut sich das Tier, das immer auf tödliche

Bedrohung gefasst sein muss. Wo ein Wohnhaus zur Flucht eingerichtet ist, ist auch der Bewohner, der Mensch, einem humanen Dasein entfremdet. Dieses Haus ist eine Zufluchtsstätte ohne Geborgenheit, eine Durchgangsstätte des Flüchtlings.

In buchstäblicherem Sinne, als Brecht bei der Niederschrift des Gedichts ahnen konnte, verwiesen die »vier Türen« auf vier weitere Fluchtwege des Exilierten. Im Frühjahr 1939, als ein Krieg immer wahrscheinlicher wurde, siedelte er nach Schweden über, ein Jahr später nach Finnland. Dass er wiederum ein Jahr darauf über Moskau und Wladiwostok nach Amerika, nach Kalifornien auswich, dass er also den politischen Hoffnungen, die er in die Sowjetunion setzte, selbst nicht traute, zählt zu den Widersprüchen in der Haltung dieses Dichters.

Im Gedicht *An die Nachgeborenen* hat Brecht das Verhängnis der Exilierten, den Zwang zur ständigen Wanderschaft, in einem einzigen Satz auf den Punkt gebracht: »öfter als die Schuhe die Länder wechselnd«. Brechts Verse über sein Haus im dänischen Exil greifen weder zum anklägerischen noch zum pathetischen Ton. Sie entwickeln die Situation des Flüchtlings allein aus der konkreten Beschreibung seines Übergangsdomizils. Ich kenne kein Gedicht, das von der Vorläufigkeit der Zufluchtsstätten im 20. Jahrhundert in so lapidarer und bildhaft lyrischer Form spräche wie dieses.

Der verlorene Sohn

Hans Sahl (1902–1993): Charterflug in die Vergangenheit

Nicht für alle verbannten Dichter gab es eine Rückkehr, und manchen führte sie ins Verderben. Der rebellische Humanist Ulrich von Hutten starb 1523 im schweizerischen Exil; Nikodemus Frischlin, zu ruhelosem Wanderleben verurteilt und dann an die württembergische Regierung ausgeliefert, kam bei einem Fluchtversuch 1590 ums Leben. Den jungen Georg Büchner ereilte in Zürich ein früher Tod, doch ein Abschied auf immer war auch für andere der erste Massenaufbruch ins Exil: in der Ära Metternichs. Alle vorherigen Maßstäbe aber sprengte die Verjagung von mehr als zweihundertfünfzig Schriftstellern unter der Hitler-Diktatur, und in anderer Weise griff die Vertreibung an die Wurzel des Daseins. In Verzweiflung und durch Selbstmord endeten Ernst Weiß und Ernst Toller, Carl Einstein, Walter Hasenclever und Walter Benjamin, Kurt Tucholsky und Stefan Zweig, in französischen und amerikanischen Hotelzimmern, im Internierungslager oder an der französisch-spanischen Grenze, im schwedischen und im brasilianischen Zufluchtsort. Opfer der Stalinschen Säuberungsaktionen in der Sowjetunion wurde Ernst Ottwalt; und Georg Hermann, im holländischen Unterschlupf verhaftet, streifte deutschen Boden nur noch einmal im Transportzug, der ihn dem Gastod in Auschwitz entgegenfuhr.

Die schreckliche Bilanz lässt leicht vergessen, was es für manchen Exilierten hieß, sich fürs Überleben zu entscheiden. Hans Sahl, bis 1933 Theater-, Film- und Literaturkritiker in Berlin, hat sich in einer kleinen New Yorker Wohnung zunächst mit Übersetzungsarbeiten durchgeschlagen. Ein späterer Besuch in Berlin wurde zum Anlass des Gedichts.

Charterflug in die Vergangenheit

Als sie zurückkamen aus dem Exil,
drückte man ihnen eine Rose in die
Hand.
Die Motoren schwiegen.
Versöhnung fand statt
auf dem Flugplatz in Tegel.
Die Nachgeborenen begrüßten die
Überlebenden.
Schuldlose entschuldigten sich für
die Schuld ihrer Väter.

Als die Rose verwelkt war, flogen sie
zurück in das Exil ihrer
zweiten, dritten oder vierten Heimat.
Man sprach wieder Englisch.
Getränke verwandelten sich wieder
in drinks.
Als sie sich der Küste von
Long Island näherten,
sahen sie die Schwäne auf der Havel
an sich vorbeiziehen,
und sie weinten.

Er beklagt sich nicht. Den »verlorenen Sohn« – wie er in einem anderen Gedicht selbst sich nennt – empfängt die Heimat mit Takt. Aber ein Schatten fällt auf die freundliche Szene. Für die »Schuld der Väter« entschuldigen sich die Nachgeborenen; so macht es sich die Versöhnung zu leicht. Die Besucher aus dem Exil sind willkommen, sind es auch die zur Heimkehr Entschlossenen? »Die uns durchaus halten wollen, / lieben uns noch mehr, wenn wir / bereits die Rückfahrkarte / vorweisen können«, heißt es in *Befragung des verlorenen Sohnes*.

Der Rückflug ist für Hans Sahl tatsächlich Rückkehr in die »vierte Heimat«, denn über die Stationen Prag, Zürich und Frankreich entkam er 1940 mit einem der letzten Schiffe ins amerikanische Exil. Der jetzt die Küste Amerikas erreicht, ist längst eingebürgert: in den Staat, in die Sprache und in die Lebensgewohnheiten des Landes. Aber nun erst bricht der Schmerz, den der *Charterflug in die Vergangenheit* aufwühlte, an die Oberfläche und erleichtert sich in Tränen. Der Anblick der Küste von Long Island ruft die Erinnerung an Berlin, an den An- oder Abflug über die Havel, und mit ihr eine frühere wieder wach, ein Schlüsselbild der nie verwundenen Trennung: das Bild der Schwäne auf der Havel.

Hier dichtet Sahl das wehmütige Lied des Exils weiter, für das Heinrich Heine unvergessliche Verse vorgab: »Ich hatte einst ein schönes Vaterland ... / Es war ein Traum.« »Dort wob ich meine zarten Reime / Aus Veilchenduft und Mondenschein.« Auch andere Verbannte unseres Jahrhunderts nahmen die Melodie auf, Bertolt Brecht etwa in der elegischen Huldigung an die deutschen Landschaften oder Rose Ausländer in ihren melancholischen Liedern auf die »Grüne Mutter / Bukowina«.

Hans Sahl, inzwischen als Romanautor, Lyriker und Essayist vom deutschen Publikum angenommen, hatte im Jahre 1989, siebenundachtzigjährig, seinen Wohnsitz doch wieder in Deutschland genommen, in Tübingen. Ob es eine wirkliche Heimkehr war, ob der Blick auf den Neckar das Bild der Schwäne auf der Havel verdrängen konnte?

Kain und Abel

Das Gedicht am Rande seiner selbst

Paul Celan (Paul Antschel, 1920–1970): Tübingen, Jänner

> Tübingen, Jänner
>
> Zur Blindheit über-
> redete Augen.
> Ihre – »ein
> Rätsel ist Rein-
> entsprungenes« –, ihre
> Erinnerung an
> schwimmende Hölderlintürme, möwen-
> umschwirrt.
>
> Besuche ertrunkener Schreiner bei
> diesen
> tauchenden Worten:
>
> Käme,
> käme ein Mensch,
> käme ein Mensch zur Welt, heute, mit
> dem Lichtbart der
> Patriarchen: er dürfte,
> spräch er von dieser
> Zeit, er
> dürfte
> nur lallen und lallen,
> immer-, immer-
> zuzu.
>
> (»Pallaksch, Pallaksch.«)

Dieses Gedicht, am Tag nach einem der Besuche Paul Celans in Tübingen im Januar 1961, ein Vierteljahr nach der Verleihung des Georg-Büchner-Preises entstanden, flicht wie kaum ein anderer Text des Lyrikers lebensgeschichtliche Bezüge, literarische Verweise und poetologische Winke ineinander. Es rührt an eine Licht- und zugleich Schattenseite unserer Dichtung, an die Erhabenheit und die unglückliche Existenz des Genies. Und es endet mit dem Eingeständnis von Ohnmacht und dem Einverständnis mit ihr.

An einen der klassischen Eingangssätze unserer Prosaliteratur erinnert der Titel. Der Satz lautet – in der Fassung, die Celan in der Büchnerpreis-Rede zitiert: »Den 20. Jänner ging Lenz durchs Gebirg.« Er eröffnet Büchners Novelle *Lenz*, das erzählerische Protokoll der beginnenden geistigen Zerrüttung des Sturm-und-Drang-Dichters Jakob Michael Reinhold Lenz, den man schließlich im Mai 1792, am letzten Ort seines Elends, morgens tot auf der Straße fand.

Konkreter wird das Motiv der geistigen Umnachtung mit dem Turm, in dem der Schreiner Ernst Zimmer den kranken Hölderlin pflegte – der Plural registriert die Beobachtung des im Wasserspiegel des Neckars verdoppelten, ja vermehrfachten Turms. Das Gedicht schließt mit einem Sonderwort des Turmbewohners, das sowohl Bejahung wie Verneinung bedeuten, Sinn und Gegensinn vereinen und so zu einer Chiffre für den Zustand des kranken Hölderlin werden konnte. Das »Pallaksch. Pallaksch« wird keineswegs dadurch relativiert, dass es in Klammern gesetzt ist. Celan hat diesen Schluss handschriftlich der Typoskriptfassung vom 29. Januar 1961 hinzugefügt. Dem heutigen Leser erscheint das »Wahnwort« (Axel Gellhaus, in: Spuren 24, 1993) auch wie ein geheimes Signalwort für die spätere Bewusstseinskrise des Dichters Celan, den man an einem Tag des Frühjahrs 1970 tot aus der Seine barg.

Der Gedichtanfang übernimmt mit dem Blindheitsmotiv ein altes Attribut der Sängergestalt, ein häufiges Motiv Hölderlins. Doch ist hier Blindheit nicht mehr verhängt, sondern durch Überredung herbeigeführt, also die alte Rolle erst nach Widerstand angenommen worden. Vers drei bis fünf schalten ein Zitat aus Hölderlins Rhein-Hymne ein. Vervollständigt man es, so wird eine andere Einschränkung deutlich. Bei Hölderlin heißt es: »Ein Rätsel ist Reinentsprungenes. Auch / Der Gesang kaum darf es enthüllen.« Die mitschwingende Bedeutung, ein Enthüllungsverbot, greift schon dem Redeverbot der dritten Strophe Celans vor.

Die drei Verse der zweiten Strophe knüpfen an die Hölderlin-Welt an und verschieben sie zugleich ins Surreale: In der folgenden Strophe korrespondiert der »Lichtbart der Patriarchen« wieder mit den Versen der Rhein-Hymne Hölderlins, mit dem Bild vom »Lichtstrahl, der / Dem Neugebornen begegnet.« Doch wird diese Strophe zu einer Antwort Celans an die Tradition: In der Nachfolge der (blinden) Seher und Sänger haben heute weder erhabener Gesang noch Virtuosität und Rhetorik ihren Ort. Es ist die »nachzustotternde Welt, / bei der ich zu Gast / gewesen sein werde«, sagt in einem anderen Gedicht der Autor, dessen Angehörige als Juden Opfer der Vernichtungslager wurden. Celans Poetik eines Gedichts, das »sich am Rande seiner selbst« behauptet (Büchnerpreis-Rede), hat in *Tübingen, Jänner* die für mich schönste, vielschichtigste Gestalt gefunden.

Denn das Gedicht führt selbst auf das Versiegen des Sprachflusses zu. Celan hat hier noch einmal Büchner seine Achtung erwiesen. Er nimmt – in nochmaliger Verknappung des Sprachatems – die Worte auf, mit denen der tief verletzte, gehetzte Woyzeck zur Verzweiflungstat getrieben wird, das »immer-, immerzu«. So scheint durch die Form, mit der Celan seine Poetik des verstummenden Gedichts veranschaulicht, zugleich deren Voraussetzung durch: das Bild der geschundenen menschlichen Kreatur.

Abschiede, Todeswunden

Nelly Sachs (1891–1970): Ihr meine Toten ...

Jeder Mensch hat ›seine‹ Toten, ›sein‹ Gedenken an sie, ›seine‹ Fragen nach dem Erbe, das weiterzugeben ist. Wenn aber eine Autorin, die erst im letzen Augenblick der Judenjagd entgehen und mit ihrer Mutter von Berlin nach Schweden fliehen konnte, um die anderen, um die in den Vernichtungslagern umgekommenen Angehörigen trauert, dann haben Schmerz und Gedenken ein anderes Maß.

>Ihr meine Toten
>Eure Träume sind Waisen geworden
>Nacht hat die Bilder verdeckt
>Fliegend in Chiffren eure Sprache singt
>
>Die Flüchtlingsschar der Gedanken
>eure wandernde Hinterlassenschaft
>bettelt an meinem Strand
>
>Unruhig bin ich
>sehr erschrocken
>den Schatz zu fassen mit kleinem Leben
>
>Selbst Inhaber von Augenblicken
>Herzklopfen Abschieden
>Todeswunden
>wo ist mein Erbe
>
>Salz ist mein Erbe

Die Träume der Toten sind Waisen geworden? Also getrennt von ihrem Ursprung, dem gelebten Leben. So sind die Bilder der Ängste, der Wünsche verloschen. Zu bloßen Zeichen aufgelöst hat sich die Sprache der Toten.
Mit dem Bild der Flüchtlingsschar tauchen assoziativ jüdische Schicksale auf,

die Versuche von Flüchtlingen, in Palästina an Land zu gehen. So auch flehen – als das immaterielle Vermächtnis – die Gedanken der Toten um Aufnahme.

Dieser Hinterlassenschaft glaubt sich das Ich nicht gewachsen. Herzklopfen, Abschiede, Todeswunden – sie alle sind Bilder für die Erschütterung der Existenz (wir wissen von den schweren Bewusstseinskrisen, den Depressionen der Dichterin).

»Mein Erbe« – ist es das Vermächtnis der Toten oder die eigene Hinterlassenschaft? Wohl beides. »Salz« deute ich als eine verkürzte Metapher. »Salz der Erde«? Dürfen wir das Wort im neutestamentlichen Sinne (»Ihr seid das Salz der Erde«, Mt 5, 13) lesen? Ich glaube nicht. Das Erbe, von dem der Schlussvers spricht, ist wohl das »Salz der Tränen«.

So sieht sich die Dichterin als Glied einer Kette. Übermächtig bedrängt sie das Geisteserbe der Toten. Der jüdischen Leidensgeschichte, ihrer Fortdauer, kann die Überlebende nicht entrinnen.

Viersprachig verbrüderte Lieder

Rose Ausländer (1901–1988): Bukowina

Die Bukowina, das ehemalige »Kronland« der österreichisch-ungarischen Monarchie, war das Stammland einer großen Zahl jüdischer Schriftsteller, seine Hauptstadt Czernowitz fast ein »Klein-Prag« am Pruth. In ihren *Erinnerungen* zählt Rose Ausländer sie auf: »Paul Celan, Alfred Margul-Sperber, Immanuel Weißglas, Rose Ausländer, Alfred Kittner, Georg Drozdowski, David Goldfeldt, Alfred Gong, Moses Rosenkranz, Gregor von Rezzori, der bedeutendste jiddische Lyriker Itzig Manger u.a.«. Auch wenn nicht alle diese Namen zu festen Größen unserer Literatur geworden sind, so geben sie doch eine Vorstellung davon, wie sehr in den östlichen Randgebieten die deutsche Kultur gerade im Judentum ihre Anwälte hatte.

Czernowitz in der Bukowina war ein Schmelztiegel der nationalen oder ethnischen Gruppen. Noch einmal Rose Ausländers *Erinnerungen*: Die Einwohner »setzten sich aus Deutschen, Ukrainern, Juden, Rumänen sowie Minderheiten von Polen und Madjaren zusammen. Eine buntschichtige Stadt, in der sich das germanische mit dem slawischen, lateinischen und jüdischen Kulturgut durchdrang.« Dies alles freilich war Vergangenheit, als Rose Ausländer ihr Gedicht schrieb (1976). Der Wechsel in der Staatszugehörigkeit der Stadt von der österreichischen zur rumänischen und dann zur ukrainischen und vor allem die Verfolgung der Juden während der deutschen Besatzungszeit im Zweiten Weltkrieg sind zum Verhängnis für die deutsch-jüdische Kultur in der Bukowina (dem »Buchenland«) geworden.

Das lyrische Werk Rose Ausländers ist durchzogen von den Spuren der Erinnerung, am stärksten aber drängen die Bilder der bukowinischen Heimat ins Gedicht, seitdem die Autorin, nach einer jahrzehntelangen Wanderschaft in Europa und den USA, im Düsseldorfer Nelly-Sachs-Heim eine endgültige Bleibe gefunden hat (1971). In der Verszeile »Immer zurück zum Pruth« klingt das Leitmotiv aller Beschwörungen der Kindheit und Jugend an. »Ein Buchenblatt / Wie aus dem Wald / meiner Heimatstadt / fliegt in mein Zimmer // es kam / mich zu trösten«. Das Gedicht *Bukowina II* sei ganz zitiert:

BUKOWINA II

Landschaft die mich
erfand

wasserarmig
waldhaarig
die Heidelbeerhügel
honigschwarz

Viersprachig verbrüderte
Lieder
in entzweiter Zeit

Aufgelöst
strömen die Jahre
ans verflossene Ufer

Bilder wie »wasserarmig«, »waldhaarig« oder »Heidelbeerhügel« sind Nuancen auf einer reichen Metaphern- und Bilderpalette. »Grüne Mutter / Bukowina / Schmetterlinge im Haar«, heißt es in *Bukowina III*. »Violette Föhrenzapfen / Luftflügel Vögel und Laub // Der Karpathenrücken / väterlich«. Freilich bleibt im Sich-Erinnern doch das Vergangen-Sein bewusst. Am Schluss von *Bukowina II* wird mit den kühnen Bildern des aufgelösten Strömens und des »verflossenen Ufers« das Fließen und Verfließen der Zeit zum Thema.

Nicht aufgehoben ist damit der zentrale Gedanke der vorletzten Versgruppe. Was unverloren bleibt, sind die »Lieder« der Bukowina, in die das Erbe verschiedener Sprachen und Völker eingegangen ist, sind die Zeugnisse der »verbrüderten« Kulturen. So wird in der Erinnerung zugleich eine Utopie sichtbar – eine Utopie jener Art, die – wieder – Wirklichkeit zu werden begehrt.

Dennoch die Hoffnung

Hilde Domin (geb. 1909): Abel steh auf

»Das A und O ist für mich«, sagt Hilde Domin in den Frankfurter Poetik-Vorlesungen (1987/88), »der immer mögliche Neuanfang: die zweite Chance«. Davon spricht auch das Gedicht *Abel steh auf,* das die Autorin als ihr »zentrales Wort« versteht.

Abel steh auf

Abel steh auf
es muß neu gespielt werden
täglich muß es neu gespielt werden
täglich muß die Antwort noch vor uns sein
die Antwort muß ja sein können
wenn du nicht aufstehst Abel
wie soll die Antwort
diese einzig wichtige Antwort
sich je verändern
wir können alle Kirchen schließen
und alle Gesetzbücher abschaffen
in allen Sprachen der Erde
wenn du nur aufstehst
und es rückgängig machst
die erste falsche Antwort
auf die einzige Frage
auf die es ankommt
steh auf
damit Kain sagt
damit er es sagen kann
Ich bin dein Hüter
Bruder
wie sollte ich nicht dein Hüter sein
Täglich steh auf
damit wir es vor uns haben
dies Ja ich bin hier
ich
dein Bruder
Damit die Kinder Abels
sich nicht mehr fürchten
weil Kain nicht Kain wird
Ich schreibe dies

> ich ein Kind Abels
> und fürchte mich täglich
> vor der Antwort
> die Luft in meiner Lunge wird weniger
> wie ich auf die Antwort warte
>
> Abel steh auf
> damit es anders anfängt
> zwischen uns allen
>
> Die Feuer die brennen
> das Feuer das brennt auf der Erde
> soll das Feuer von Abel sein
>
> Und am Schwanz der Raketen
> sollen die Feuer von Abel sein

Das Gedicht nimmt in einem Denkspiel das Geschehen des biblischen Brudermords zurück. Kehrt der erschlagene Abel ins Leben zurück, so erhält Kain eine zweite Chance, nicht der Mörder, sondern der Hüter seines Bruders zu sein. »Rückblickend erkenne ich [...], daß ›Abel steh auf‹ auch die zweite Chance meinte, die ich meinen Landsleuten gab.« Damit bezieht Hilde Domin die biblische Brudermord-Erzählung auf die Shoa, den Holocaust. Die ins Exil getriebene Jüdin, überantwortete ihre deutschen Landsleute nicht der Verdammnis, sondern räumt ihnen die Möglichkeit des Neuanfangs ein.

Im dominikanischen Exil war ihr, so schreibt sie im Essay *Heimat* (*Aber die Hoffnung*, 1982), die deutsche Sprache das »letzte, unabnehmbare Zuhause«, der »Halt«, der die eigene Identität bewahren half. »Der Sprache wegen bin ich auch zurückgekommen.« Ihr war also die deutsche Sprache nicht aussätzig, nicht unberührbar geworden. Und dem bekannten Satz Theodor W. Adornos, dass es nach Auschwitz barbarisch sei, Gedichte zu schreiben, weil alle Kultur nach Auschwitz Müll sei, hat sie energisch widersprochen: »Nein, nicht trotz, sondern wegen Auschwitz waren Gedichte nötig und nötiger denn je.«

Das »Dennoch« und die Hoffnung« sind zwei Lebensdevisen der Dichterin: »Der Mensch, der viel gelitten hat«, heißt es in den Poetik-Vorlesungen, »ist eher geneigt, der Hoffnung Raum zu geben.« Das »Dennoch« und die »Hoffnung« bestimmen auch das Denkspiel des Gedichtes *Abel steh auf*.

Etwas unvermittelt spricht das Gedicht am Ende vom Feuer »auf der Erde« und vom Feuer »am Schwanz der Raketen« und schließt so in sein Thema den Anfang der Raumfahrt mit ein. Das soll doch wohl heißen: Gerade das fortgeschrittene Industriezeitalter, das schreckliche Vernichtungsinstrumente hervorgebracht hat, braucht den wiedererstandenen Abel, die neue Chance Kains, den anderen Anfang »zwischen uns allen«.

Joseph Freiherr von Eichendorff

Erneuerungs- und Warngedicht

Heimkehr ins Leben

Elisabeth Langgässer (1899–1950): Frühling 1946

Wie nur wenige Schriftsteller und Autorinnen hatte Elisabeth Langgässer die Widersprüche und Absurditäten einer Epoche auszuhalten. Tochter eines katholisch getauften Kreisbaurats jüdischer Herkunft, fiel sie im »Dritten Reich« als sogenannte »Halbjüdin« unter die Nürnberger Rassegesetze und erhielt Schreibverbot. Aus ihrer Ehe mit dem Heidegger-Schüler Hoffmann gingen drei Töchter hervor, aber ihr erstgeborenes, uneheliches Kind Cordelia, Tochter des jüdischen Staatsrechtlers Heller, wurde 1944, nach einem schurkischen Ränkespiel der Gestapo, ins Lager Theresienstadt und dann nach Auschwitz deportiert. Erst im Januar 1946 erfuhr Elisabeth Langgässer, dass Cordelia überlebt hatte und in ein schwedisches Sanatorium gerettet worden war. So ist das Frühjahr 1946, selbst in der Trümmerstadt Berlin, für die Dichterin wahrhaft ein Frühling nach langer winterlicher Lebenszeit.

> Frühling 1946
>
> Holde Anemone,
> bist du wieder da
> und erscheinst mit heller Krone
> mir Geschundenem zum Lohne
> wie Nausikaa?
>
> Windbewegtes Bücken,
> Woge, Schaum und Licht!
> Ach, welch sphärisches Entzücken
> nahm dem staubgebeugten Rücken
> endlich sein Gewicht?
>
> Aus dem Reich der Kröte
> steige ich empor,
> unterm Lid noch Plutons Röte
> und des Totenführers Flöte
> gräßlich noch im Ohr.

Sah in Gorgos Auge
eisenharten Glanz,
ausgesprühte Lügenlauge
hört' ich flüstern, daß sie tauge
mich zu töten ganz.

Anemone! Küssen
laß mich dein Gesicht:
Ungespiegelt von den Flüssen
Styx und Lethe, ohne Wissen
um das Nein und Nicht.

Ohne zu verführen,
lebst und bist du da,
still mein Herz zu rühren,
ohne es zu schüren –
Kind Nausikaa!

Die Anemone gehört zu den ersten Blumen, mit denen der Frühling einzieht. Eine Seelen-Irrfahrt hat die Dichterin hinter sich und so kann ihr die Anemone wohl sein, was dem gestrandeten Odysseus die hilfreiche Nausikaa war: die Freundliche und Holde. Die fast schwerelose Bewegung der Anemone im Wind ist Gleichnis für die Befreiung von einer schweren Seelenlast.

Neben dem christlichen Mysterium werden in Elisabeth Langgässers Werk antike Mythen zur wichtigen Bildquelle. Auch in *Frühling 1946* deutet und veranschaulicht die Dichterin ihr Dasein mit Hilfe mythischer Figuren. Wie der Unterwelt entstiegen fühlt sie sich. Die Bilderwelt des Hades, Plutons und des Totenführers, ist nicht hergeholt; 1942 erlitt Elisabeth Langgässer den zweiten Schub einer multiplen Sklerose, die ihren verhältnismäßig frühen Tod herbeiführen sollte. Sie trieb in eine seelisch-körperliche Krise, in der Charons Ruf und der Anblick der grauenvollen Gorgo Umschreibungen einer Drohung waren, die tatsächlich über ihr hing.

Nun aber sind die Schattenbilder, sind der ›Burggraben‹ der Unterwelt (Styx) und der Quell ewigen Vergessens (Lethe) ins Unwirkliche versunken. Kein Nein zum Leben hat jetzt noch über die Dichterin Macht, freilich auch kein Überschwang. Die Anemone und Nausikaa, Boten des Neuanfangs, Bürgen der Gastfreundschaft, werden zu Wegzeichen einer besonnenen Heimkehr ins Leben.

Was trägt die lyrische Gestalt zur Daseinsdeutung bei? Gewiss gibt der Rückgriff auf die Mythologie der ästhetischen Form Halt, doch haben ein größeres Gewicht noch die Strophenform und der durch sie entstehende Rhythmus. Der durchgehende Trochäus, der Beginn aller Verse mit einer Hebung, das sofortige Sprechen mit vollem Einsatz unterstützt hier den Ausdruck einer lebensbejahenden Haltung. Der Aufbau der Strophen prägt den Rhythmus: Zwei dreihebigen und in ihrer Kürze entschlossen wirkenden Versen folgt das Ritardando der beiden vierhebigen, doch setzt der Schlussvers mit seiner Festigkeit (mit einer Betonung beginnend und endend) das retardierende Moment wieder außer Kraft. Dieses rhythmische Grundmuster spiegelt in den Einzelstrophen die Bewegung des Gedichtganzen: den Ausdruck der Gegenwartsfreude, die Wiederbeschwörung einer qualvollen Vergangenheit und deren Überwindung. Und wie um die Erneuerung des Lebensmutes zu bekräftigen, entfällt in der Schlussstrophe mit der Dreihebigkeit aller Verse das rhythmische Ritardando.

Das freundliche Grün

Bertolt Brecht (1898–1956): Die Pappel vom Karlsplatz

Die Pappel vom Karlsplatz

Eine Pappel steht am Karlsplatz
Mitten in der Trümmerstadt Berlin
Und wenn Leute gehn übern Karlsplatz
Sehen sie ihr freundlich Grün.

In dem Winter sechsundvierzig
Fror'n die Menschen, und das Holz war rar
Und es fielen da viele Bäume
Und es wurd ihr letztes Jahr.

Doch die Pappel dort am Karlsplatz
Zeigt uns heute noch ihr grünes Blatt:
Seid bedankt, Anwohner vom Karlsplatz
Daß man sie noch immer hat!

Das Gedicht gehört zur Gruppe der *Kinderlieder* Brechts aus dem Jahre 1950. Solche Umgebung lädt zur Unterschätzung ein. Dabei ist es in der Poesie gerade das Einfache, das schwer zu machen ist. Fürs Kinderlied trifft zu, was auch für neuere Versuche, im Volksliedstil weiterzudichten, gilt. »Die modernen Lieder ›im Volkston‹ sind oft«, meint Brecht, »abschreckende Beispiele, schon ihrer künstlichen Einfachheit wegen. Wo das Volkslied etwas Kompliziertes einfach sagt, sagen die modernen Nachahmer etwas Einfaches (oder Einfältiges) einfach.« Einfältigkeit wäre das Letzte, was sich Brechts poetischem Dank für die Anwohner des Karlsplatzes nachsagen ließe.

Aber die Bedingung des Kinderlieds: uneingeschränkte Verständlichkeit, erfüllt das Gedicht – ohne beflissen in die vermeintliche Kinderpsyche hineinzuschlüpfen. Klar ist der Aufbau; der Dreischritt der Strophen führt aus der Gegenwart in die Vergangenheit, ins erste Nachkriegsjahr, und wieder in die Gegenwart zurück. Fast wirkt die erste Zeile der dritten Strophe, die den Anfangsvers nur wenig abwandelt, wie ein Kehrreim. Der Satzbau meidet Schachtelung; das Bindewort »und« lässt eine Reihe nebengeordneter Sätze entstehen. Die Sprache bleibt leger; keine Lobrede wird hier geschwungen, kein Orden wird verliehen. Gezeigt werden ein uneigennütziges Verhalten und seine segensreichen Folgen. Das Handeln spricht für sich, da darf sich der Dank eher beiläufig anschließen.

Der Dichter macht von den Möglichkeiten der Volksliedstrophe, zumal der metrischen Freiheit in der Füllung der Senkungen, Gebrauch. Nur den Schlussversen der drei Strophen ist, wenn auch kaum merklich, die Ordnung des Trochäus unterlegt, sodass man diese Zeilen etwas langsamer liest. Sie wirken dadurch bedeutungsbeschwert; und tatsächlich wendet sich hier der Gedanke jeweils auf das Entscheidende hin: auf das freundliche Grün, den »Tod« der Bäume in anderen Gegenden, die Rettung des Grüns am Karlsplatz. Nicht verschwiegen sei allerdings, dass ausgerechnet der Schlussvers des Gedichtganzen in Diktion und Bildlichkeit etwas abfällt.

Keine Illustration eines Programms der Ostberliner Staatspartei von 1950 oder der Grünen-Bewegung von heute bietet dieses Gedicht, obwohl es als poetischer Begleittext zu unseren Umwelt-Debatten wie geschaffen scheint. Wie alle bedeutende Kinderlyrik ist auch dieses Gedicht für die Weltsicht der Erwachsenen offen. Es entfaltet einen sehr anschaulichen Beispielfall und erlaubt eine Deutung auf verschiedenen Stufen. Grundsätzlich erkennt das Gedicht dem Wohlgefallen Vorrang vor dem Nutzen zu.

Den Verzicht auf das Fällen eines Baums zur Notzeit, so wird demonstriert, belohnt die fortdauernde Freude am lebendigen Grün, an der Naturschönheit. Sinnliches Wohlgefallen ohne Besitzenwollen, ohne »Begehren« aber – das zu wissen, muss man nicht unbedingt Kants *Kritik der Urteilskraft* gelesen haben – hat immer auch eine ästhetische Seite. Im dritten der *Kinderlieder 1950*, im Gedicht *Die Vögel warten im Winter vor dem Fenster*, erhalten die »um eine kleine Spende« bittenden Vögel ihr Futter: der Sperling, weil er im Sommer mit seinem Warnruf den Raben aus dem Saatbett vertreiben half, der Buntspecht, weil er Ungeziefer aufpickte, aber auch die Amsel, die den ganzen Sommer lang nur sang. Auch hier also ein Plädoyer für ein Erfreuen, das sich nicht durch seine Nützlichkeit rechtfertigen muss. Lässt sich die Schlussstrophe dieses Gedichts als ein Gleichnis für das unbedingte Daseinsrecht der Kunst ohne Auftrag lesen, so *Die Pappel vom Karlsplatz* als gleichnishafte Ermunterung, das Schöne (und damit auch die Kunst) über die existenziellen Schiffbrüche hinweg zu retten.

Ebenfalls im Jahr 1950 sinniert Gottfried Benn, in Versen unter dem Titel *Was meinte Luther mit dem Apfelbaum?*, über die legendäre Antwort Luthers auf die Frage, was er angesichts des nahen Weltuntergangs tun würde. Das »Pflanzen eines Apfelbaums« ist zum Symbol einer Haltung des Dennoch, der Hoffnung geworden. Brechts Gedicht rückt uns noch näher. Auf die Zukunft setzt schon, wer einen Baum stehen lässt, ihn bewahrt gegen das Kalkül der raschen Verwertbarkeit.

Lebensbühne

Marie Luise Kaschnitz (1901–1974): Gleichzeitig

Zur Zeit des Expressionismus entwickelte sich in der Großstadtlyrik ein Gedichttypus, der die Vielfalt gleichzeitiger Eindrücke in den modernen Metropolen wiederzugeben versuchte: das ›Simultangedicht‹. Da aber Sprache nur als Abfolge von Zeichen gelesen werden kann, also an das Gesetz des Nacheinander gebunden bleibt, konnte das Simultangedicht der Gleichzeitigkeit von Wahrnehmungen allenfalls durch die Reihung dissonanter, abgerissener Bilder gerecht werden. Der Eindruck von Simultanität ließ sich nur durch die Hektik in der Abfolge der Wahrnehmungselemente bewahren.

In Marie Luise Kaschnitz' Gedicht *Gleichzeitig* geht es nicht um Großstadterfahrungen und um die Wiedergabe einer scheinbar atomisierten Wirklichkeit.

Gleichzeitig

Über den Hof werden Särge getragen
Auf dem Hof radeln Kinder
Äste riesige brechen aus den Linden
Stürzen hinab in den Hof
Ein toter Soldat liegt auf dem Hof unterm Schnee
Brautpaare werden am Brunnen fotografiert
Trümmerschutt fällt auf den Hof
Ein Schimmelkopf zeigt sich im Fenster
Aus der Waschküche quellen Schwaden
Nackte Sohlen stampfen den Wein
Motorenlärm Geknatter von Traktoren
Alles gleichzeitig
Unter dem kupfernen Laub
Blühen Tulpen Narzissen
Und die Kinder auf ihren Rädern
Durchfahren die Toten leichthin.

»Hof« und »Traktoren« lokalisieren die Vorgänge des Gedichts in einer ländlichen Gegend; man darf als auslösendes Moment Impressionen auf dem Familiengut Bollschweil (bei Freiburg i.Br.), einem beliebten Aufenthaltsort der Dichterin, vermuten. Und im Gegensatz zum Simultangedicht des Expressionismus sammelt dieser Text nicht, was während eines Tagesmoments verstreut auf die Netzhaut der Sinne fällt. »Gleichzeitigkeit« meint hier das unmittelbare Nebeneinander verschiedener Phasen des Daseins und der Geschichte auf einer Lebensbühne.

Am Anfang treten die Boten des Todes auf: Särge. Zugleich aber bewegen sich radelnde Kinder über den Hof, sodass Symbole des Lebensendes und des Lebensanfangs sich kreuzen. Unter der Spannung von Tod und Lebensfrühe – nicht von Geburt und Sterben – entfaltet sich das Gedicht: Alles Leben steht unter dem Damoklesschwert des Todes. Die von den Lindenbäumen abbrechenden Äste vermelden das Absterben in der Natur. Mit der Leiche des Soldaten, die unter dem Schnee »überwintert« hat, also von der Vergangenheit der Gegenwart übergeben wird, kommt Geschichte ins Bild. Dass man sich den Krieg, dessen Opfer der Soldat war, als den Zweiten Weltkrieg denkt, liegt nahe angesichts der Wucht, mit der sich Erlebnis und Erleiden dieser Zeit im Werk Marie Luise Kaschnitz' eingekerbt haben. Aus dem Schatten solcher Leiderfahrungen werden auch die Brautpaare am Brunnen nicht entlassen, denn das Hochzeitsmotiv ist zwischen dem Bild des toten Soldaten und dem des Trümmerschutts eingezwängt.

Mit dem Schimmelkopf im Fenster taucht die Sphäre der Bewirtschaftung des Hofes auf, aber auch ein Motiv des Volks- und Aberglaubens: Der Leser mag an die abergläubische Furcht des Knechts vor dem Schimmel in Theodor Storms Novelle *Der Schimmelreiter* denken. Gegen die von alters her angestammte Arbeit, an den Waschtagen und bei der Zubereitung des Weins (durch Zerstampfen der Trauben mit den Füßen), setzt sich herrisch der Lärm der Motoren durch – noch aber bestehen herkömmliche und technisierte Landwirtschaft nebeneinander, »gleichzeitig«.

Hebt spätestens die Weinlese die durch den Schnee signalisierte Winterzeit auf, so sorgen »kupfernes Laub« und Blüte der Blumen endgültig für eine Durchlässigkeit der Jahreszeiten füreinander. Nicht nur das Gesetz der linearen Zeit, sondern der Zeitkontinuität überhaupt ist unwirksam geworden, und so können sich, bei der Wiederaufnahme der Anfangssymbole und in einem Bild, das sich Gemälden Chagalls annähert, Kindheit und Tod »leichthin« durchqueren.

Das Gedicht gehört zur Gruppe der zwischen 1962 und 1970 entstandenen Texte. Es wandelt auf sehr eigene Weise das altvertraute Motiv der Vergänglichkeit ab. Im zweiten Teil nimmt Marie Luise Kaschnitz dem Gedanken vom Dasein unter dem Zeichen des Todes die Unerbittlichkeit. Auf der Lebensbühne gewinnen die Tätigkeiten der Lebenserhaltung ihr Recht. Und am Ende behaupten sich die noch Unbefangenen, die sich ihre junge Lebenskraft auch durch die ständige Gegenwart des Todes nicht verkümmern lassen.

Minimalgepäck

Günter Eich (1907–1972): Inventur

Inventur

Dies ist meine Mütze,
dies ist mein Mantel,
hier mein Rasierzeug
im Beutel aus Leinen.

Konservenbüchse:
Mein Teller, mein Becher,
ich hab in das Weißblech
den Namen geritzt.

Geritzt hier mit diesem
kostbaren Nagel,
den vor begehrlichen
Augen ich berge.

Im Brotbeutel sind
ein Paar wollene Socken
und einiges, was ich
niemand verrate,

so dient es als Kissen
nachts meinem Kopf.
Die Pappe hier liegt
zwischen mir und der Erde.

Die Bleistiftmine
lieb ich am meisten:
Tags schreibt sie mir Verse,
die nachts ich erdacht.

Dies ist mein Notizbuch,
dies meine Zeltbahn,
dies ist mein Handtuch,
dies ist mein Zwirn.

Das Gedicht hält eine Erfahrungssituation vieler in der Spät- und Nachkriegszeit, der Lagerzeit fest: das Zurückgeworfensein auf ein Existenzminimum. Wodurch erhält dieser Text eine ästhetische Form, die das Erfahrungsmoment erst literarisch bedeutsam macht?

Der schon im ersten Vers eindeutige Gestus des Zeigens wird in allen sieben Strophen durchgehalten. Das demonstrative »Dies ist«, variiert in »hier«, wiederholt sich in der Anfangs- und Schlussstrophe und bildet so eine Klammer, die auch die Satzaussagen der Binnenstrophen determiniert. Der Titel »Inventur« kündigt ›nur‹ eine Bestandsaufnahme an, aber die zugrunde liegende Situation wird erschließbar, zumal wenn man weiß, dass Eich die Jahre 1945 und 1946 in amerikanischer Gefangenschaft verbrachte. Der Text ist ein »Lager«-Gedicht; die Habseligkeiten werden gemustert und vorgezeigt, vielleicht einem – fiktiven – Lagergefährten. Die Information beschränkt sich auf die Sachbezeichnung und, wo nötig, auf eine knappe Erläuterung: Mit der Bleistiftmine werden Verse geschrieben; der Zeigende gibt sich als Dichter zu erkennen. Nicht alles wird offen gesagt; ein sehr privates Geheimnis bleibt ungelüftet.

Die Aufzählung der vierzehn Gegenstände registriert ein Minimalgepäck, das jederzeit aufgenommen und weitergetragen werden kann; die trockene Sprache veranschaulicht die Kargheit des Besitzes. Der Verzicht auf den Reim scheint der Sachlage angemessen; klangreiche Wortmusik würde hier als Element der Harmonisierung, ja Beschönigung empfunden werden. Doch dienen rhetorische Figuren als Bindeglieder und stellen im Text Korrespondenzen her, die das Gefüge des Gedichts festigen: Wiederholungen, Parallelismen, anaphorische Reihen (vornehmlich zu Anfang und am Ende). Alliterationen lassen andeutungsweise Verspaare entstehen: Mütze / Mantel, Kissen / Kopf, -mine / am meisten. Die Strophengliederung bleibt erhalten, aber nirgendwo drängt sich ein Schema auf. Enjambements durchbrechen die Zeilenschranken (und einmal auch die Strophenschranke).

Nüchternheit des Zeigens und Sprechens bringt einen Text grundsätzlich in die Nähe der Prosa. Gerade hier nun beweist sich die lyrische Kunst Günter Eichs. Die anaphorische Reihe der ersten Strophe gibt zwar einen Takt vor, der in der Schlussstrophe noch einmal aufgenommen wird und so im Gedicht ein Widerlager schafft, doch in den Binnenstrophen lockert sich das vorgegebene Taktschema so sehr, dass man es vergisst. Die Auflösung des Musters zugunsten metrischer Freiheit und wechselnder, die Strophen frei füllender Satzbögen oder Satzstrukturen bringt eine rhythmische Lebendigkeit hervor, die das Gedicht von aller leiernden Starrheit, aber auch von der Ungebundenheit der Prosasprache fernhält.

So ist es Eich gelungen, dem Poetischen den Süßstoff der Ästhetisierung zu entziehen und das Prosaische jenseits der Prosa anzusiedeln.

Die Mitwisser

Günter Grass (geb. 1927): Prophetenkost

Günter Grass erhielt 1999 den Nobelpreis für Literatur vor allem seines erzählerischen Werks, zumal des Romans *Die Blechtrommel* wegen. Und tatsächlich hat sich in der Wirkungsgeschichte, zu seinem Bedauern, das lyrische Werk nie recht aus dem Schatten seines epischen (und auch seines zeichnerischen) Werks befreien können. Während das schöpferische Interesse am Theater mit dem Stück *Davor* (1969) offenbar versiegte, ist aber der lyrische Antrieb nie erloschen.

Wie nur wenige Autoren der Nachkriegsliteratur hat sich Grass in den politischen Tages-, also auch in den Parteienstreit eingelassen. Das Gedicht *Prophetenkost*, erschienen in seinem ersten Band, *Die Vorzüge der Windhühner* (1956), wendet sich einem Vorgang politischer Geschichte zu, den die gleichnishafte lyrische Einkleidung als einen jederzeit wieder möglichen, als einen exemplarischen Vorgang durchsichtig macht.

> Prophetenkost
>
> Als Heuschrecken unsere Stadt besetzten,
> keine Milch mehr ins Haus kam, die Zeitung erstickte,
> öffnete man die Kerker, gab die Propheten frei.
> Nun zogen sie durch die Straßen, 3800 Propheten.
> Ungestraft durften sie reden, sich reichlich nähren
> von jenem springenden, grauen Belag,
> den wir die Plage nannten.
>
> Wer hätte es anders erwartet. –
>
> Bald kam uns wieder die Milch, die Zeitung atmete auf,
> Propheten füllten die Kerker.

Die Heuschrecken sind eine der Plagen, mit denen der Gott der Bibel das Land am Nil schlug, damit Pharao das Volk Israel aus der ägyptischen Gefangenschaft entlasse. Außer der Grundkonstellation – Heuschreckenplage und Gefangenschaft/Kerker – übernimmt Gras von der biblischen Geschichte nichts, doch umgibt immerhin die »3800 Propheten« noch eine biblische Aura. Milchlieferung ins Haus und Zeitung zeigen die moderne Zeit an, wobei im Sinne des Pars pro toto Milch für die Nahrung schlechthin steht, Zeitung für das alle verbindende öffentliche Wort. Heuschreckenschwärme, die sowohl den Nahrungsnotstand verursachen wie die »Zeitung« (die Information und Kommunikation) »ersticken«, sind freilich Werkzeuge nicht nur einer physischen, sondern auch einer geistigen Gewalt. Mit Kerkerhaft werden »Propheten« bestraft, die offensichtlich oppositionelle, den Regierenden unerwünschte Ideen verkündet haben.

Im Augenblick der Gefahr bedarf man ihrer als Nothelfer. Ihre Mithilfe bei der Vernichtung der Plage nährt sie. Doch sobald sich die Situation gewendet hat, raubt man ihnen wieder die Freiheit des Worts und der Bewegung. »Wer hätte es anders erwartet« – diese Zeile, als Einzelvers deutlich abgesetzt, markiert den Ausgang als die Bestätigung geschichtlicher Erfahrungen, als vorhersehbaren Wiederholungsfall.

Man darf das »Propheten«-Bild als Metapher für die Intellektuellen nehmen. Vor allem die Geschichte der Diktaturen des 20. Jahrhunderts zeigte, mit welchem Zynismus sich die Machtaber der Intellektuellen als Helfershelfer und Aushängeschilder bedienten, sie belohnten und erhoben und die Unliebsamen wieder fallen ließen. Hierher gehört auch der Wechsel der sogenannten »Tauwetter«-Perioden und der Wiedervereisung im Zeichen des Dogmas. Und der Kalte Krieg bot neue Gelegenheiten, die Gefahr einer »Heuschrecken«-Invasion zu beschwören.

Das gleichnishafte Sprechen und die Annäherung an die lyrische Parabel bringen das Gedicht in ein künstlerisches Dilemma. Es muss für seine Anwendbarkeit auf verschiedene historische Fälle den Preis einer Undifferenziertheit zahlen. Grass entzieht sich dem Dilemma mit einem Kunstgriff. Er hebt die lehrhafte Distanz gleichnishafter Rede auf. Es sprechen mit dem lyrischen »Wir« die Stadtbewohner selbst. Die Verantwortung für die Verhältnisse einer Tyrannei, die ihre Zügel lockert und wieder anzieht, ganz wie der Wind weht, wird nicht ins Anonyme abgeschoben. Das »Wir« erklärt sich zum Mitwisser und dadurch auch zum Mitschuldigen. So stellt sich dieses Gedicht aus den fünfziger Jahren auf eine sublime Weise jener Frage der Mitschuld am Unrechtsregime, die nach 1945 unabweisbar geworden war.

Mahnung zur Wachsamkeit

Hans Magnus Enzensberger (geb. 1929): ins lesebuch für die oberstufe

Das Gedicht ist ein Text des frühen Enzensberger. Weniger als bei anderen Autoren kann bei diesem Proteus unter den Schriftstellern der Gegenwart ein Einzelgedicht stellvertretend für sein lyrisches Gesamtwerk stehen. Viele seiner frühen Gedichte sind Antworten auf Bertolt Brecht. Schon der Titel *ins lesebuch für die oberstufe* und der Gestus der Anweisung erinnern an Brechts 1930 erschienene Sammlung *Aus einem Lesebuch für Städtebewohner*, in der die illusionslose Nüchternheit der »Wirklichkeit selber« das Wort hat. Als einen Ort zwischenmenschlicher Beziehungslosigkeit, als einen Kampfplatz aller gegen alle stellt Brecht die Großstadt dar.

Der Anfang von Enzensbergers Gedicht ruft noch einen anderen Text Brechts ins Gedächtnis (bei kaum einem Gegenwartsautor ist eine solche Vielfalt »intertextueller« Bezüge zu entdecken wie bei Enzensberger). In Brechts Exilgedicht *1940* stellt der Sohn dem Vater drei Fragen: ob er Mathematik lernen, Französisch lernen und Geschichte lernen solle. Dreimal rät der Vater ab, weil die Not des Exils eine rein praktische Haltung verlange. Aber dann werden die situationsbezogenen durch die zukunftsbezogenen Antworten berichtigt: »Ja, lerne Mathematik, sage ich / Lerne Französisch, lerne Geschichte!«

Gegenwarts- und zukunftsorientiert zugleich ist der Rat des Vaters in Enzensbergers Gedicht:

> INS LESEBUCH FÜR DIE OBERSTUFE
>
> lies keine oden, mein sohn, lies die fahrpläne:
> sie sind genauer. roll die seekarten auf,
> eh es zu spät ist. sei wachsam, sing nicht.
> der tag kommt, wo sie wieder listen ans tor
> schlagen und malen den neinsagern auf die brust
> zinken. lern unerkannt gehen, lern mehr als ich:
> das viertel wechseln, den paß, das gesicht.
> versteh dich auf den kleinen verrat,
> die tägliche schmutzige rettung. nützlich
> sind die enzykliken zum feueranzünden,
> die manifeste: butter einzuwickeln und salz
> für die wehrlosen. wut und geduld sind nötig,
> in die lungen der macht zu blasen
> den feinen tödlichen staub, gemahlen
> von denen, die viel gelernt haben,
> die genau sind, von dir.

Der Vater hält sich an die Maxime des *Lesebuchs für Städtebewohner*, auch er mahnt: sei wachsam! Zur Einübung in die richtige Haltung sei das Studium von Fahrplänen und ihrem Genauigkeitsprinzip wichtiger als die Beschäftigung mit Dichtung. Enzensbergers Gedicht spricht aus der Erfahrung einer Generation, der noch der Schock in den Gliedern steckt, das Entsetzen über eine Zeit, da Verhaftungslisten und Brandmale auf menschlicher Haut Realität waren. Also empfiehlt der Vater dem Sohn, sich unkenntlich zu machen. Solche Tarnung rechtfertige auch den kleinen Verstoß gegen die Moral. Manifeste jeglicher Art seien bloßes Papier; gegen die Macht helfe nur Pragmatik.

Die Schlussverse verknüpfen das Gedicht mit einem anderen Text aus dem Band *verteidigung der wölfe* von 1957, mit dem Gedicht *anweisung an sisyphos*, dem Ruf nach Männern, die sich von keiner Hoffnung schwächen lassen, sondern »den zorn in der welt« vermehren, ihren Zorn »auf die berge rollen«, also ein revolutionäres Aufbegehren unter Dampf halten. Im *lesebuch*-Gedicht ist es feiner »staub«, mit dem der Macht allmählich der Lebensatem genommen, ein schleichender Tod bereitet werden soll.

Beide Texte ermuntern zu einem Widerstand, der einstweilen noch im Untergrund bleibt. Diese 1957 erschienenen Gedichte setzen eine vorrevolutionäre Situation voraus, die in Wirklichkeit in der Bundesrepublik Deutschland nicht gegeben war – es sei denn, man nimmt die Studentenrevolte von 1968 als Revolution. Durch alle Phasen seines literarischen Wirkens hindurch hat sich Enzensberger als ein Anwalt kritischer Aufklärung verstanden – in diesen Gedichten war die Furcht vor der Wiederholung schrecklichen politischen Machtmissbrauchs der Ratgeber für die Strategien des Widerstandes. *ins lesebuch für die oberstufe* ist eine Anweisung für den subversiven Kampf. Aber wir können uns die Situation nicht wünschen, die »den kleinen verrat«, die »tägliche schmutzige rettung« unumgänglich macht, die es verbietet, Oden zu lesen. Das Leseverbot hat Enzensberger, der Liebhaber und Autor von Literatur, selbst kaum ernst genommen. So steckt in der Aufforderung auch ein ironischer Widerruf.

Sackgassen der Naturlyrik

SCHÖNHEIT MIT WIDERHAKEN

Elisabeth Borchers (geb. 1926): Die große Chance

DIE GROSSE CHANCE

Abends entspannen uns eilfertige Bilder,
die Story der Gerechtigkeit,
das Epos zu dritt.
Da geht mit dem Killer
das Unrecht des Tags.
Da wird Sehnsucht gelehrt und gestillt.
Da sind wir nach Maß.
Wenn alles vorbei ist
und die Schöne am verwilderten Grab
des Vaters ihr Haupt neigt,
gehen wir schlafen.
Der nächste Morgen
kommt
blütenrein.

Das Gedicht nimmt gefangen durch eine poetische Schönheit, die ohne Reim auskommt. Restlos nutzt die rhythmische Bewegung den Spielraum des freien Versmaßes und der freien Zeilenform. Wie entscheidend hier der rhythmische Fluss der Verse ist, zeigt ein Vergleich mit der ersten Fassung des Gedichts (im *Jahresring 76–77*). Dort noch lauten die vierte und die fünfte Zeile: »Da geht das Unrecht des Tags / mit dem Killer zu Grund.« Was als kleine rhythmische »Kante« empfunden werden mag, ist in der neuen Fassung verschliffen.

Die schöne Form fasziniert, aber sie verhindert nicht einen geheimen Widerstand des Lesers. Sie hat die Überredungskraft der »eilfertigen Bilder« selbst, deshalb gilt es auf der Hut zu sein. Das abendliche Fernsehen als Heilkur nach den Strapazen des Tags?

Gewiss, es ist die Rede von einer Wirkung der Kunst, die wir seit Aristoteles Katharsis nennen: von der Erregung, Entladung und Läuterung der Empfindungen und Affekte zum Zwecke größerer Ausgewogenheit im seelischen Haushalt und im Umgang mit den Mitmenschen, zum Zwecke – warum nicht? –

größeren Wohlbefindens des einzelnen, vieler. In den Filmgeschichten – auch der sogenannten Western – finden wir unsere Unrechtserfahrungen, zwischenmenschlichen Spannungen und Ängste bestätigt und zugleich entschädigt, aufgehoben in der »poetischen Gerechtigkeit«. Da werden wir mit neuen Sehnsüchten bekannt und mit ihrer Erfüllung, da projizieren wir uns selbst in Menschen hinein, an denen alles stimmt. Und die melancholisch-versöhnliche Schlusssequenz bringt die nötige Gelöstheit für den Schlaf. Die »Bilder« also als Medikament zur Entspannung: »Der nächste Morgen / kommt / blütenrein.«

Es ist das »blütenrein«, vielmehr eine literarische Reminiszenz, die mich endgültig hat stutzig werden lassen: die Erinnerung an Ingeborg Bachmanns Gedicht *Reklame*: »wohin tragen wir,« heißt es dort, »unsre Fragen und den Schauer aller Jahre«, und die Reklame antwortet: »in die Traumwäscherei ohne sorge sei ohne sorge«. Das »blütenrein«, wir kennen es auch als einen Slogan der Waschmittelwerbung. Und haben nicht die »eilfertigen Bilder« von Filmgeschichten aus der »Traumfabrik« ähnliche Wirkungen wie die Reklameversprechen: »säubern« sie uns nicht vom existenziellen Ernst, bieten uns Glücksverheißungen als Drogen und beruhigen uns mit Surrogaten?

Das Schlusswort »blütenrein«, auf das Elisabeth Borchers' Verse hinführen, ist zugleich der Wendepunkt, von dem aus das Gedicht anders, also noch einmal gelesen werden will. Und nun fällt das Verführungsmoment in der »Eilfertigkeit« der Bilder auf, das Täuschungsmoment im Vergessenmachen des erlittenen Unrechts, das Schematische in dem Nach-Maß-Sein und in den Mythen des Films: alles Signale der Einschränkung, des Widerrufs.

Aber ist dies die endgültige Lesart? Von jeher hat Kunst auch eine Entlastungsfunktion, und sie ist nun einmal Schein oder Fiktion, nicht die Erfahrungswirklichkeit selbst. Sie vermag tatsächlich zu vermitteln, was mit der Metapher »blütenrein« umschrieben ist. Sie muss kein Surrogat, sie kann auch – nun wird der Titel wichtig – eine »große Chance« sein, aber eine Chance eben, die richtig wahrgenommen werden will.

Das Gedicht zieht uns ins Gespräch über unser Verhältnis zu den neuen Medien des 20. Jahrhunderts, denen wir nicht entgehen können und wollen. Es gibt keine »eilfertige« Antwort, will nicht recht haben, keine Meinung oktroyieren. Es setzt Reflexion in Gang, löst im Leser produktive Zwiespältigkeit aus. Die Schönheit dieses Gedichts ist eine Schönheit mit Widerhaken.

Harmonie in Überfülle

Johannes R. Becher (1891–1958): Spreewald – Bertolt Brecht (1898–1956): Der Rauch

Als Rebell betrat Johannes R. Becher die literarische Arena. »Der Dichter meidet strahlende Akkorde. / Er stößt durch Tuben, peitscht die Trommel schrill. / Er reißt das Volk auf mit gehackten Sätzen.« So beginnt das berühmt gewordene Gedicht *Vorbereitung*, das 1916 in Bechers Sammlung *An Europa* erschien und in Kurt Pinthus' expressionistischer Anthologie *Menschheitsdämmerung* den Abschnitt *Aufruhr und Empörung* eröffnete. Nachdem Becher Mitglied der Kommunistischen Partei geworden war, erklärte er den Dichter zur »Roten Nachtigall« (Sammlung *Maschinenrhythmen*, 1926). Als Minister für Kultur in der DDR propagierte er eine volksverbundene Dichtung. Zwar setzte er die in »Vorbereitung« zertrümmerte »Form«, etwa im Plädoyer für das Sonett, wieder in ihre Rechte ein, forderte zugleich aber Rückkehr zur »Schlichtheit«. Ihr suchte er selbst, allerdings oft mit erborgter Naivität, in seiner Sammlung *Neue deutsche Volkslieder* (1950) zu entsprechen. Das Gedicht *Spreewald* gehört zum Komplex der zwischen 1949 und 1958 entstandenen Lyrik.

Spreewald

Von sanften Kanälen durchzogen,
und wie verzaubert ein See
Voll Wurzeln und Wasserrosen
Und schwimmenden Farnen und Mosen:
Zur Waldung verwandelte Spree.

Wie schlafend herabgebogen
Uralte Wipfel. Ein Reh,
Sich spiegelnd im Bodenlosen,
Im grünen Verdämmern der Spree ...

Das Gedicht ist ein Rückgriff auf das Genre der Naturlyrik. In einem seiner schönsten Sonette, *Tübingen oder Die Harmonie* (1938), hatte Becher das Maßvolle, das reich Gegliederte, aber zugleich Geordnete, auch das »der Quellen Ursprung« Nahe gerühmt. Im Gedicht *Spreewald* ruft er jene »Akkorde« zurück, die er in *Vorbereitung* aus der Dichtung verwiesen hatte. Aber bringt er sie wirklich zum Klingen?

Lauter literarische Assoziationen weckt das Gedicht: an die Kanäle der Venedig-Dichtung, an die Wasserrosen von Storms verzaubertem *Immensee*, an die Wipfel in *Wanderers Nachtlied* von Goethe und an – pardon! – das Reh der Postkartenpoesie. Alle genannten Details sind gewiss Bestandteile der Landschaft des Spreewalds. Und doch wirken sie arrangiert. Das Adjektiv des ersten Verses, »sanft«, gibt den Ton an, auf den alles gestimmt ist, bis hin zum »Verdämmern der Spree«.

Bewundert werden kann die Musik der Sprache, die Ungezwungenheit der Reimanordnung (abccb, abcb), die rhythmische Anmut – kein Laie der Dichtung hat dieses kleine Netzwerk von Versen geknüpft. Und doch bleibt der Eindruck einer kunstgewerblichen Landschaftskulisse, mit der hier eine Rückkehr zur naturinnigen Lyrik inszeniert wird. Vielleicht hilft zur Verdeutlichung der vergleichende Blick auf eine der *Buckower Elegien* Bertolt Brechts, *Der Rauch*.

    DER RAUCH

    Das kleine Haus unter Bäumen am See.
    Vom Dach steigt Rauch.
    Fehlte er
    Wie trostlos dann wären
    Haus, Bäume und See.

Eine See-Idylle ohne Idyllik. Ein Naturbild, aber nicht von der Palette der Landschaftsmalerei. Kein Zauber, kein Verdämmern. Die einzige Bewegung: Rauch. Rauch kann Metapher für das Verfliegende, das sich Zerlösende, das Vergängliche und auch Zeichen für verheerende Brände sein; hier aber ist er Zeichen für das Bewohntsein des Hauses, für den wohltätigen Gebrauch des Feuers. Der Rauch als Naturerscheinung weist auf die Anwesenheit des Menschen – das Ensemble von Mensch und Natur ist auf ein einfaches Bild gebracht. »Naturlyrik« von letzter Lakonik und poetischer Verdichtung.

Dagegen wirkt Bechers *Spreewald* geradezu geschwätzig. Natürlich ist Brechts lyrische Kurzform, die an das japanische Haiku erinnert, nicht die einzig mögliche oder »moderne« Form des Naturgedichts. Aber der Vergleich des Becherschen mit dem Brechtschen Gedicht zeigt, wie abgeschliffen ein konventionelles Motiv- und Stimmungsmuster erscheinen und wie problematisch es sein kann, einen von der Goethezeit, zumal von der Romantik angebahnten Weg der Naturlyrik zurückzugehen. Die Harmonie von Bechers Tübingen-Gedicht von 1938 ist dosiert; sein Gedicht *Spreewald* trieft von Harmonie.

Vom Ende der Landschaftsmalerei

Jürgen Becker (geb. 1932): Natur-Gedicht –
Erich Fried (1921–1988): Gespräch über Bäume

Der Titel von Jürgen Beckers Gedichtsammlung aus dem Jahre 1974, *Das Ende der Landschaftsmalerei*, pointiert fast programmatisch ein Grundthema seiner Lyrik: das allmähliche Verschwinden der Voraussetzungen und des Gegenstandes von Naturlyrik. Selbst was man »Stadtlandschaft« nennt, scheint von der Zerstörung bedroht. In Köln, seiner Geburtsstadt, sah Becker auch niedergewalzt, was die Luftbombardements überstanden hatte.

Die Verse des vom Hitlerregime vertriebenen Brecht (*An die Nachgeborenen*), wonach »ein Gespräch über Bäume fast ein Verbrechen« sei, weil es »ein Schweigen über so viele Untaten« einschließe, hat eine Welle von Echo- und Widerspruchsgedichten ausgelöst. Erich Frieds Gedicht *Gespräch über Bäume* (1969) aktualisiert zur Zeit des Vietnam-Kriegs den Brechtschen Gedanken und klagt die amerikanische Entlaubungsaktion an:

> Seit der Gärtner die Zweige gestutzt hat,
> sind meine Äpfel größer
> Aber die Blätter des Birnbaums
> sind krank. Sie rollen sich ein.
> In Vietnam sind die Bäume entlaubt.

Sonst aber überwiegt das ökologische Thema, sofern nicht Wunschträume idyllische Bilder wieder herbeizitieren. Natur kann auch als bloß ästhetische Landschaft entworfen werden. So in Jürgen Beckers *Bildbeschreibung*:

> Das Bild einer Bucht, und die Bucht
> ist gewesen, leer und sanft,
> an den Rändern. Der Name sagt
> nichts mehr; es gibt keinen Namen,
> und das Bild ist erfunden,
> unbeschreibbar, wie all das hier herum.

Wo sich der Blick auf Konkretes richtet, ist der Befund erschreckend – und doch geht auch von den Resten unversehrter Natur noch Faszination aus. So in Beckers *Natur-Gedicht*:

> In der Nähe des Hauses,
> der Kahlschlag, Kieshügel, Krater
> erinnern mich daran –
> nichts Neues: kaputte Natur,

> aber ich vergesse das gern,
> solange ein Strauch steht.

Es ist kein billiger Trost, zu dem Becker hier Zuflucht nimmt – dass es mit der »heilen« Natur vorbei ist, weiß er zu gut. Aber er sucht doch in der naturbedrohenden Welt des industriellen Zeitalters einen Ort. Im *Gedicht sehr früh* ist der Augenblick festgehalten, da mit dem Erwachen die Tageswirklichkeit unabweisbar wird:

> In der Frühe um fünf weckt mich
> das Geräusch eines einzelnen, kreisenden Flugzeugs;
> ich kämpfe noch, an den Rändern
> des Schlafs, um den Rest eines Traums;
> kreischend die Vögel, ehe zu dröhnen
> beginnt mein vollbeschäftigtes Land [...]

In der Nähe wird eine neue Autobahn gebaut; das dichtere Netz der Verkehrswege schlingt sich um die Wohnsiedlungen und in sie hinein, nimmt ihnen Luft. Resignation breitet sich aus. Aber auch die Zeit der Illusionen ist vorüber:

> vor vielen Jahren erfand ich nach jeder Täuschung
> die nächste, dann wußte ich mehr;
> so fängt der Tag an, die Volkswagen schnarren,
> Wirkliches mit der Zeitung, anderswo noch Schnee.

Das Ich zieht sich nicht in sich selbst zurück. Der vollends Erwachte öffnet sich dem Heute, der Mitwelt, den Geräuschen des Werktags; er nimmt die Nachrichten auf, die ihn mit dem Weltgeschehen verbinden und ihm ferne Landschaften ins Bewusstsein rufen.

Die Lyrik Beckers ist grundiert von Melancholie. Aber sie verschmäht Wehleidigkeit und reflektiert die Situation, die eine »Landschaftsmalerei« immer mehr erschwert, ja ihr den Boden entzieht. Das Gedicht braucht, wendet man ein Wertkriterium Max Frischs an, »die wirkliche Welt nicht zu scheuen«, weil es »eben diese Welt, ihr nicht ausweichend, sprachlich durchdringt«. Es hält sich dabei von der Katastrophenliteratur wie von der aktivistisch-politischen Lyrik gleich fern.

Das Liebesgedicht kommt in Fahrt

Ein Lachen, eine Spur

Karl Krolow (1915–1999): Was blieb zurück?

Was blieb zurück?

Ein Band von Vögeln war der Herbst,
das weiter nach Ägypten zog.
Die Dunkelheit wächst wie die Wand
durchs Zimmer. Sie nimmt überhand.

Man raucht. Man schweigt.
Und läßt den Rauch vorüberziehn.
Das Jahr verschwindet, Bild um Bild.
Das Jahr verbrennt. Aus dem Kamin

steigt es noch einmal in die Luft.
Der Rest ist raschelndes Papier.
Was blieb zurück? Ein Fußabdruck,
ein Lachen, eine Spur von dir.

Kein Herbstgedicht, kein Wintergedicht ist dieser Text, obwohl »das Jahr verschwindet«. Krolow suchte in seinen Anfängen die Nähe zu Wilhelm Lehmann und Oskar Loerke, das Etikett Naturlyriker bot sich an. Aber als dieses Gedicht erschien, war Krolow längst allen Schulen entwachsen. Natur jedenfalls kommt in diesen Versen allenfalls am Eingang vor. Doch selbst der Herbst, in so vielen Gedichten die Zeit des bunten Laubs, der Früchte und der Lese, taucht hier in der Erinnerung nur als »Band von Vögeln« auf, das sich zudem den Blicken südwärts entzog.

Immerhin wird mit diesem Abflug schon der Grundakkord des Gedichts gesetzt: das Adieu. Ein Jahr wird verabschiedet, ein Jahr wird bilanziert. Ort der Bestandsaufnahme: ein Zimmer, in dem – gemäß der Jahreszeit – die Dunkelheit zunimmt. Das »man« in der fünften Zeile deutet nicht auf das »man« des Menschen in gesichtsloser Masse; es lässt die Einzelerfahrung als eine allgemein mögliche erscheinen. Unübersehbar ist eine Sonderstellung dieses fünften Verses.

Die metrische Grundform des Gedichts ist der vierhebige Jambus. In der Reimanordnung hält sich der Dichter an keine Regel. Es reimen sich der dritte und vierte Vers, der sechste und achte sowie der zehnte und zwölfte; statt dem Endreim bindet eine Assonanz die Verse 9 und 11. Solche Lässlichkeit in der Reimbehandlung wird, falls überhaupt, nicht als Störung wahrgenommen. Der fünfte Vers aber verlangt, spricht man die Verse, ein anderes Lesen. Die durchgehende Vierhebigkeit ist hier zur Zweihebigkeit verkürzt. Man liest langsamer, gibt den beiden Hebungen eine andere Schwere. Es ist der Rhythmus, der die Wörter »raucht« und »schweigt« als besonders markant heraushebt.

Und eben sie kennzeichnen die Haltung, aus der hier ins Jahr zurückgeschaut wird: Entspanntheit, aber auch Illusionslosigkeit. Eine kleine Kettenreaktion der Bilder löst das Wort »rauchen« aus. Der entstehende Rauch wird, als vorüberziehender Rauch, zur Metapher für das Vorübergehende, Transitorische der Zeit, des Jahres. Nun springt die Bildlichkeit auf den Ursprung des Rauches zurück, auf den Brand, und assoziiert das Feuer im Kamin und den aufsteigenden Rauch. »Das Jahr verbrennt« heißt: Es zieht nicht nur vorüber, es steigt als Rauch empor und löst sich auf in Luft, verfliegt. Mit der horizontalen und vertikalen Bewegung des Rauches ist eine zweifache Ansicht der Hinfälligkeit und Vergänglichkeit menschlichen Daseins ins lyrische Bild gesetzt: das Altern und das Verschwinden. Und jetzt erst, rückwirkend, erhält der Satz »die Dunkelheit wächst« seinen vollen Sinn.

Doch wird im Gedicht, trotz aller Vergänglichkeitsgedanken, nicht dem Leben, sondern nur dem Jahr Valet gesprochen. Und was ist es, was übrig bleibt? »Raschelndes Papier« – verbranntes Papier im Zustand vor dem Verfall zu Asche? Wohl eher ein knochennüchterner Selbstbezug des Dichters, eine skeptische Einschätzung des Geschriebenen. Was aber zählt, sind allein flüchtige Zeugnisse zwischenmenschlichen Lebens, Eindrücke, die haften bleiben: neben dem Lachen ein Fußabdruck – eine haltbare Spur des Du.

So wird das verhinderte Herbst- und Wintergedicht noch zu einem heimlichen Liebesgedicht.

Schneeweisser Geliebter

Sarah Kirsch (geb. 1935): Die Luft riecht schon nach Schnee

In der Zeit, da Sarah Kirsch noch als ein Juwel der Lyrik in der DDR galt (sie protestierte 1976 gegen die Ausbürgerung Wolf Biermanns und siedelte im folgenden Jahr in den Westen über), beschrieb Peter Hacks (in: Neue deutsche Literatur 9/1976) halb kritisch, halb bewundernd den »Sarah-Sound«: »Ihre Tricks sind gekonnt und leise. Es geht widersprüchlich her, ohne daß es immerzu knirscht. Ihre Erlebnisse sind echt, ihre Wunder glaublich; die Sprünge ihrer Einbildungskraft haben guten Grund.«

Das Gedicht *Die Luft riecht schon nach Schnee* bringt zwei Motive zusammen, deren Verbindung fast so alt ist wie die Lyrik selbst: Natur und Liebe. Unübersehbar die Zahl der Texte, die Natur- und Liebesgedicht zugleich sind. Eine schwere Bürde für eine heutige Dichterin. Wie befreit sich Sarah Kirsch aus dem Zwang des Herkommens?

> DIE LUFT RIECHT SCHON NACH SCHNEE
>
> Die Luft riecht schon nach Schnee, mein Geliebter
> Trägt langes Haar, ach der Winter, der Winter der uns
> Eng zusammenwirft steht vor der Tür, kommt
> Mit dem Windhundgespann. Eisblumen
> Streut er ans Fenster, die Kohlen glühen im Herd, und
> Du Schönster Schneeweißer legst mir deinen Kopf in den Schoß
> Ich sage das ist
> Der Schlitten der nicht mehr hält, Schnee fällt uns
> Mitten ins Herz, er glüht
> Auf den Aschekübeln im Hof Darling flüstert die Amsel.

Sarah Kirsch macht die abgeschliffenen Motive und die metrischen Muster wieder kantig, rauht sie durch Widersprüche auf. »Die Luft riecht schon nach Schnee«: ein schönes lyrisches Bild, das zugleich ein sinnliches Wahrnehmungsvermögen verrät, wie man es bei einer Autorin erwarten darf, die sich einst für das Biologiestudium entschied. Der Satz scheint eine Anrede an den Geliebten zu sein, weil selbst die lange Tradition des Enjambements uns nicht von der Gewohnheit hat ablenken können, eine Verszeile als eine Satzeinheit zu lesen. Aber einer der – mit Peter Hacks zu sprechen – »Tricks« Sarah Kirschs, der inzwischen schon etwas wie lyrisches Allgemeingut geworden ist, besteht darin, die grammatische Ordnung im Versgebilde verschwimmen zu lassen, ja sie geradezu gegen die Versarchitektur zu entwickeln. Die zweite Verszeile enthüllt die Anrede in der ersten als Täuschung, weil Geliebter (»mein Geliebter / Trägt langes Haar«) Subjekt eines neuen Satzes ist. Aber doch nun so, dass »mein Geliebter« zu einer Doppelbedeutung hin offen bleibt, sowohl als Indiz für eine Anrede wie als Subjekt eines neuen Satzes gelesen werden kann. Dieses Ineinander-Verketten der grammatischen Einheiten, diese Wortersparnis und lyrische Kontamination – wiederzufinden im Übergang von der vorletzten zur Schlusszeile des Gedichts – ist ein auffälliges Kennzeichen des »Sarah-Sounds«.

Die Winter-Bilder wirken halb vertraut, halb fremd – vertraut die Eisblumen am Fenster, das Zusammenrücken der Menschen, also auch der Liebenden, die Wärme des Kohlenfeuers. Überraschend das »Windhundgespann«, immerhin findet es später halbwegs seine Erklärung als Schlittengespann. Das Bild des Schnees aber entfaltet Vorstellungen, die eigentlich einander ausschließen: der Geliebte als Schneeweißer, Schnee, der ins Herz fällt, Schnee, der glüht. Gewiss ist das Oxymoron von alters her in der Dichtung beliebt, aber es wird hier nicht als effektvolle rhetorische Figur eingesetzt, sondern dient dazu, die beiden Hauptmotive des Gedichts, Winter und Liebe, in eine wunderbare und doch irritierende Schwebe zu bringen. Schnee wird zur Metapher für die Liebe, die ins Herz fällt.

Damit freilich ist eine gefährliche Nähe zur Süße des Kitsches erreicht und die Souveränität der Dichterin zeigt sich darin, wie sie diese Gefahr meistert, ohne doch die Liebe zu verkleinern. »Aschekübel« deutet die Möglichkeit eines Endes, eines ausgeglühten Gefühls an. Ob das Fremdwort »Darling« eher ein Ausdruck für Ernüchterung als für Zärtlichkeit ist, bleibt einen Augenblick offen, bis das Bild der flüsternden Amsel alles entscheidet. Schönheit und ein dem Nachtigallenschlag ähnlicher Gesang werden der Amsel nachgesagt, so nehmen wir sie hier für einen Wappenvogel der Liebe. Und nun erst verstehen wir ganz das Bild vom »Schlitten der nicht mehr hält«.

Liebe nach dem Gesetz des Kehrreims

Ulla Hahn (geb. 1946): Anständiges Sonett

Goethe hütete sich, die gewagtesten Verse seiner *Römischen Elegien* und *Venetianischen Epigramme* oder *Das Tagebuch*, also das Spiel mit den Motiven erotischer Phantasie und sexueller Leidenschaft an die Öffentlichkeit zu geben. In dieser Öffentlichkeit ließ man, obwohl Schiller in *Kabale und Liebe* mit der Figur der Lady Milford vernehmlich gegen das Mätressentum protestiert hatte, dem Herzog Carl August eher eine Nebenfrau als dem Dichter einen Versuch in der priapeischen Poesie durchgehen. Im 19. Jahrhundert, unter dem Wächterauge der viktorianischen Moral, traute sich der Verstoß gegen das Tabu noch weniger ans Licht. Um die Jahrhundertwende begann Julius Bierbaum seine galanten Lieder zu trällern, aber erst Wedekind überstieg mit seinen anzüglichen, genauer: eindeutigen erotischen Liedern die Tabuschranke, worin Brecht ihm folgte.

Die Jahrzehnte nach dem Zweiten Weltkrieg hielten nicht nur aus moralischen Gründen die unverblümt erotische Literatur auf Distanz. Das Kriegs- und das Auschwitztrauma waren übermächtig, die Schuldfrage klopfte an die Gewissenspforte, und die Experimentelle Lyrik und die Konkrete Poesie erprobten den Aufstand mit dem rigorosen Zerbrechen nicht nur der Alltags-, sondern auch der geläufigen Dichtungssprache. Da legte Ulla Hahn mit Gedichten ihres ersten Lyrikbandes, *Herz über Kopf* (1981), einen ganz anderen Sprengsatz.

Anständiges Sonett

> Schreib doch mal
> ein anständiges Sonett
> St. H.

Komm beiß dich fest ich halte nichts
vom Nippen. Dreimal am Anfang küß
mich wo's gut tut. Miß
mich von Mund zu Mund. Mal angesichts
der Augen mir Ringe um
und laß mich springen unter
der Hand in deine. Zeig mir wie's drunter
geht und drüber. Ich schreie ich bin stumm.

Bleib bei mir. Warte. Ich komm wieder
zu mir zu dir dann auch
»ganz wie ein Kehrreim schöner alter Lieder«.

Verreib die Sonnenkringel auf dem Bauch
mir ein und allemal. Die Lider
halt mir offen. Die Lippen auch.

Die Anregung, ein Sonett zu schreiben, geht auf Stephan Hermlin zurück; das Motto deutet es an. Doch Ulla Hahn verschiebt ihren Sinn, indem sie mit der Doppeldeutigkeit des Wortes »anständig« spielt und der Aufforderung wohl in der Form, nicht aber dem Inhalt des Gedichtes nachkommt. Sie schert sich nicht um den Begriff von moralisch »anständiger« Literatur und schreibt ein freches Gedicht über den Liebesakt. Und eben deshalb ist der Text doch auch in der Form kein ganz »anständiges« Sonett, keines, das sich an das strenge Schema hält. Zumindest die beliebige Hebungszahl in den Versen und das Überspringen des Vers- und Strophenendes im Enjambement hat etwas Willkürhaftes. Andererseits ist gerade diese an die Grenze der Willkür gehende Freiheit eine Voraussetzung für die Übereinstimmung der Form mit ihrem Gegenstand: Die Dichterin und das liebende Ich lassen alle Zügel schießen.

Erhalten bleibt eine poetische Balance. Das Gedicht lässt nichts offen, aber meidet die plumpe Direktheit. Die Küsse und die Bisse auf die erogenen Zonen, die Ringe unter den Augen als Male des Lustgenusses, das wilde Getümmel des Liebesakts selbst und seine Wiederholung nach dem Gesetz des »Kehrreims«, schließlich die Erschöpfung, aber auch die Vorverlegung der »Liebesnacht« auf den hellichten Tag – alles dies wird gegenwärtig durch die Frische der Wortwahl und der lyrischen Bilder, durch die Schubkraft, von der die sprachliche Bewegung über die Zeilen und Strophen und auch über die Haltesignale der Punkte hinweggetrieben wird.

»Das Sonett lernt tanzen« – so ließ sich der Kommentar zu einem Gedicht der jung verstorbenen Sibylla Schwarz, der Dichterin des 17. Jahrhunderts, zusammenfassen. In Ulla Hahns Gedicht stürzt sich das Sonett in ein lyrisches Furioso über den Liebesakt.

Der Lyriker als Laut-Mime und Sprach-Virtuose

Des Mühltals Idylle in Moll

Peter Rühmkorf (geb. 1929): Auf eine Weise des Joseph Freiherrn von Eichendorff

Auf eine Weise des Joseph Freiherrn von Eichendorff

In einem Knochenkopfe
da geht ein Kollergang.
der mahlet meine Gedanken
ganz außer Zusammenhang.

Mein Kopf ist voller Romantik,
meine Liebste nicht treu –
Ich treib in den Himmelsatlantik
und lasse Stirnenspreu.

Ach, wär ich der stolze Effendi,
der Gei- und Tiger hetzt,
wenn der Mond, in statu nascendi,
seine Klinge am Himmel wetzt! –

Ein Jahoo, möcht ich lallen
lieber als intro-vertiert
mit meinen Sütterlin-Krallen
im Kopf herumgerührt.

Ich möcht am liebsten sterben
im Schimmelmonat August –
Was klirren so muntere Scherben
in meiner Bessemer-Brust?!

Vor manchen Liedern, Volksliedern zumal und romantischen Versen, schmilzt das deutsche Gemüt. Darauf setzen Männergesangvereine und der Tourismus. Kein Fahrgast einer Schiffsreise von Koblenz nach Bingen kommt am Loreley-Felsen vorbei, ohne Heines *Ich weiß nicht, was soll es bedeuten* vom Tonband zu hören. Ein Klagelied wäre zu singen über den Verschleiß des poetischen Worts durch seine sentimentale Vermittlung. Eichendorff ist eines der Opfer.

Aus dem Volkslied schöpfte Eichendorff sein Vokabular der Gemütsbewegung. Vorgefundene Motive übernahm er in ein Lied, von dem vor allem die erste und die letzte Strophe vertraut sind: »In einem kühlen Grunde / Da geht ein Mühlenrad, / Mein' Liebste ist verschwunden, / Die dort gewohnet hat.« »Hör ich das Mühlrad gehen: / Ich weiß nicht, was ich will – / Ich möcht' am liebsten sterben, / Da wär's auf einmal still.« Über dem Grundriss dieser Weise improvisiert nun Rühmkorf das Thema weiter.

Aber dies ist nicht mehr das poetisierende, die spröde Volksliedsprache schmiegsam und den Ton noch inniger machende Variationsmuster, dem Eichendorff folgte. Der Autor des zwanzigsten Jahrhunderts, der Nachkriegszeit, unterkühlt das alte Thema. Rühmkorf, Vagant zwischen Walther von der Vogelweide, Brockes und Klopstock, zwischen Matthias Claudius, Hölderlin und Heine, lässt die Weisen der lyrischen Tradition auf dem Resonanzboden neuer Erfahrungen gebrochen widerhallen.

Ist dies Parodie, so doch keine, deren Sinn im komischen Effekt aufgeht. Es werden ja auch Wendungen – die von der Untreue der Liebsten oder vom Todeswunsch – wörtlich übernommen; ganz aus dem Kopf und aus dem Herzen sind die »alten rührenden Weisen« – so Rühmkorf in einem Kommentar – nicht verdrängt. Aber es überwiegen doch die Verfremdungen, die das Empfinden und das Wünschen des Eichendorffschen Gedichts umpolen.

Mit Anspielungen auf das Industriezeitalter, mit Kollergang (Zerkleinerungsmaschine) und Bessemerbirne (Anlage zur Stahlerzeugung) hebt Rühmkorf in der ersten und der letzten Strophe die idyllische Welt des Mühlentals aus den Angeln. Die Sehnsucht des Enttäuschten, in Eichendorffs Gedicht auf das Leben des Spielmanns und des Reiters gerichtet, auf Schlacht und Lagerfeuer, wird ironisiert im Wunsch nach dem Reise- und Heldenabenteuer Karl Mays und nach einer menschlichen Primitivform, wie sie in Swifts *Gulliver* die Yahoos verkörpern.

Mit Romantik füllt die alte Weise den Kopf, aber was durch diese Romantik inspiriert wird, gerät nur noch zu gedanklicher Spreu. Der hier spricht, ist kopflastig und zugleich des Kopfes überdrüssig. Da mischt sich in die Eichendorff-Parodie ein Echo auf Gottfried Benn, von dem Rühmkorf eine Zeitlang fasziniert war, ein Nachhall seines Abgesangs auf das zerebrale Ich.

Durch alle Verfremdungen aber schlägt der Mollton der »alten rührenden Weise« hindurch. So enthüllt die Eichendorff-Parodie, was Peter Rühmkorf auch ist, nicht nur Ironiker und Provokateur, Vagant und Straßensänger, Virtuose des Reims und Akrobat auf dem »Hochseil« der Poesie, sondern auch ein Zweifler und Melancholiker – Dichter aus dem Geblüt Shakespearescher Narren.

Entfesselung des Chaos

Ernst Jandl (1925–2000): das fanatische orchester

Viele der Texte Ernst Jandls erreichen erst in der akustischen Darbietung, am besten in seiner eigenen Lesung, ihre volle Wirkung. Zu Hör-Erlebnissen wurden unter seinen Sprechgedichten vor allem die *Klang- und Rasselarien*, mit denen er als Solist, als »Laut-Mime«, große Auftritte hatte. Sprachspiel und Sprachentlarvung, Komik und Witz sind aber Konstanten seines lyrischen Werks überhaupt. Und eine große Gruppe von Gedichten braucht nicht unbedingt den Vortragskünstler. Der Text *das fanatische orchester* (angegebenes Entstehungsdatum 29.9.74) entfaltet das mimische Element schon in sich selbst.

> DAS FANATISCHE ORCHESTER
>
> der dirigent hebt den stab
> das orchester schwingt die instrumente
>
> der dirigent öffnet die lippen
> das orchester stimmt ein wutgeheul an
>
> der dirigent klopft mit dem stab
> das orchester zerdrischt die instrumente
>
> der dirigent breitet die arme aus
> das orchester flattert im raum
>
> der dirigent senkt den kopf
> das orchester wühlt im boden
>
> der dirigent schwitzt
> das orchester kämpft mit tosenden wassermassen
>
> der dirigent blickt nach oben
> das orchester rast gegen himmel
>
> der dirigent steht in flammen
> das orchester bricht glühend zusammen

Große Dirigenten sind oft auch große Schauspieler. Sie inszenieren die Geburt der Musik aus den Noten, geraten in Verzückungen und Zuckungen, als wenn eben jetzt der Heilige Geist der Musik über sie käme, ringen mit der Musik oder schmelzen vor ihr dahin, erleiden Höllenqualen oder genießen Paradieseswonnen, kämpfen gegen die Lethargie des Orchesters oder zügeln die Schnellläufer unter den Instrumentalisten. Sie sind die Meister der magischen Gebärde, die Dompteure des Orchesters; der Taktstock ist ihre Peitsche. Oder sie sind Besessene, die das Orchester in Trance und Ekstase versetzen.

Von der Macht des magischen Dirigenten und der übermäßigen Willfährigkeit des Orchesters handelt das Gedicht. Jandl »verfremdet« ihr Verhältnis dadurch, dass er den Dirigenten als Mimen und das Orchester als »fanatischen« Vollstrecker seiner befehlenden Gebärden zeigt. Dabei setzt das Orchester die Anweisungen des Dirigenten nicht in Musik um, sondern nimmt sie ›wörtlich‹, begreift die Mimik als Handlungsanweisung und verstärkt diese Mimik mit der ganzen Wucht und Wildheit einer aufgepeitschten Gruppe.

So werden Bewegungen und Mimik des Dirigenten zu Signalen: der erhobene Taktstock für das Schwingen der Instrumente, das Öffnen der Lippen für ein Wutgeheul. Stabklopfen gibt dem Destruktionstrieb freie Bahn, Ausbreiten der Arme fordert zum Fliegen auf, der gesenkte Blick zur Gegenbewegung. Nun beginnt die Katastrophe. Die Schweißperlen auf der Stirn des Dirigenten schwellen im Orchester zur Sturmflut an, und der Blick nach oben reißt zur Himmelfahrt empor, sodass jetzt nur noch der Absturz folgen kann. In den vom Dirigenten geschürten Flammen verglüht das Orchester.

Eine wahre Explosion des Geschehens ins Furiose und Makabre. Eine Parodie der Dirigenten-Diktatur und der Hörigkeit des Orchesters, eine Satire auf den Einbruch des Mimentums in den Konzertsaal, aber auch, im allgemeinen Sinne, ein Gleichnis für das mögliche Missverhältnis von symbolischem Zeichen und konkreter Handlung. Und nicht zuletzt eine hinreißende lyrisch-groteske Szene: die Entfesselung des Chaos in der Kunst.

Das Fräulein Drakula

H.C. (Hans Carl) Artmann (geb. 1921):
seht, die flinke fledermaus ...

seht, die flinke fledermaus,
wie sie durch die wolken saust,
wie sie drin im mondlicht schwebt,
s mäulchen ganz von blut verklebt.
fängt sie euch an eurem haar,
ists geschehen ganz und gar
gleich um euch, sie trägt euch fort,
durch die luft nach fremdem ort,
wo ein schlößlein ist ihr hort.
drinnen wohnt sie ganz allein,
hat ein rotes kämmerlein,
lebt vom blut der äderlein,

> schon seit vielen hundert jahr,
> bringt sie kinder in gefahr,
> und in transsylvania,
> wo sie schon so mancher sah,
> heißt sie fräulein drakula.

Ganz harmlos beginnt das Gedicht, im Ton der Kinderverse. Halb pädagogisch, halb spielerisch das Hinzeigen auf die »flinke« Fledermaus und ihren Sauseflug – der Dichter nutzt die versinnlichende Wirkung des Stabreims. Der Eindruck des Niedlich-Schönen, den der Schwebeflug im Mondlicht verstärkt, gipfelt im Diminutiv »s mäulchen«. Dann aber plötzlich der Schock: »ganz von blut verklebt«. Das possierliche Tierchen enthüllt sich als Räuber.

Als Monster gar. Wen sie erwischt, den fängt die Fledermaus nun wie ein riesiger Greifvogel und verschleppt ihn in ihren Horst, ihren »Hort«, ihren Diminutivpalast, das »schlößlein«. Ein Märchen also, das eine böse Drohung enthält. Dass diese Drohung – ähnlich wie im *Struwwelpeter* oder in *Max und Moritz* – keine leere Drohung bleibt, erzählt der zweite Teil des Gedichts. Er zeigt die Fledermaus in einer Rolle, die ihr der Aberglaube angedichtet hat.

Damit taucht das Gedicht vollends ins Zwielicht der Horrorgeschichten und Trivialmythen, der Vampirsagen. Es baut die Vampirgeschichte nicht aus, verzichtet etwa auf die bekannte Version, wonach man den nächtlichen Blutsauger vernichten kann, indem man ihm einen Pfahl durchs Herz bohrt. Das Vampirmotiv ist zurückgenommen in eine jener Gruselgeschichten, die ursprünglich Kindern Angst und Bange machen sollten, deren Drohcharakter aber längst vom Unterhaltungswert überlagert worden ist. Bestandteile des Unterhaltungsgenres sind auch die Drakula-Filme geworden.

Mit der Schlusspointe »fräulein drakula« löst sich das Drohpotential des Gedichts endgültig auf. Und nun auch ist das befreiende Lachen geboten, das dem Lyrikleser und -hörer schon lange im Halse steckte; es ist der i-Punkt des Vergnügens am dichterischen Spiel.

Denn virtuos spielt H. C. Artmann mit Tönen, Genres, Vorurteilen und Erwartungen. Wie Wilhelm Busch seine *Bubengeschichte in sieben Streichen*, so schneidet Artmann sein Gedicht auf die Auffassungsweise von Kindern zu, richtet sich aber insgeheim an den erwachsenen Leser. Er übernimmt auch Struktur und Ton der paarweise reimenden Klappverse von *Max und Moritz* (der Schlusskommentar zum grässlichen Ende der Buben: »Als man das im Dorf erfuhr, / War von Trauer keine Spur / [...] Gott sei Dank! Nun ist's vorbei / Mit der Übeltäterei!!«). Artmann spielt im Übrigen auf die grausame Drastik von Volks- und Kindermärchen an. Mit dem Aberglauben einerseits, dem Makabren von Trivialgeschichten andererseits treibt er seinen Scherz in der Parodie von Vampirsagen. Und die künstliche Kindersprache, das Kinderlied ironisiert er durch den überdrehten Gebrauch der Verkleinerungsform.

Hier wirbelt Dichtung die literarischen Schnittmuster durcheinander und gibt sie frei für das poetisch-witzige Spiel. Und der Dichter gleicht dem Magier, der bunte Lappen in seinen Hut stopft und einen Zaubervogel herausflattern lässt.

Das Karussell

Oskar Pastior (geb. 1927):
Heißer Abend im alten Tulcea

Das Gedicht gehört nicht zu den Texten Pastiors, die aus der lyrischen Tradition radikal ausbrechen ins experimentelle Spiel mit der Sprache und neue Sprachlegierungen erproben. Es steht noch im Vorfeld der Anagrammgedichte, der Umstellung von Buchstaben und Silben, oder der *Gedichte in Palindromen*, wo Wörter und Wortfolgen vorwärts wie rückwärts gelesen werden können. Im Vorfeld jener Variation möglicher Texturen, derentwegen die Gruppe OULIPO, die »Internationale Werkstatt für potentielles Schreiben« in Paris, Pastior 1993 zu ihrem Mitglied wählte.

In Hermannstadt/Siebenbürgen geboren, wuchs Pastior in einem Gebiet auf, in dem neben dem Deutschen der Siebenbürger Sachsen das Ungarische und das Rumänische gesprochen wurden. Solche Mehrsprachigkeit ist eine gute Voraussetzung für besondere Sprachsensibilität. Nach dem Studium in Bukarest war Pastior eine Zeitlang Redakteur des deutschen Programms im Rumänischen Rundfunk, verließ aber 1968 Rumänien und lebt seitdem in der Bundesrepublik Deutschland. Das Gedicht *Heißer Abend im alten Tulcea* (1964) stammt noch aus der rumänischen Zeit.

Heisser Abend im alten Tulcea

Das Ringelspiel im Hafen schlenkert in den Ketten,
die Obeliskensäule mit den Nymphen dreht sich nicht.
An einem Draht hängt weiß im Strahlenkreis ein Licht,
und Schatten gehn vorbei, als ob sie Stelzen hätten.

Das Grammophon ramonat ratlos wieder und zerbricht.
Der ganze Hafen sitzt beim Gartenbier wie Kletten.
Die Gäste drehn im Bahnhotel sich in den Betten;
das Ringelspiel am Kai dreht sich am Abend nicht.

Auf Steinen hocken Paare, und im Schatten
sieht man Matrosenbeine neben Hüften gehn,
und ab und zu wird groß durch Blätter ein Gesicht

und steht am Zaun und äugt durch grüne Latten,
wie sich beim Bier die Rauchrosetten drehn.
Das Ringelspiel am Kai dreht sich am Abend nicht.

Tulcea (Tultscha), die größte Stadt der Dobrudscha, liegt am rechten Ufer des Hauptarms der Donau, dort, wo das Delta des Stroms beginnt. Durch ihre Lage ist sie vor allem als Hafenstadt bedeutend. Und in Pastiors Sonett steht am Hafen des alten Tulcea das Karussell oder (so der österreichische Ausdruck) das Ringelspiel, das zum wiederkehrenden Motiv des Gedichtes wird, ohne doch einziger Gegenstand des Textes zu sein wie in Rilkes Gedicht *Das Karussell. Jardin du Luxembourg.*

Und doch meint man ein Echo der Rilkeschen Verse zu hören. Rilke versinnlicht die Drehbewegung des Karussells durch die zweifache Wiederaufnahme des Verses »Und dann und wann ein weißer Elefant«, also durch einen Kehrreim. Der refrainartigen Wiederholung begegnen wir auch in Pastiors Text: »Das Ringelspiel am Kai dreht sich am Abend nicht«. Von Rilkes Gedicht her gesehen wirkt die Refrainzeile wie ein Widerruf. Gerade den Stillstand macht der Kehrreim dem Leser und Hörer bewusster.

Diese Bewegungslosigkeit dessen, was seinem Zweck nach eigentlich rotieren sollte, fordert offenbar ihr Widerspiel heraus, wird zum Zündmotiv für eine Reihe von Drehbewegungen: des Grammophons, der Gäste in den Hotelbetten, der Rauchrosetten. Die Mechanik des Karussells ruht, aber eine Mechanisierung des Lebendigen setzt ein, die an Jakob van Hoddis' *Weltende* erinnert, zumal in den Versen »Der ganze Hafen sitzt beim Gartenbier wie Kletten. / Die Gäste drehn im Bahnhotel sich in den Betten« und »im Schatten / sieht man Matrosenbeine neben Hüften gehn«. Etwas Marionettenhaftes der Menschen deutet sich schon an in den Schatten, die wie auf Stelzen gehen.

Die strenge Form des Sonetts, die sich der lyrischen Rede wie ein Korsett anlegt, widersetzt sich der Entfaltung solcher Bildlichkeit nicht, ja begünstigt sie. Das Atmosphärische eines heißen Sommerabends am Hafen changiert ins Groteske hinüber, ohne dass die genaue Beobachtung – das Kettenkarussell »schlenkert« in den Ketten – außer Kraft gesetzt wäre. Und doch wird die Darstellung des abendlichen Lebens und Treibens, wird das Gesetz des Wirklichen von einem Spielprinzip überlagert, auf das der Vergleich mit Rilkes *Karussell*-Gedicht aufmerksam machte. Der Kehrreim ist aus seiner Aufgabe, die kreisende Bewegung des Ringelspiels im Schriftbild zu veranschaulichen und dem Ohr einzuprägen, entlassen; er übernimmt die Funktion der Verneinung. Das Gedicht sucht, was beim Karussell ausbleibt, nun in der abendlichen Hafenwelt. So wird das Sonett zum Spiel mit der Dreh-Figur.

Der Text spiegelt einen prägnanten Augenblick: In einem lyrischen Stimmungsbild löst eine Leerstelle die spielerische Suche nach anderen Möglichkeitsformen aus. So ist in diesem keineswegs Barrikaden stürmenden Gedicht doch wie ein Maulwurf schon der Sprachartist am Werk, der in den späteren Texten Oskar Pastiors seine Triumphe und Exzesse feiert.

Das abgeschnittene Wort

Robert Gernhardt (geb. 1937): Ach

Der frühere Redakteur der satirischen Zeitschrift *pardon* und Mitbegründer des Satiremagazins *Titanic* stand, auch als Zeichner, lange Zeit in dem Ruf des Komikers und Karikaturisten. Doch sind mittlerweile Komik und Satire, Witz und Nonsens in Robert Gernhardts Gedichten zurückgetreten. Ohnehin verstand er immer Spiel und Ernst als Zwillinge in der Kunst.

Der Text *Ach* steht im Band *Lichte Gedichte* (1997) als letzter vor dem Gedichtzyklus *Herz in Not*, dem *Tagebuch eines Eingriffs*, nämlich einer Herzoperation. Man kann es auch als einen Prolog zu dem Zyklus lesen, weil sein Thema jenes Ereignis ist, um das vor einer schweren Operation die Befürchtungen kreisen.

Ach

Ach, noch in der letzten Stunde
werde ich verbindlich sein.
Klopft der Tod an meine Türe,
rufe ich geschwind: Herein!

Woran soll es gehn? Ans Sterben?
Hab ich zwar noch nie gemacht,
doch wir werd'n das Kind schon schaukeln –
na, das wäre ja gelacht!

Interessant so eine Sanduhr!
Ja, die halt ich gern mal fest.
Ach – und das ist Ihre Sense?
Und die gibt mir dann den Rest?

Wohin soll ich mich jetzt wenden?
Links? Von Ihnen aus gesehn?
Ach, von mir aus! Bis zur Grube?
Und wie soll es weitergehn?

Ja, die Uhr ist abgelaufen.
Wollen Sie die jetzt zurück?

Gibt's die irgendwo zu kaufen?
Ein so ausgefall'nes Stück

Findet man nicht alle Tage,
womit ich nur sagen will
– ach! Ich soll hier nichts mehr sagen?
Geht in Ordnung! Bin schon

Das Wort »Ach«, mit dem das Gedicht einsetzt, dient im Allgemeinen als Ausdruck des Schmerzes, und tatsächlich imaginiert die erste Strophe die Situation der Sterbestunde. Wie aber reagiert der vom Tod Heimgesuchte? Nicht wie im Gedicht *Miserere* (1855) Heinrich Heine, der auf seinem Pariser Kranken- und Todeslager bittet: » Gott, verkürze meine Qual, / Damit man mich bald begrabe; / Du weißt ja, daß ich kein Talent / Zum Martyrtume habe.« Der Schmerz »verdumpft« dem Kranken »den heitern Sinn«; »O Miserere! Verloren geht / der beste der Humoristen!« Robert Gernhardt scheint der Gelassenheit Peter Rühmkorfs: »Ich schwebe graziös in Lebensgefahr / grad zwischen Freund Hein und Freund Heine« (*Hochseil*, 1975), näher zu kommen.

Der ›Humorist‹ in *Ach* bewahrt die Fassung. Er bittet den Tod zur Tür herein, stellt sich mit ihm auf Du und Du und redet vom Sterben so salopp wie von einem Alltagsproblem, das sich mit gewohnter Routine lösen und erledigen lässt. Die dritte Strophe zitiert die aus bildlicher Darstellung bekannten Attribute der Todesstunde und der Todesallegorie herbei: die Sanduhr und die Sense. In burschikosem Ton geht es weiter. Wie ein Schauspieler erwartet der ›Humorist‹ die Regieanweisungen des Todes – Sterben wird zu einer anderen Art von Filmaufnahme. Und geradezu ins Zynische fällt die Frage nach der Verkaufsstelle für Sanduhren. Mit Recht wird, so ließe sich sagen, dieser Kaltschnäuzigkeit durch den Tod das Wort entzogen. Mitten im Satz bricht die Rede ab.

Aber man darf dieses Gedicht gewiss nicht im Sinne alter Mysterienspiele und Moralitäten als die Geschichte gerechter Bestrafung von sündiger Frivolität lesen. Ist der Versuch, Sterben und Tod wie eine Bagatelle abzutun, vielleicht Ausdruck einer tiefen Unsicherheit? Die scheinbare Kaltschnäuzigkeit greift zu immer überzogeneren Formen der Selbstbehauptung, die eher auf Hilflosigkeit als auf innere Festigkeit deuten. Vergessen wir nicht den Zusammenhang, in den Gernhardts künstlerischer Plan dieses Gedicht gestellt hat. Die zweite Eintragung des folgenden Zyklus *herzlos* trägt den Titel *Vorgeschichte: Stummer Infarkt*. »Herzinfarkt« ist kein Befund, den man mit Scherzen zur Kenntnis nimmt. Aber was im Gedicht wie schwarzer Humor wirkt, ist auch nicht nur Galgenhumor.

Der einleitende Satz des Gedichts »Ach, in der letzten Stunde / werde ich [...]« kennzeichnet das Folgende als eine Szene, die in der Vorstellung des dichterischen Ich abläuft. Setzen wir als fundamentale Empfindung vor einer Herzoperation die Angst voraus, so wird das forcierte Bemühen, dem Tod die kalte Schulter zu zeigen, ja vor ihm aufzutrumpfen, zum Versuch, die Angst zu beschwichtigen, sich von ihr zu befreien. Die Szene ist also – zunehmend verkrampfendes – Rollenspiel. Die Attitüde des Herausforderers, der sich von den Insignien des Todes unbeeindruckt zeigt, ist Maske.

Das antike Theater trennte bekanntlich von den Gesichtsmasken der komischen die der tragischen Bühne. Das Verstummen bei offenem Munde, das Abgeschnittensein der Rede am Ende von Gernhardts Gedicht, gleicht eher dem Schrei, zu dem der Mund der tragischen Maske sich öffnet, als dem Laut aus dem grinsend verzogenen Mund der komischen Maske.

Dichtung im Schatten der Mauer

MENSCHENFANG

Peter Huchel (1903–1981): Ophelia. Shakespeare-Variationen

Auch nachdem Peter Huchel im Jahr 1971 mit seiner Ausreise aus der DDR die heimatliche märkische Landschaft verlassen hatte, blieb in Gedichten gegenwärtig, was den Lyriker von Anfang an in Bann gezogen und berückt, manchmal auch als Beklemmung heimgesucht hatte: die Flut der Bilder von sandigen Ebenen und der Heide, der Havel und der Seen, der Teiche und der Dörfer, des Alltags der Bauern und Fischer. In einer Reihe von Gedichten wirft die Welt Shakespearescher Tragödien lange Schatten in die kargen Naturidyllen. Umgekehrt überblenden märkische Landschaftssilhouetten die Lebenswelt Shakespearescher Figuren. So liegt die Wiese mit dem Wassergraben, an dem Huchel Hamlet in sein blasses Spiegelbild blicken lässt, eher im Havelland als in Dänemark. Im Gedicht *Macbeth*, im Bild »Gelichter der Heide«, verschwimmen die Szenerie des Hexenauftritts und eine nächtliche märkische Kulisse ineinander.

In rauher, verlassener, unwirtlicher Gegend, in der Nähe eines Steinbruchs, haust der Alte in *König Lear*; er ist verletzt, denn er trägt einen »Jodlappen / um die rechte Hand gewickelt«.

> In elenden Dörfern
> schlug er Knüppelholz
> für seine Linsensuppe.
>
> Jetzt kehrt er
> im dürren Schatten
> zerrissener Wolken
> zu seiner Krone
> in die Schlucht zurück.

Shakespeares Lear geht bekanntlich aus fehlender Menschenkenntnis in die Falle der Schmeicheleien zweier Töchter, teilt sein Reich, enterbt und verstößt jedoch die in ihrer Liebe herbe, aber aufrichtige dritte Tochter; die Unbarmherzigkeit der Heuchlerinnen treibt ihn ins Elend, er irrt in Begleitung seines Narren und eines Dieners auf sturmgepeitschter Heide umher. Vom Sturm der Tragödie bleiben im Gedicht die zerrissenen Wolken, aber auch Huchels Lear lebt als Ausgestoßener. Jegliches zwischenmenschliche Band ist zerschnitten, der Vereinsamte besitzt nur noch die Krone – sein Herrschertum bleibt beschränkt auf das bloße Symbol. Die Bilder »elende Dörfer«, »Knüppelholz« und »Linsensuppe« veranschaulichen die Armseligkeit des gefristeten Daseins.

Was macht diesen Lear zu einem Zeitgenossen Huchels oder gar zu einem versteckten Selbstporträt? Shakespeares Tragödie ist auch die Geschichte einer ungeheuerlichen Undankbarkeit. Parallelen in Huchels Biographie sind unverkennbar. Vor seiner Übersiedlung in den Westen lebte Huchel, bekannter Autor und früherer Herausgeber der international angesehenen Zeitschrift *Sinn und Form*, acht Jahre lang in der Isolation und unter Schikanen in Wilhelmshorst bei Potsdam – auch er das Opfer einer infamen Undankbarkeit.

Tödliches Geschehen hält die Bildsprache des Gedichts *Ophelia* fest:

OPHELIA

Später, am Morgen,
gegen die weiße Dämmerung hin,
das Waten von Stiefeln
im seichten Gewässer
das Stoßen von Stangen,
ein rauhes Kommando,
sie heben die schlammige
Stacheldrahtreuse.

Kein Königreich,
Ophelia,
wo ein Schrei
das Wasser höhlt,
ein Zauber
die Kugel
am Weidenblatt zersplittern läßt.

Schon das Dänemark Hamlets war kein Königreich, wo Zauber vor der todbringenden Waffe schützte – den Vater Ophelias tötet der Degen des geliebten Hamlet. Beim Weidenbaum sucht die vom Schmerz Verstörte und Geistverwirrte den Tod im Wasser.

Das Gedicht Huchels setzt die europäische Reihe der Ophelia-Versionen fort. Das »Wundersame«, das selbst dem Leichnam des ertrunkenen Mädchens in Brechts Gedicht noch geschieht – hier bleibt es aus. Ein Bergungstrupp sucht nach der Leiche, fühllos durchstöbern die Männer das Gewässer. Nicht in den Freitod ging Ophelia, eine Kugel tötete sie. Und »Stacheldrahtreuse« wird zum Schlüsselbild dieses Gedichts.

Die Fanggeräte der Fischer, die Reusen, gehören zum festen Motivbestand der Lyrik Huchels. Hier aber werden in den Reusen nicht Fische, sondern Menschen gefangen. In den »Stacheldrahtreusen« verenden die Flüchtlinge, »Stacheldrahtreuse« steht als Bild für eine von Bewaffneten bewachte Grenze, wohl doch für jene Grenze, die Deutschland für Jahrzehnte teilte. Nicht umgibt – wie bei Shakespeare – die sehr persönliche Aura tragischen Wahnsinns Ophelia; in Huchels Gedicht ist es eine absurde politische Wirklichkeit, die ihren Tod verschuldet, der Wahnsinn einer geschichtlichen Phase, des Kalten Kriegs.

PARTISAN ZWISCHEN DEN PARTEIEN

Wolf Biermann (geb. 1936): Ballade vom preußischen Ikarus

BALLADE VOM PREUSSISCHEN IKARUS

Da, wo die Friedrichstraße sacht
Den Schritt über das Wasser macht
    da hängt über der Spree
Die Weidendammerbrücke. Schön
Kannst du da Preußens Adler sehn
    wenn ich am Geländer steh

    dann steht da der preußische Ikarus
    mit grauen Flügeln aus Eisenguß
        dem tun seine Arme so weh
    er fliegt nicht weg – er stürzt nicht ab
    macht keinen Wind – und macht nicht schlapp
        am Geländer über der Spree

Der Stacheldraht wächst langsam ein
Tief in die Haut, in Brust und Bein
    ins Hirn, in graue Zelln
Umgürtet mit dem Drahtverband
Ist unser Land ein Inselland
    umbrandet von bleiernen Welln

    Da steht der preußische Ikarus
    mit grauen Flügeln aus Eisenguß
        dem tun seine Arme so weh
    er fliegt nicht weg – er stürzt nicht ab
    macht keinen Wind – und macht nicht schlapp
        am Geländer über der Spree

Und wenn du wegwillst, mußt du gehen
Ich habe schon viele abhaun sehen

>   aus unserm halben Land
> Ich halt mich fest hier, bis mich kalt
> Dieser verhaßte Vogel krallt
>   und zerrt mich übern Rand
>
> dann bin ich der preußische Ikarus
> mit grauen Flügeln aus Eisenguß
>   dann tun mir die Arme so weh
>   dann flieg ich hoch – dann stürz ich ab
>   mach bißchen Wind – dann mach ich schlapp
>   am Geländer über der Spree

Warum nimmt die mythische Gestalt des Ikarus so viel mehr als die seines Vaters Daedalus unsere Einbildungskraft gefangen, warum der kühne, aber den väterlichen Rat missachtende und abstürzende Sohn mehr als der Erfinder der künstlichen Flügel, dem das Experiment und damit die Flucht aus dem kretischen Labyrinth übers Meer gelingt?

Weil der Erfolgreiche zwar unsere Bewunderung, aber der Scheiternde unser Mitgefühl erregt? Weil uns das Unvollkommene mehr anrührt als das Perfekte? Weil wir uns – auch oder gerade in einer Zeit, da die Erde von einem dichten Flugnetz überzogen ist – mit der Unsicherheit unseres Daseins eher in Ikarus als in Daedalus wiedererkennen?

Wolf Biermann stellt in einem der *Vorworte* seines Lieder- und Gedichtbandes *Preußischer Ikarus* die Frage ähnlich, und die Ballade ist *seine* Antwort. Der Anlass zur Entstehung der Strophen mag äußerlich sein, die Selbstidentifikation Biermanns mit Ikarus ist es nicht. Ein Freund, so berichtet er, hatte ein Foto geschossen, das ihn vor dem gusseisernen preußischen Adler zeigt, der auf der Weidendammer Brücke in Berlin das Ende des Staates Preußen überdauerte. Dieses Foto, auf der vorderen Einbandseite des Buches abgedruckt, erweckt für einen Augenblick den Eindruck, als wüchsen die herabhängenden Flügel des Adlers aus den Schultern Biermanns. Immerhin gab diese »halbalberne Szene« die Anregung zur Ballade.

Worin für Biermann die Entsprechung zur Situation des im Labyrinth gefangenen Ikarus besteht, bleibt nicht zweifelhaft: Wie Kreta ist die DDR ein »Inselland«, freilich nicht von Meereswellen »umbrandet«, sondern »umgürtet« von Draht und Gewehrläufen. Das Eingezäuntsein ist zur zweiten Natur der Menschen geworden, der Stacheldraht schneidet tief in das Denken der Menschen ein. Darin wird eine Hinterlassenschaft jenes Geistes gesehen, für den hier der preußische Adler steht – eine Hinterlassenschaft, die auch Bertolt Brecht beobachtet hatte: »Gewohnheiten, noch immer«, überschrieb er eine seiner *Buckower Elegien*. Den Kommandoruf »Zum Essen!« kommentiert er: »Der preußische Adler / Den Jungen hackt er / Das Futter in die Mäulchen.«

Biermann ahnt, dass ihn der »verhaßte Vogel« irgendwann einmal in seine Krallen nimmt und zu einem zweiten Ikarus werden lässt. Der Schluss der Ballade ist Vorausschau auf den Absturz. Dieser Schluss aber las sich anders nach Biermanns Ausbürgerung aus der DDR im Jahre 1976. Von seiner »Furcht vor einem Absturz eines Tages« hatte er gesprochen. »Eines schlimmen Tages im Westen. Falls ich im Westen leben müßte, das wußte ich, würde ich nie wieder eine Zeile schreiben«. Diese Befürchtung erwies sich als unbegründet.

Obwohl exiliert, war der nach Hamburg Zurückgekehrte doch, mit einem Paradox Heinrich Bölls zu sprechen, »ein In-die-Heimat-Vertriebener«, und der Liedermacher dachte nicht daran, im Westen stumm zu bleiben. Im Gegenteil, er hat es mit seinen Interviews und seinen Songs und Balladen fertig gebracht, sich in alle Nesseln zu setzen. Der unverbesserliche Kommunist, Sohn eines in Auschwitz umgekommenen jüdischen Werftschlossers, ließ sich von den Schmähungen und Drohungen der äußersten Rechten nicht einschüchtern und von keiner Gruppe der zerstrittenen Linken zur Galionsfigur machen. Er war der Partisan zwischen den Linien der Parteien und ihrer Dogmen.

Für den Freiheitssänger Georg Herwegh fand Heinrich Heine, einer der literarischen Wahlväter Biermanns neben François Villon und Bertolt Brecht, das ironische Bild der »eisernen Lerche«, die »himmelhoch« sich schwingt, aber »die Erde aus dem Gesichte« verliert. Der Liedermacher Biermann, entschlossen, die Freiheit der individuellen Mündigkeit zu behaupten, behält als Ikarus die Erde im Auge – auch die Möglichkeit, abzustürzen, zu scheitern.

Stacheldrahtlandschaft

Uwe Kolbe (geb. 1957): Hineingeboren

Am Prenzlauer Berg in Berlin wuchs Uwe Kolbe auf und Johannes Bobrowski war einer seiner väterlichen Freunde. *Hineingeboren* – den Titel des Gedichts trägt auch die Sammlung von 1980, sein erster Band überhaupt. Hineingeboren ist Kolbe in die DDR. Er ließ sich nicht als Jubelpoet missbrauchen. Andererseits ließ die Zensur dem jungen Lyriker manches durchgehen, so Gedichte über eine Gewaltbereitschaft, die keineswegs – wie es das Dogma der SED lehrte – auf dem Nährboden des kapitalistischen Systems gewachsen war. Kolbe selbst klagt sich an: »Einmal / wollte ich / der kranken Mutter an die Gurgel / Ich bin achtzehn. / Im Sozialismus aufgewachsen. / Hab keinen Krieg erlebt.«

Die Konterbande, die Kolbes in der DDR entstandenen Gedichte (1988 siedelte er nach Hamburg über, 1993 kehrte er wieder nach Berlin zurück) mit sich führten, war ein unangepasstes Lebensgefühl, das sich allen optimistischen Spruchbandparolen widersetzte und das Vokabular der Gegenwartsverklärung und der Zukunftssicherheit mied. So ist auch die erste Strophe des Gedichts *Hineingeboren* kein Zeugnis eines beglückenden Landschaftserlebnisses. Und wenn, dann nur die Bezeugung einer halben Wahrheit.

HINEINGEBOREN

Hohes weites grünes Land,
zaundurchsetzte Ebene.
Roter
Sonnenbaum am Horizont.
Der Wind ist mein
und mein die Vögel.

Kleines grünes Land enges,
Stacheldrahtlandschaft.
Schwarzer
Baum neben mir
Harter Wind.
Fremde Vögel.

Das Gedicht handelt von einer Teilung, spricht von einem geteilten Land und es stellt nicht etwa die Bundesrepublik Deutschland der DDR gegenüber. Wie Kolbe kein Hofdichter der Diktatur war, so ist er auch kein Lobredner des Westens gewesen oder geworden. Das geteilte Land des Gedichts ist die DDR selbst, aber sie ist es nur auf Grund der Teilung Deutschlands nach dem Krieg.

In der ersten Strophe vollzieht sich eine poetische Besitznahme. Das dichterische Ich sieht oder entwirft eine schöne Landschaft und eignet sie sich zu. Ob es eine wahrgenommene oder virtuelle Landschaft, ob Wirklichkeit oder Möglichkeit ist, bleibt unentschieden. Doch verweist die Ansammlung optimaler Eigenschaften (»Hohes, weites, grünes Land«) eher auf eine ideale oder gleichnishafte Landschaft. Auf jeden Fall skizziert die erste Strophe ein Land, das der Hineingeborene sein Eigen nennen kann.

Vielleicht fällt die Entgegensetzung in der zweiten Strophe etwas zu direkt aus (weites – enges Land, Zaun – Stacheldraht, rot – schwarz). Doch tritt nur so die Spaltung des Landes in sich selbst mit der nötigen Schärfe hervor. Denn was die zweite Strophe zeigt, ist die Entfremdung einer Landschaft von ihrer Wohlgestalt, ist auch die menschliche Erfahrung der Fremdheit im eigenen Land.

Taugt Arkadien, der Traum von der völligen Harmonie zwischen Mensch und Natur, zum Gegenbild des stacheldrahtbewehrten Landes? Müsste der verratenen gesellschaftlichen Utopie nicht die unverfälschte entgegengehalten werden? Die Fragen sind falsch gestellt. Das Gedicht versucht keine Beschreibung des besseren oder gar idealen Staats. Aber es deutet an, welche Sehnsüchte angesichts einer »Stacheldrahtlandschaft« entstehen.

Die Hoffnung – eine Falle

Volker Braun (geb. 1939): Das Eigentum

Der Text von 1990 ist wohl das eindringlichste Klage- und Selbstanklagegedicht zur politischen »Wende« von 1989/90, ein Dokument der Zerrissenheit. Volker Braun, ein Autor der DDR, der den »Arbeiter- und Bauernstaat« nie auf der Höhe seiner Möglichkeiten sah und sich auch durch Zurechtweisungen im eigenen Land nicht von seiner Kritik abbringen ließ, konnte – wie Christa Wolf oder Heiner Müller – eine Zwitterexistenz führen. Er wurde in der DDR wie in der Bundesrepublik gedruckt, auf den Bühnen gespielt und mit Literaturpreisen bedacht; er war in Zeiten der Trennung ein »gesamtdeutscher« Autor.

> Das Eigentum
>
> Da bin ich noch: mein Land geht in den Westen.
> KRIEG DEN HÜTTEN FRIEDE DEN PALÄSTEN:
> Ich selber habe ihm den Tritt versetzt.
> Es wirft sich weg und seine magre Zierde.
> Dem Winter folgt der Sommer der Begierde.
> Und ich kann *bleiben wo der Pfeffer wächst.*
> Und unverständlich wird mein ganzer Text.
> Was ich niemals besaß, wird mir entrissen.
> Was ich nicht lebte, werd ich ewig missen.
> Die Hoffnung lag im Weg wie eine Falle.
> Mein Eigentum, jetzt habt ihrs auf der Kralle.
> Wann sag ich wieder *mein* und meine alle.

Mauer und Stacheldraht zwischen den beiden Teilen Deutschlands sind niedergerissen, aber der Autor ist verbittert: »mein Land geht in den Westen«. Steckt in der Bitterkeit nicht auch Ungerechtigkeit? Nehmen nicht die Normalbewohner seines Landes nur wahr, was ihm, als »Mauerspringer«, schon lange offen stand? Sieht sich hier jemand um seine Privilegien gebracht? Liegt in der Verachtung nicht auch Heuchelei?

Solchem Verdacht begegnet der dritte Vers, die Selbstanschuldigung. Tatsächlich hat die Kritik aufgeklärter Bürger zum Ende der DDR beigetragen. Aber müssen sich die Mündigen jetzt als Totengräber fühlen? Wie ernst die Selbstanklage gemeint ist, bekundet die Komposition des Gedichts: Der dritte Vers ist eine Waise, bleibt unter den Reimpaaren der einzige Vers ohne Reimentsprechung; die Dissonanz wird zum Mitausdruck der Zerrissenheit.

Den tieferen Grund der Enttäuschung deutet, in der vorhergehenden Zeile, die Umkehrung eines bekannten Zitats an, des Mottos, das Georg Büchner in Anlehnung an eine Parole der Französischen Revolution seiner Flugschrift *Der*

Hessische Landbote voranstellte: »Friede den Hütten! Krieg den Palästen!« So erklärt Volker Braun die Entscheidung seiner Landsleute für den Westen als Widerrufung der sozialen Revolution, ja als Selbstentwürdigung und als Preisgabe dessen, was immerhin Anlass zu Stolz sein könnte (was man in der DDR auch »Errungenschaften« nannte).

Und noch einmal greift Brauns Entlarvungsabsicht zu einem Zitat. Die Anspielung auf einen Monolog in Shakespeares *Richard III.*, auf Glosters Eingangsverse (»Nun ward der Winter unsers Mißvergnügens / Glorreicher Sommer durch die Sonne Yorks«), kehrt wiederum den Sinn des Textes um und dient so zur Abstrafung des Ausbruchsverlangens als »Begierde«. Als einen Leerausgehenden bedauert Braun sich selbst mit der sprichwörtlichen Wendung »bleiben wo der Pfeffer wächst«.

Allerdings ist der Schriftsteller in gewissem Sinne tatsächlich ein Geschädigter. Was in der historischen Situation des geteilten Deutschlands und der SED-Diktatur in seinen Texten sich tarnte und zwischen den Zeilen mitgelesen werden musste, hat jetzt seine Sinnvielfalt verloren. Verloren gegangen ist dem Autor aber auch, was ihn in der DDR zurückhielt: die Erwartung eines besseren, nur auf die Zukunft vertagten Zustands. Deshalb wurde ihm die Hoffnung zur Falle.

Welches Eigentum ihm von der »Kralle«, die wohl die Kralle des Kapitalismus sein soll, entrissen wurde, bleibt ungeklärt. Ist es sein Anteil am »Volks«- oder Gemeineigentum? Auf jeden Fall wohl ein geistig-materielles Eigentum, das er mit allen teilen möchte – ein Eigentum im Sinne einer vorerst oder scheinbar verabschiedeten sozialen Idee.

Dieses Gedicht, so problematisch es in manchen seiner Schlussfolgerungen sein mag, ist das prägnante Zeugnis eines von Selbstzweifeln Zerspaltenen und eines heimatlos Gewordenen. Es hält jene Zwischenlage fest, in die viele kritische, aber nicht bis zur Abtrünnigkeit gehende Intellektuelle der DDR mit der »Wende« gerieten. Resignation kommt auf, aber keine Wehleidigkeit. Mit der Reihung knapper und bündiger Sätze, die sich der klaren Schrittfolge der Reimpaarverse einfügen, wirkt das Gedicht wie ein gemeißelter Block. Am Ende wird, wie zuvor einmal durch die Waise, die Paarreim-Ordnung durch einen dreifachen Reim durchbrochen. Und dem zur Verstärkung herbeigerufenen Reim bleibt das Signalwort des Gedichtes vorbehalten: »alle«.

Ratlos stehe ich

Heinz Czechowski (geb. 1935): Am Bahndamm

Im Jahr 1966 erwies Heinz Czechowski mit vielen anderen Autoren noch der DDR seine Reverenz, in der von Adolf Endler und Karl Mickel herausgegebenen

Anthologie *In diesem besseren Land*. Zwei Jahrzehnte später, in seinem Band *Kein näheres Zeichen* (1987), gesteht sein *Credo* die große Enttäuschung ein: »Nichts ist eingelöst / Von allen Versprechen: / Wie Herbstlaub raschelnd / Treiben die Worte«. Die Desillusion hat sich im Werk als ein Bruch eingekerbt, der keine Rückkehr zu frohgemuter Bejahung der Lebensverhältnisse mehr zulässt; weder der Fall der Mauer noch die Wiedervereinigung des geteilten Deutschlands in den Jahren 1989 und 1990 schlugen sich als grundlegende »Wende« in der Dichtung nieder. »Auch / Das neue Geld / Ist Geld«, heißt es im Gedicht *Nach dem Umsturz* (1991). »Grundsätzlich / Sehe ich keine / Veränderungen, die // Mich betreffen.« Alle Zukunftsgewissheit ist dahin. Wo die ungeduldige Erwartung des Kommenden das Feld räumt, besetzt die Vergangenheit das Bewusstsein. So im Gedicht *Am Bahndamm* aus dem Jahre 1990.

> AM BAHNDAMM
>
> Stromsperre. Auch
> Die Gaslaternen geben kaum Licht.
> Man fragt nicht
> Nach dem Wie und dem Was,
> Wenn der Kitt aus den Fugen bricht.
>
> Ach, Nachkriegskind, geh
> Deinen Schulweg wieder im Regen: der Schnee
> Gibt auch keinen Rat, ich seh
> Mich im Schatten des Bahndamms: ich
> Das Kind, das den Friedhofsweg scheut: Ich
> Bin wieder ich!
>
> Das Gehämmer der Steinmetzereien
> Hat mich begleitet. Im Geläut
> Der Kirchen fand ich nicht Trost.
> Ach, alter Bahndamm, bemoost
> Sind deine Mauern wie eh und je ...
>
> Ratlos
> Stehe ich unter dem Viadukt. Ein Zug
> Dröhnt wie damals. Sein Ziel
> Ist nicht das meine. Vergangen
> Ist mein Verlangen
> Nach einem Spiel ...

Das Anfangswort Stromsperre verweist auf eine Zeit des Mangels, der aus den Fugen springende Kitt sogar auf Verfall und absehbaren Zusammenbruch. Dieses finstere Szenarium beschwört die Kriegs- und Nachkriegszeit wieder herauf

(Czechowski, in Dresden geboren, erlebte das Kriegsende als Zehnjähriger), die Kindheit: »Ich / Bin wieder ich!«

Die Erinnerung vergoldet hier nichts. Oder haben spätere Erfahrungen die Kindheit verdunkelt? Im Abschreiten des Schulwegs von einst drängen sich ausschließlich Bilder der Tristheit auf: Regen, die Scheu vor dem Friedhofsweg, die bemoosten Mauern des Bahndamms. Die Geräusche der Kindheit spenden keinen Trost; fast scheint es, als würde unter dem Gehämmer der Steinmetze, die Grabsteine behauen, auch jedes Geläut der Kirchenglocken zum Grabgeläut. Nicht einmal der Schnee, Inbegriff kindlicher Freuden, hellt die Trostlosigkeit auf. »Ratlos / Stehe ich unter dem Viadukt.« Eine Art Ratlosigkeit scheint auch auf die Form des Gedichts übergesprungen zu sein: Tarnt sich in der Freiheit der Reimanordnung vielleicht nur eine Unentschiedenheit?

Die Wiederannäherung an die Kindheit ist keine Flucht in die Erinnerung. Der Zug, der über den Viadukt hinwegdonnert, holt unabweisbare Gegenwart zurück. Aber von den Reisezielen der Züge geht keine Faszination mehr aus. Bedenkt man, dass Reisefreiheit eine der Hauptsehnsüchte der Bevölkerung in der DDR war, so überrascht im Jahr der Wiedervereinigung diese Absage. »Spiel« ist ein vieldeutiges Wort; es kann das kindliche Spiel, das Glücksspiel, das spielerische Verhältnis zum Leben und das Spiel in der Kunst bedeuten. Dass alles »Verlangen« danach abhanden gekommen ist, offenbart tiefe Resignation. Keine politische »Wende« kann die erlittenen Beschädigungen wettmachen. In der Sprache des Gedichts liegt der Schlüssel zu einem Trauma.

MARODEURE DES KALTEN KRIEGES

Harald Hartung (geb. 1932): In der Nähe der Glienicker Brücke

Immer wieder hat man nach dem Fall der Berliner Mauer im November 1989 in Filmreportagen und anderen Dokumentationen die »Mauerspechte«, die Andenkenjäger, dort am Werk gesehen, wo einst das angebliche Bollwerk des Friedens den Kalten Krieg zementiert hatte. Lyrik sucht selten die großen Schauplätze der Weltgeschichte, die Großbühnen der Publizität auf. Sie bevorzugt, wenn sie sich auf Historisches einlässt, die Nebenschauplätze, an denen Exemplarisches sich ereignet, ohne viel Aufsehen zu erregen. So auch in Harald Hartungs Gedicht:

IN DER NÄHE DER GLIENICKER BRÜCKE

Selbst an dieser Stelle im Wald hatte die Mauer
Löcher, größere Lücken. Wir sahen die beiden
Männer. Der eine, mit Hammer und Meißel, mühte

sich ab ein größeres Stück herauszuschlagen. Wie
hart der Beton war, zeigte sein Gesicht. Der andre
hatte die Videokamera im Anschlag. Wir
gingen vorüber. Wir werden das Filmchen nicht sehn
Doch stelln es uns vor. Das Wertstück samt Zertifikat.

Beobachtet werden zwei Männer an einer abgelegenen Stelle im Südwesten Berlins. Vielleicht kommen Spaziergänger oder Besucher des Schlosses in Kleinglienicke hier vorbei. Was aber lockt ausgerechnet »Mauerspechte« hierher? Von keinen Fluchtversuchen, von keinen Todesschüssen an dieser Stelle der Mauer wird berichtet. Dennoch liegt diese Waldgegend im Umkreis eines historisch berühmt oder anrüchig gewordenen Punktes. Auf der Glienicker Brücke, am Grenzübergang zwischen Westberlin und der DDR, pflegten die Geheimdienste des Ost- und des Westblocks ergriffene Agenten auszutauschen. Die Glienicker Brücke war von Zeit zu Zeit ein vor der Öffentlichkeit abgeschirmter Umschlagplatz, an dem die beiden politischen Lager ihren dubiosen Handel trieben – eine Art Schwarzer Markt des Kalten Kriegs.

So werden das Mauerstück und die Beglaubigung des Herausbrechens durch einen Film für die Männer nicht nur persönlichen Andenkenwert, sondern auch einen erheblichen Marktwert haben. Schandmauer und ein Sumpfhauch von Spionage in der Nähe der Glienicker Brücke garantieren dem Betonstück eine besondere Aura und einen Sonderpreis. Das Gedicht erzählt weitaus mehr, als es ausspricht.

Hartung bringt aber – und das macht diesen Achtzeiler zu einem lyrischen Kabinettstück – seine Beobachtung auch in eine kleine symbolische Szene. Die Waldgegend und das Alleinsein der beiden Männer gibt deren Tun eine Heimlichkeit, die an den »Mauerspechten«, den aufs »Zertifikat« bedachten Andenkenjägern, das kenntlich macht, was sie auch sind: Marodeure auf dem verlassenen Schlachtfeld des Kalten Krieges.

Durs Grünbein

An den Scheidewegen der Zeit

EIN PAAR FETZEN HOFFNUNG

Günter Kunert (geb. 1929): Atlas

ATLAS

Zwar noch gebeugt
aber die Arme schon leer
und herabgesunken
Die sonst steinerne Miene
gesprungen vor Schreck
über den Verlust der Last
auf dem mythischen Weg
irgendwohin durch die Zeit

Plötzlich überflüssig
ein nackter Überlebender seiner Aufgabe
die ohne die Kugel mißlungen:
der er folgen muß ins Vergessen
überweht
von ein paar Fetzen Poesie.

Atlas, wie Prometheus ein Titane, wird in griechischen Mythen fast immer in Verbindung mit Gestirnen und dem Himmel genannt. Im pelasgischen Schöpfungsmythos setzt ihn die Göttin aller Dinge mit der Titanin Phoibe zum Herrscher über den Mond ein. Beim Krieg des Zeus gegen die Titanen ist der riesenhafte Atlas deren Führer und wird nach dem Sieg der Götter dazu verdammt, den Himmel auf seinen Schultern zu tragen. Nach rationalistischen Umdeutungen späterer Schriftsteller hat er als gestirnskundiger König die erste Himmelskugel angefertigt, worauf sich unsere Bezeichnung »Atlas« als Name für Sammlungen von Himmels- und Landkarten bezieht. Allgemein bekannt war der Träger der Himmels- oder Weltkugel durch die bildliche Darstellung auf den Titelblättern von Atlanten.

Günter Kunert eignet sich die Überlieferung in paradoxer Weise an: Das Gedicht geht hinter die rationalistische Auflösung des Mythos wieder zurück, läßt aber die Erzählung ihr Ende in sich selbst finden. Dennoch führt zu dieser

Selbstaufhebung nicht eine innere Folgerichtigkeit der mythischen Geschichte, sondern der Eingriff eines modernen Bewusstseins. Für den Titanen war der Spruch der Götter eine von Siegern verhängte Rache und Strafe; Atlas hätte den »Verlust« der Last als Erlösung empfinden müssen. Im modernen Gedicht steht für das Aufatmen der Schreck. Statt einer Befreiung hat sich eine Katastrophe ereignet.

Zwei Deutungen bieten sich an. Nach der ersten hätte das Gedicht zum Gegenstand den Untergang der alten Mythen. Wissenschaftliches hat mythisches Denken abgelöst, forschendes Beobachten die Vorstellung, dass der Himmel auf der Erde lagert und Berge ihn tragen, wofür das Bild des Atlas und seine Last eintreten konnte. Atlas ist ohne seine Aufgabe »überflüssig« geworden. Die Erzählung von der Kugel und ihrem Träger versinkt ins Vergessen, aber noch im Versinken gibt der Mythos Zeugnis von der Kraft seiner Poesie.

Die andere Deutung legt sich genauer auf die historische Zeit und auf thematische Zusammenhänge im Werk Günter Kunerts fest, und zu ihrem Angelpunkt wird der »Schreck«, der die »steinerne Miene« bersten lässt. Wenn die Himmels- und Weltkugel ihren Halt verloren, besser: sich aus ihren Stützen gelöst hat, dann muss ein Unglück kosmischen Ausmaßes geschehen sein, das wahrlich panisches Entsetzen hervorrufen kann.

Wir kennen Kunerts düstere Prognose zum Schicksal unserer Erde, seine Weigerung, sich von den Beschwichtigungen der Umweltverderber und vom Optimismus der Umweltschützer länger beruhigen zu lassen. Im Gedicht *Atlas* entwirft er seine illusionslose Gegenwartsdiagnose in der wiederholten und zugleich widerrufenen, nämlich an ein schlimmes Ende fortgedachten mythischen Erzählung. Ich kenne kein Gedicht Kunerts, das in so gedrängter lyrischer Form die bloße modische Unheilsverkündigung so souverän hinter sich ließe.

Der Band, in dem die Verse stehen, heißt zwar *Unterwegs nach Utopia*, doch die Utopie ist hier wirklich ein Nicht-Ort oder vielmehr ein unerreichbarer Ort: »unterwegs nach Utopia / wo keiner lebend hingelangt / wo nur Sehnsucht / überwintert«. Aber Sehnsucht ist etwas, was der Gegenwart vorauseilt, und Überwintern schließt Überdauern, also Zukunft ein. Im Gedicht *Atlas* ist und hat »Poesie« das letzte Wort. Sie kann Poesie des endgültigen Abschieds, aber sie könnte auch Brücke zwischen Vergangenheit und Zukunft sein, Bewahrerin von – und seien es nur »ein paar Fetzen« – Hoffnung.

Vision eines Alptraums

Wulf Kirsten (geb. 1934): Die Fähre

Havarien ereignen sich auf den Meeren und Schifffahrtsstraßen, in Stürmen und Zusammenstößen, durch Auflaufen auf den Meeresboden oder – grässlich geistert durch das Menschheitsgedächtnis das Versinken der »Titanic« – auf einen Eisberg. Meldungen über den Untergang riesiger seetauglicher Fährschiffe umkreisen als Sensationen den Erdball. An solche Schiffskatastrophen reicht das Unglück in Wulf Kirstens Gedicht *Die Fähre* nicht heran. Und doch scheint sich ein kleiner Weltuntergang anzubahnen.

> DIE FÄHRE
>
> unterwegs über den fluß
> stunde um stunde bis in die nacht
> fahrgäste, fahrzeuge von ufer zu ufer,
> dirigiert von zwei stakenden männern
> die fähre, eines wintermorgens,
> nebelverhangen, bei eisgang,
> abgängig, ketten ausgeschert,
> weit hinunter abgetrieben, hinüber
> zur flußinsel, von saatkrähen
> zerkrächzt und gefleckt
> das winterquartier, unwirsch
> umflogen langsam gealterte baumgruppe
> mitten im nebelwallenden wasser,
> knirschend aufgefahren, morgenmüd
> schlotternd die pendler, vom frost
> eingenommen, auf niemandsland
> verfrachtet, murrend und krächzend
> gleich dem pulk schreiender krähen
> im winterbild, rufe aus den baumkronen
> und von der kiesbank hinüber
> zum festland, der strom voller treibeis,
> das nicht strandet, des winters grind
> fährt zu grunde, flutwelle flutet
> die insel im fluß.

Es ist, als komme ein Pendelschlag der Zeit ins Stocken, in Unordnung. Die alltäglich, bis in die Nacht hinein zwischen den Ufern wechselnde Flussfähre springt an einem Wintermorgen plötzlich aus den Ketten und aus der Spur; sie treibt, von der Besatzung nicht mehr beherrscht, mit ihrer Menschen- und Fahrzeugfracht flussabwärts. Die Sprache des Gedichts vollzieht die unaufhaltsame Bewegung der Flussströmung mit. Kein Punkt, kein Reim, keine Strophengliederung und keine feste metrische Ordnung gebieten Pause oder Halt. Nur das Komma leistet noch, um Sinn und Verständlichkeit zu sichern, Notdienst.

Der Unfall geschieht nicht an einem gewöhnlichen Morgen des Jahresalltags. Der zum Spielball der Strömung gewordenen Fähre werden überdies noch Nebel und Eisgang gefährlich. Jegliche Orientierung geht verloren. Und Glück oder Unglück? – die Fähre läuft an einer Flussinsel auf. Glück, würde man sagen; wenigstens wird sie nicht ins Uferlose fortgetrieben.

Aber die dem Frost ausgesetzten Gestrandeten empfinden keine Befreiung. Sie sehen sich im Herrschaftsbereich jener Vögel, die mit ihrem Krächzen am meisten an den Nerven der Menschen zerren. Den Gestrandeten reißt die Geduld, ihr Murren stimmt ins Gekrächze der Vögel ein. Rufe zum Festland hinüber verhallen. Fähre und Menschen sind in ein unheimliches Niemandsland verschlagen, eingekreist vom Treibeis.

Und nun geraten Sprache und Situation aus den Fugen. Mit »des winters grind«, der Metapher für Treibeis, verselbstständigt sich die Bildlichkeit des Treibens und Fließens, überlässt sich die Sprache dem Stabreim, der Führung des »f«. Die Flutwelle wächst ins Ungeheure, und ob man »fluten« im Sinne von »überfluten« oder von »wegfluten« liest – etwas geht »zu grunde«. Die Fähre, einmal aus den Ketten gesprungen und abgetrieben, wird in eine Flut von mythischem Ausmaß hineingerissen.

Die ohne Einhalt zum Schlusspunkt drängende Sprache entspricht mit ihrer Dynamik einem Vorgang, der schließlich die Erfahrungsgewohnheiten sprengt und ins Ungeheuerliche umschlägt. Es ist, als ob man in das Auge eines Mahlstroms blickte. So bringt die Vision des Gedichts einen unserer Alpträume ins Bild: den Einbruch des Unfasslichen, des Chaos ins System unserer Sicherheiten.

Umarmung durch den Reim

Johannes Bobrowski (1917–1965): Dorfmusik

Beim ersten Lesen des Gedichts *Dorfmusik* meldeten sich in meiner Erinnerung sofort die Verse von Detlev von Liliencrons *Die Musik kommt.* »Klingling, bumbum und tschingsdada, / Zieht im Triumph der Perserschah? / Und um die Ecke brausend bricht's / Wie Tubaton des Weltgerichts, / Voran der Schellenträger.« Mit einer Militärkapelle ziehen Soldaten durch die Stadt, und in den Toren und Türen drängen sich die Mädchen. Noch aus der Ferne tönt »Klingling, tschingtsching und Paukenkrach«. In den sieben Strophen rauscht eine Kavalkade der Lautmalerei vorüber. – Wie anders Bobrowskis *Dorfmusik:*

Dorfmusik

Letztes Boot darin ich fahr
keinen Hut mehr auf dem Haar
in vier Eichenbrettern weiß
mit der Handvoll Rautenreis
meine Freunde gehn umher
    einer bläst auf der Trompete
    einer bläst auf der Posaune
Boot werd mir nicht überschwer
hör die andern reden laut:
dieser hat auf Sand gebaut

Ruft vom Brunnenbaum die Krähe
von dem ästelosen: wehe
von dem kahlen ohne Rinde:
nehmt ihm ab das Angebinde
nehmt ihm fort den Rautenast
    doch es schallet die Trompete
    doch es schallet die Posaune
keiner hat mich angefaßt
alle sagen: aus der Zeit
fährt er und er hats nicht weit.

Also weiß ichs und ich fahr
keinen Hut mehr auf dem Haar
Mondenlicht um Brau und Bart
abgelebt zuendgenarrt
lausch auch einmal in die Höhe
    denn es tönet die Trompete
    denn es tönet die Posaune
und von weitem ruft die Krähe
ich bin wo ich bin: im Sand
mit der Raute in der Hand

Die Trompete und die Posaune locken keine schwärmerischen Mädchen vors Haus, sie sind auch nicht das »Tubaton des Weltgerichts«, obwohl ein Toter zur letzten Ruhe gefahren wird. Ein Toter, der keine Reichtümer auf Erden hinterlässt; die Lebenden bescheinigen es ihm: »dieser hat auf Sand gebaut«. Er nimmt auch auf die letzte Fahrt nur eine »Handvoll« von der Raute mit – sie ist nach dem Volksglauben das Totenkraut. Selbst das missgönnt ihm die Krähe, das Lästermaul unter den Vögeln.

    Wir dürfen uns den Ort des Geschehens in einer der Landschaften des Ostens denken, die der in Tilsit geborene Johannes Bobrowski in seiner »poetischen

Landnahme« immer wieder beschworen hat, ob in den Lyrikbänden *Sarmatische Zeit* (1961) und *Schattenland Ströme* (1966) oder in seinen Romanen und Erzählungen – dürfen uns ein Dorf, einen Fluss oder einen See im *Land Sarmatien* vorstellen.

Ein armer Schlucker und Versager also liegt auf dem Boot, in den Brettern. Dennoch hat er Freunde – zumindest zwei. Aber die zählen im Dorf auch nicht gerade zu den Hochrespektierten: die bei Festen und Vergnügungen begehrten, als Dorfbürger kaum geachteten Musikanten. Beim Dichter freilich stehen sie hoch im Kurs. Er ehrt sie mit dem Refrain, ja überhaupt mit der musikalischen Form des Gedichts.

Die Verspaare haben etwas von der Schlichtheit des Volkslieds und von der Reimverliebtheit der Kinderverse. »Letztes Boot«, »Hut« und »Haar«, »Eichenbretter weiß« und »Rautenreis«, »Brunnenbaum« und »Krähe«, der Ausruf »wehe« – alles dies sind poetische Vokabeln für eine einfache Vorstellungswelt oder Wörter mit besonderem Klangreiz. Als eine kleine Blockade schiebt sich, auch typographisch sichtbar, der Refrain des Gedichts in jede Strophe. Er nennt die Instrumente der Dorfmusikanten, hat aber auch im Gedicht eine musikalisierende und zudem strophenbindende Funktion: als die Wiederkehr des Gleichen, als Gleichklang mit Variation und Steigerung (»bläst, schallt, tönt«). Die Refrainverse sind in der Strophe die einzigen ohne Reimentsprechung, sind aber aufgehoben in einer Umarmung durch den Reim. Immerhin schützen sie die Strophe vor Gleichförmigkeit.

Auch wer die Anklänge an Volkslied und Kinderverse nicht mithört, wird das Naiv-Poetische des Gedichts nicht leugnen. Bobrowskis Gedichte, Legenden und Erzählungen sind vor allem Vergegenwärtigung des Vergangenen, der verlorenen Heimat, der Kindheit. Solcher Erinnerungsweise entspricht das Gedicht *Dorfmusik* mit seiner Versgestalt und seinem Wortbestand.

Und mit solcher naiv-poetischen Form versteht es der Dichter, das Schwerwiegendste leicht erscheinen zu lassen. Fast vergisst man, dass dieses Gedicht von einer Beerdigung handelt, vom Begräbnis eines »abgelebten«, »zuendgenarrten« Menschen. Schon das Motiv der Bootsfahrt und das Geleit der Freunde, des Trompeters und des Posaunisten, geben der letzten Reise des Toten Leichtigkeit – nur als blinde Passagiere fahren Gedanken an den Acheron, den Fluss der Unterwelt, oder an die Posaunen des Jüngsten Gerichtes mit. Dieses Totenlied, dieses wunderbare Gedicht, huldigt einer großen Gelassenheit.

Staubsauger Zeit

Durs Grünbein (geb. 1962): Epitaph

Dem Unbekannten Soldaten sind viele Mahn- und Denkmäler errichtet worden. Durs Grünbeins *Epitaph* (»nach dem Vorbild antiker Grabschriften«) hält die Erinnerung an das Unbekannte Opfer der Todesmaschinerie fest.

Epitaph

Für tot erklärt (verschollen in der weiten Fremde)
Ward, vierzig Jahre nach dem letzten Krieg, im Stillen
Herr S. aus Dresden. Letzter Wohnort unbekannt

Stand in der Meldung, anonym verfaßt. Beschlossen
Hatte ein geisterhaftes Gremium, daß der Tod Herrn S.'
Schlag Zwölf im Jahre '51 eingetreten sei. Zu dieser Zeit,
Das ließ sich denken, war Herr S. bereits geräuschlos
In Moos und Farn, Sand, Wind und Regen aufgegangen,
Zerstäubt als Asche zwischen Arktis und Sahara.

Doch warum anonym und vier Jahrzehnte später?
Warum kein Wort von Ort und Art des Todes?
Warum statt eines Nachrufs ein Beschluß?

So ohne Trauer, ohne Erben, ohne Grab,
Staubsauger Zeit, wer war Herr S.?

Ein Verschollener wird nach Jahrzehnten für tot erklärt, und die Angabe der Todeszeit, »Schlag Zwölf im Jahre '51«, ist von ebenso demonstrativer Ungenauigkeit wie Woditschkas Verabredung mit Schwejk im Prager Lokal »Zum Kelch«: »Also nach dem Krieg, um sechs Uhr abends.«

Der Eindruck des Makabren wird noch dadurch verstärkt, dass sich die Berichtsprache zunächst dem Amts- und Protokolldeutsch annähert, einer Sprache, die auf pedantische Genauigkeit geeicht ist – dieser Fall aber entzieht sich bürokratischer Logik. Ja, die Bestimmung der Todeszeit durch das »Gremium« grenzt ans Absurde, weil aller Wahrscheinlichkeit nach zu diesem Zeitpunkt der Leib längst zerfallen war.

Wer aber mag Herr S., was mag die Todesart gewesen sein? Aus Dresden stammend, hat Herr S. doch dort keine Spuren hinterlassen. Dresden ist in die Geschichte horrender Kriegszerstörung eingegangen durch das dreimalige Luftbombardement der Alliierten Mitte Februar 1945. Dresden ging in Flammen auf, so auch könnte der Körper von Herrn S. vom Feuer ergriffen worden sein, zerstäubt »als Asche zwischen Arktis und Sahara«.

Aber könnte Herr S. nicht auch einer jener Bürger Dresdens gewesen sein, die in der ersten Hälfte der vierziger Jahre in die Vernichtungslager deportiert, in die Gaskammern geschickt und in die Verbrennungsöfen gestopft wurden? Das Gedicht gibt keine klare Auskunft. Es will weder Luftkriegstote gegen den Völkermord aufrechnen noch überhaupt das Epitaph für eine bestimmte Opfer-Gruppe sein. Es belässt Herrn S. im Niemandsland zwischen Anonymität und Individualität, nimmt ihn als Beispielfigur für ein Heer von Verschollenen.

Die Fragen des Lesers stellt schon das Gedicht selber, die Fragen nach dem Warum des heimlichen und späten »Beschlusses«, nach dem Grund des Verschweigens von Todesort und -art, nach dem Warum der Verweigerung eines Gedenkens. Welche Interessen sind im Spiel, damit ein Daseinsrest geräuschlos gelöscht, ein Verschollener endlich als tot gelten kann? Man möchte Brecht variieren: So viele Fragen, so viele Antworten.

Aber Brechts *Fragen eines lesenden Arbeiters* wollten eine neue historische Sicht durchsetzen, die Leistung der Unteren aus dem Dunkel holen, die Ansprüche einer Klasse anmelden. Durs Grünbeins Gedicht hat keine politische Botschaft, zumindest gibt es sie nicht heraus. Der Dichter hält sich an die Form, deren lyrisches Seitenstück er gewählt hat: an das Epitaph. Und dem sind nicht die Anklage oder das Manifest gemäß, sondern das Rühmen oder die Klage.

Am Ende wird das Gedicht zu einer Elegie, ja zu einem Requiem. Die Totenklage, die dem Verschollenen vorenthalten wurde, der Dichter holt sie nach. Mächtig wie Begräbnisglocken ertönen die drei Klagerufe: »ohne Trauer«, »ohne Erben«, »ohne Grab«. Und dann fasst im Schlussvers das Bild »Staubsauger Zeit« alles Elend zusammen. Die biblische Mahnung, dass der Mensch zu Staub werde, hat sich in grauenvoller Perversion erfüllt: in den Feuersbrünsten der untergehenden Städte und in den Krematorien der Vernichtungslager. Instrumente der Technik ermöglichen das Inferno. Sein Recht hat deshalb Grünbeins »technisches« Bild »Staubsauger Zeit«, eine kühne, originelle Metapher für die Hinfälligkeit menschlichen Lebens; sie radikalisiert den Gedanken der Vergänglichkeit noch einmal. Auch den letzten Verfallsstoff, den Staub, saugt sie ein, die alles verschlingende Zeit.

Aufatmen für einen Moment

Rolf Dieter Brinkmann (1940–1975): Einen jener klassischen ...

Rolf Dieter Brinkmann war um 1970 in Deutschland der Prophet der amerikanischen Underground-Literatur, mit der Anthologie *Acid. Neue amerikanische Szene* (1969, Mitherausgeber R.R. Rygulla), aber auch mit den eigenen Gedichtbänden *Die Piloten* (1968) und *Westwärts 1 & 2* (1975). Von Frank O'Hara übernahm er die Technik der Kurzbelichtung einer momentanen Wahrnehmung und Empfindung, den »snap-shot«. Zu den Beispielen seiner eigenen Form des lyrischen »Schnappschusses« gehört dieses Gedicht:

> *Einen jener klassischen*
>
> schwarzen Tangos in Köln, Ende des
> Monats August, da der Sommer schon
>
> ganz verstaubt ist, kurz nach Laden
> Schluß aus der offenen Tür einer
>
> dunklen Wirtschaft, die einem
> Griechen gehört, hören, ist beinahe
>
> ein Wunder: für einen Moment eine
> Überraschung, für einen Moment
>
> Aufatmen, für einen Moment
> eine Pause in dieser Straße,
>
> die niemand liebt und atemlos
> macht, beim Hindurchgehen. Ich
>
> schrieb das schnell auf, bevor
> der Moment in der verfluchten
>
> dunstigen Abgestorbenheit Kölns
> wieder erlosch.

Ein Schnappschuss steht unter dem Gesetz der Schnelligkeit, des Zeitdrucks und so beansprucht der Titel des Gedichts keine Eigenständigkeit, ist schon Bestandteil des ersten Satzes. Zudem schafft die abgebrochene Überschrift Augenblicksspannung, weil sie die Frage offen lässt, was denn hier wohl »klassisch« sein könne. Die drängende Zeit bleibt lange spürbar, weil die Satzfügung über elf Versschlüsse hinwegsetzt – das Enjambement ist hier Ausdruck einer Atemlosigkeit, die in der sechsten Strophe direkt benannt wird. Und dreimal schlägt die Wendung »für einen Moment« Alarm, dreimal macht das Gedicht das Augenblickshafte des Gedichts unmittelbar bewusst und ruft zur Eile.

Fast wie ein Wunder erscheint es dem Passanten, in dieser Kölner Straße, zu dieser spätsommerlichen Jahreszeit – doppelsinnig das Bild vom »verstaubten« Sommer – und zu dieser Zeit des Ladenschlusses einen »schwarzen Tango« zu hören. Überraschend wohl auch der Rhythmus und die Melodie des lateinamerikanischen Tanzes im Lokal eines Griechen. Vorstellungen und Empfindungen überlagern sich, Assoziationen zu Unterdrückung und Befreiung, zu Leidenschaft und Schwermut.

Das »Aufatmen für einen Moment« ist der fliehenden Zeit abgerungen, ist im blinden Dahintreiben durch die Abgestorbenheit der dunstigen Stadt wie ein glücklicher Augenaufschlag, ein Moment der Entdeckung. Und dieser Moment von Evidenz will festgehalten, vor der rasenden Erosionskraft der Zeit gerettet werden. Der Bewahrungstrieb des schöpferischen Ich ist gefordert. Und dieses Ich handelt sofort: »Ich / schrieb das schnell auf«.

Warum ich dieses Gedicht besonders liebe? Weil es einen Vorgang in lyrische Sprache bannt, der eigener Erfahrung nicht unvertraut ist: In einem Zustand tauber Empfindungen plötzlich von einer Melodie »angefallen« und zu solcher Sensibilität geweckt zu werden, dass Melodie und Moment sich dem Bewusstsein unverlierbar einprägen. Weil es mich in die Dynamik seines mitziehenden Rhythmus immer neu aufnimmt. Weil es auf ungekünstelte Weise den Akt der Hervorbringung von Lyrik mit zur Sprache bringt. Und weil es mit seiner Technik des »snap-shot«, seiner Konzentration des künstlerischen Zugriffs auf den einen Moment, auf Punktuelles, ein Grundgesetz von Lyrik überhaupt sinnfällig macht.

Quellen

Martin Luther: Aus tiefer Not schrei ich zu dir, in: Die deutschen geistlichen Lieder. Hg. von G. Hahn, Tübingen 1967 – Evangelisches Kirchengesangbuch, Ausgabe für die Landeskirchen Rheinland, Westfalen und Lippe, Dortmund 1970, Gesang Nr. 195
Agnes Bernauerin, in: Deutsche Volkslieder – Balladen. Dritter Teil. Hg. von J. Meyer, Berlin 1954
Paul Gerhardt: Abend-Lied
Martin Opitz: Jetzund kômpt die Nacht herbey
Sybilla Schwarz: Liebe schont der Götter nicht
Paul Fleming: Gedanken / über der Zeit
Andreas Gryphius: Abend
  in: Gedichte des Barock. Hg. von U. Maché und V. Meid, Stuttgart 1980
Ingeborg Bachmann: Reklame, in: Sämtliche Gedichte, München 1987
Christian Hofmann von Hofmannswaldau: Die Welt, in: Gedichte. Auswahl und Nachwort von M. Windfuhr, Stuttgart 1964
Barthold Hinrich Brockes: Kirschblüte bei der Nacht
Friedrich Gottlieb Klopstock: Die frühen Gräber – Die Sommernacht
in: Deutsche Naturlyrik. Hg. von G. E. Grimm, Stuttgart 1995
Johann Wolfgang Goethe: An den Mond, in: Sämtliche Werke. Briefe, Tagebücher und Gespräche, Gedichte I: 1756–1799. Hg. von Karl Eibl, Frankfurt/M. 1987
Joseph Freiherr von Eichendorff: Sehnsucht, in: Werke und Schriften. Hg. von G. Baumann. Band I: Gedichte. Epen. Dramen, Stuttgart 1953
Eduard Mörike: Gesang zu Zweien in der Nacht, in: Werke in einem Band. Hg. von H. G. Göpfert, München 1995
Gottfried August Bürger: Der Bauer, in: Sämtliche Werke. Hg. von G. und H. Häntzschel, München 1987
Matthias Claudius: An – als Ihm die – starb, in: Aus dem Wandsbeker Boten. Auswahl von K. Nussbächer, Stuttgart 1960
Ludwig Christoph Heinrich Hölty: Ihr Freunde, in: Der Göttinger Hain. Hg. von A. Kelletat, Stuttgart 1972
Johann Wolfgang Goethe: Trilogie der Leidenschaft, dritter Teil: Aussöhnung, in: Sämtliche Werke. Briefe, Tagebücher und Gespräche, Gedichte II: 1800–1832. Hg. von Karl Eibl, Frankfurt/M. 1988
Friedrich Schiller: Nänie, in: Sämtliche Werke. Hg. von G. Fricke und H. Göpfert, Band 1: Gedichte. Dramen I, München 1958
Friedrich Hölderlin: Sonnenuntergang – Hälfte des Lebens, in: Sämtliche Werke und Briefe. Hg. von G. Mieth. Band I, München 1970
Johann Wolfgang Goethe: Wink, in: Sämtliche Werke. Briefe, Tagebücher und Gespräche, West-östlicher Divan. Teil 1. Hg. von H. Birus, Frankfurt/M. 1994
Novalis: Wenn nicht mehr Zahlen und Figuren, in: Schriften. Hg. von P. Kluckhohn und R. Samuel. Band I, 3. Aufl., Darmstadt 1977

Röslein auf der Heiden [Sie gleicht wohl einem Rosenstock], in: Deutsche Gedichte von den Anfängen bis zur Gegenwart. Neugestaltet von B. von Wiese, Düsseldorf 1960

Johann Wolfgang Goethe : Heidenröslein, in: Sämtliche Werke. Briefe, Tagebücher und Gespräche, Gedichte I: 1756–1799. Hg. von Karl Eibl, Frankfurt/M. 1987

Clemens Brentano: Ich wollt ein Sträußlein binden ..., in: Werke. Band I: Gedichte. Romanzen vom Rosenkranz. Hg. von W. Frühwald, B. Gajek, F. Kemp, 2. Aufl., München 1978

Ludwig Uhland: Frühlingsglaube, in: Werke. Hg. von H. Fröschle und W. Scheffler. Band I: Sämtliche Gedichte, München 1980

August Graf von Platen: Venedig liegt nur noch im Land der Träume ..., in: Platens Werke. Hg. von G. A. Wolff und V. Schweizer. Kritisch durchgesehene und erläuterte Ausgabe. Band I, Leipzig / Wien o. J.

Georg Herwegh: An die deutschen Dichter. 1840, in: Gedichte eines Lebendigen. Hg. und erläutert von M. Herwegh, Leipzig o. J.

Heinrich Heine: Ich hatte einst ein schönes Vaterland – Die Lotosblume ängstigt / Sich vor der Sonne Pracht, in: Sämtliche Schriften in sechs Bänden. Hg. von K. Briegleb, München 1968ff., Band 4; Band 6/I

Emanuel Geibel: Die stille Wasserrose ..., in: Emanuel Geibels Werke. Vier Teile in einem Band. Ausgewählt und hg. von R. Schacht, Leipzig o. J.

Nikolaus Lenau: Schilflieder, Nr. 5, in: Sämtliche Werke und Briefe in sechs Bänden. Hg. von E. Castle. Band 1: Gedichte, Leipzig 1920

Joseph Freiherr von Eichendorff: Mondnacht, in: Werke und Schriften. Hg. von G. Baumann. Band I: Gedichte, Epen, Dramen, Stuttgart 1953

Annette von Droste-Hülshoff: Im Grase, in: Sämtliche Werke in zwei Bänden. Hg. von G. Weydt und W. Woesler. Band 1, München 1973

Friedrich Hebbel: Sommerbild – Herbstbild, in: Werke Hg. von G. Fricke, W. Keller und K. Pörnbacher. Band 3, München 1965

Theodor Storm: Die Nachtigall, in: Werke. Hg. von G. Honnefelder. Band 1, Frankfurt/M. 1975

Gottfried Keller: Sommernacht, in: Sämtliche Werke und ausgewählte Briefe. Hg. von C. Heselhaus. Band 3, 4. Aufl., München 1979

Heinrich Heine: Laß die heilgen Parabolen ..., in: Sämtliche Schriften in sechs Bänden. Hg. von K. Briegleb, München 1968ff., Band 6/I

Walter Helmut Fritz: Also fragen wir beständig ..., in: Schwierige Überfahrt. Gedichte, Hamburg 1976

Theodor Fontane: Ausgang, in: Werke in 3 Bänden. Hg. von K. Schreinert. Band 3, München 1968

Conrad Ferdinand Meyer: Luther, in: Sämtliche Werke. Nachwort von H. Schmeer, München 1951

Friedrich Nietzsche : Abschied [Vereinsamt], in: Sämtliche Werke. Kritische Studienausgabe in 15 Einzelbänden. Hg. von G. Colli und M. Montenari. Band 11: Nachgelassene Fragmente 1884–1885, München / Berlin 1988

Detlev von Liliencron: Der Handkuß, in: Gesammelte Werke. Hg. von Richard Dehmel. Band 2, 10. Aufl., Berlin 1921

Arno Holz: Brücke zum Zoo, in: Werke. Hg. von W. Emrich und A. Holz. Band 1, Neuwied / Berlin 1961

Frank Wedekind: Der Tantenmörder, in: Ausgewählte Werke in 5 Bänden. Hg. von F. Strich. Band 1, München 1924

Hugo von Hofmannsthal: Was ist die Welt?, in: Gedichte – Dramen I (1891–1898), Frankfurt/M. 1978

Stefan George: Komm in den totgesagten park ..., in: Das Jahr der Seele. Einzelausgabe, Bad Godesberg 1948

Rainer Maria Rilke: Herbsttag, in: Sämtliche Werke. Hg. von E. Zinn. Band 1, Frankfurt/M., 1955

Georg Trakl: Der Herbst des Einsamen, in: Werke. Entwürfe. Briefe. Hg. von H.-G. Kemper und F. R. Max, Stuttgart 1984

Jakob van Hoddis: Weltende, in: Weltende. Gesammelte Dichtungen. Hg. von P. Pörtner, Zürich 1958

Richard Huelsenbeck: Dada-Schalmei, in: Dada Berlin. Texte. Manifeste. Editionen. In Zusammenarbeit mit H. Bergius hg. von K. Riha, Stuttgart 1977

August Stramm: Sturmangriff – Kriegsgrab, in: Lyrik des expressionistischen Jahrzehnts. Einleitung: Gottfried Benn, Wiesbaden 1955

Ernst Stadler: Form ist Wollust, in: Dichtungen. Band 1. Textkritisch durchgesehen und erläutert von K. L. Schneider, Hamburg o. J.

Georg Heym: Berlin, in: Dichtungen und Schriften. Gesamtausgabe hg. von K. L. Schneider. Band 1: Lyrik, Hamburg / München 1964

Yvan Goll: Kölner Dom, in: Dichtungen. Hg. von Claire Goll, Neuwied 1951

Erich Kästner: Sachliche Romanze, in: Gesammelte Schriften für Erwachsene. Band 1: Gedichte, München 1969

Hermann Hesse: Im Nebel, in: Die Gedichte. Hg. und Nachwort von V. Michels, Frankfurt/M. 1992

Bertolt Brecht: Vom ertrunkenen Mädchen, in: Die Gedichte in einem Band, Frankfurt/M. 1981

Georg Heym: Ophelia, in: Dichtungen und Schriften. Hg. von H.K.L. Schneider. Band 1: Lyrik, München 1964

Hans Carossa: Der alte Brunnen, in: Gedichte. Hg. und kommentiert von E. Kampmann-Carossa, Frankfurt/M. 1995

Oskar Loerke: Brief, in: Gedichte, Frankfurt/M. 1958

Wilhelm Lehmann: Auf sommerlichem Friedhof (1944), in: Gesammelte Werke in 8 Bänden. Band 1: Sämtliche Gedichte. Hg. von H. D. Schäfer, Stuttgart 1982

Hermann Kasack: Grabschrift, in: Das ewige Dasein. Gedichte, Berlin / Frankfurt/M. 1949

Reinhold Schneider: Entfremdet ist das Volk mir ..., in: Gesammelte Werke. Hg. von E. M. Landau. Band 5: Lyrik. Hg. von M. Perels, Frankfurt/M. 1981

Albrecht Haushofer: Schuld, in: Moabiter Sonette, Berlin 1946

Gertrud Kolmar: Ludwig XVI., 1775, in: Das lyrische Werk, Heidelberg / Darmstadt 1955

Gottfried Benn: Gedichte, in: Sämtliche Werke. Hg. von I. Benn und G. Schuster. Band 1: Gedichte I, Stuttgart 1986

Else Lasker-Schüler: Mein blaues Klavier, in: Sämtliche Gedichte. Hg. von F. Kemp, Frankfurt/M. 1966

Bertolt Brecht: Zufluchtsstätte, in: Die Gedichte in einem Band, Frankfurt/M. 1981

Hans Sahl: Charterflug in die Vergangenheit, in: Wir sind die Letzten. Der Maulwurf. Gedichte, Hamburg 1991

Paul Celan: Tübingen, Jänner, in: Gedichte. Hg. von Beda Allemann. Band 2, Frankfurt/M. 1976

Nelly Sachs: Ihr, meine Toten ... in: Suche nach Lebenden. Hg. von M. Holmquist und B. Holmquist, Frankfurt/M. 1971

Rose Ausländer: Bukowina, in: Im Aschenregen die Spur eines Namens. Gedichte und Prosa, Frankfurt/M. 1987

Hilde Domin: Abel steh auf, in: Gesammelte Gedichte, Frankfurt/M: 1987

Elisabeth Langgässer: Frühling 1946, in: Der Laubmann und die Rose. Ein Jahreskreis, Hamburg o. J. [1947]

Bertolt Brecht: Die Pappel vom Karlsplatz, in: Die Gedichte in einem Band, Frankfurt/M. 1981

Marie Luise Kaschnitz: Gleichzeitig, in: Gesammelte Werke. Hg. von C. Büttrich und N. Miller. Band 5: Die Gedichte, Frankfurt/M. 1985

Günter Eich: Inventur, in: Gesammelte Werke in 4 Bänden. Revidierte Ausgabe Band 1: Die Gedichte. Die Maulwürfe. Hg. von A. Vieregg, Frankfurt/M. 1991

Günter Grass: Prophetenkost, in: Gesammelte Gedichte, Neuwied / Berlin 1971

Hans Magnus Enzensberger: ins lesebuch für die oberstufe, in: verteidigung der wölfe, Frankfurt/M. 1957

Elisabeth Borchers: Die große Chance, in: Gedichte. Ausgewählt von Jürgen Becker, Frankfurt/M. 1976

Johannes R. Becher: Spreewald, in: Gesammelte Werke. Hg. vom J. R. Becher-Archiv der Deutschen Demokratischen Republik. Band 6: Gedichte 1949–1958, Berlin / Weimar 1973

Bertolt Brecht: Der Rauch, in: Die Gedichte in einem Band, Frankfurt/M. 1981

Jürgen Becker: Natur-Gedicht, in: Gedichte 1965–1980, Frankfurt/M. 1981

Erich Fried: Gespräch über Bäume, in: Gesammelte Werke. 4 Bände. Hg. von Klaus Wagenbach und Volker Kaukoreit, Berlin 1998

Karl Krolow: Was blieb zurück?, in: Schönen Dank und vorüber. Gedichte, Frankfurt/M. 1984

Sarah Kirsch: Die Luft riecht schon nach Schnee, in: Rückenwind, Berlin / Weimar 1976 [Ebenhausen 1977]

Ulla Hahn: Anständiges Sonett, in: Herz über Kopf. Gedichte, Stuttgart 1981

Peter Rühmkorf: Auf eine Weise des Joseph Freiherrn von Eichendorff, in: Außer der Liebe nichts. Liebesgedichte, Reinbek 1986

Ernst Jandl: das fanatische orchester, in: die bearbeitung der mütze. gedichte, Darmstadt / Neuwied 1978

H. C. Artmann: seht, die flinke fledermaus ..., in: ein lilienweißer brief aus lincolnshire, Frankfurt/M. 1969

Oskar Pastior: Heißer Abend im alten Tulcea, in: Jalousien aufgemacht. Ein Lesebuch. Hg. von K. Ramm, München 1987

Robert Gernhardt: Ach, in: Lichte Gedichte, Zürich 1997

Peter Huchel: Ophelia. Shakespeare-Variationen, in: Ausgewählte Gedichte, Frankfurt/M. 1973

Wolf Biermann: Ballade vom preußischen Ikarus, in: Preußischer Ikarus. Lieder / Balladen / Gedichte / Prosa, Köln 1978

Uwe Kolbe: Hineingeboren, in: Hineingeboren. Gedichte 1975–1979, Berlin / Weimar 1980 [Frankfurt/M. 1982]
Volker Braun: Das Eigentum, in: Lustgarten Preußen. Ausgewählte Gedichte, Frankfurt/M. 1996
Heinz Czechowski: Am Bahndamm, in: Nachtspur. Gedichte und Prosa 1987–1992, Zürich 1993
Harald Hartung: In der Nähe der Glienicker Brücke, in: Merkur 503, Februar 1991
Günter Kunert: Atlas, in: Unterwegs nach Utopia. Gedichte, 3. Aufl., München 1978
Wulf Kirsten: Die Fähre, in: Wettersturz. Gedichte 1993–1998, Zürich 1999
Johannes Bobrowski: Dorfmusik, in: Gesammelte Werke. Hg. von E. Haufe. Band 1: Die Gedichte, Stuttgart 1987
Durs Grünbein: Für tot erklärt ..., in: Den teuren Toten. 33 Epitaphe, Frankfurt/M. 1994
Rolf Dieter Brinkmann: Einen jener klassischen ..., in: Westwärts 1 & 2. Gedichte. Mit Fotos des Autors, Reinbek 1975

Literaturhinweise

Augenblicke deutscher Lyrik. Gedichte von Martin Luther bis Paul Celan interpretiert durch Gerhard Kaiser, Frankfurt/M. 1987
Das große deutsche Gedichtbuch. Von 1500 bis zur Gegenwart. Neu hg. und aktualisiert von Karl Otto Conrady, München / Zürich 1991
Die deutsche Lyrik. Vom Mittelalter bis zur Gegenwart. Interpretationen. Hg. von Benno von Wiese, 2 Bände, 1. Aufl., Düsseldorf 1956
Frankfurter Anthologie. Gedichte und Interpretationen. Hg. von Marcel Reich-Ranicki, Frankfurt/M. 1976ff. [Band 23: 2000]
Freund, Winfried: Deutsche Lyrik. Interpretationen vom Barock bis zur Gegenwart, München 1990
Gedichte fürs Gedächtnis zum Inwendig-Lernen und Auswendig-Sagen. Ausgewählt und kommentiert von Ulla Hahn, Stuttgart 1999
Gedichte und Interpretationen, Stuttgart 1982ff.
   Band 1: Renaissance und Barock. Hg. von Volker Meid
   Band 2: Aufklärung und Sturm und Drang. Hg. von Karl Richter
   Band 3: Klassik und Romantik. Hg. von Wulf Segebrecht
   Band 4: Vom Biedermeier zum Bürgerlichen Realismus. Hg. von Günter Häntzschel
   Band 5: Vom Naturalismus bis zur Jahrhundertmitte. Hg. von Harald Hartung
   Band 6: Gegenwart I. Hg. von Walter Hinck
   Band 7: Gegenwart II. Hg. von Walter Hinck
Geschichte der deutschen Lyrik vom Mittelalter bis zur Gegenwart. Hg. von Walter Hinderer, Stuttgart 1983
Gnüg, Hiltrud: Entstehung und Krise lyrischer Subjektivität. Vom klassischen lyrischen Ich zur modernen Erfahrungswirklichkeit, Stuttgart 1983
Kaiser, Gerhard: Geschichte der deutschen Lyrik von Goethe bis Heine. Ein Grundriß in Interpretationen, 3 Teile, Frankfurt/M. 1988
– : Geschichte der deutschen Lyrik von Heine bis zur Gegenwart. 3 Teile, Frankfurt/M. 1991
Kemper, Hans-Georg: Deutsche Lyrik der frühen Neuzeit
   Band 1:   Epochen und Gattungsprobleme, Tübingen 1987
   Band 2:   Konfessionalismus, Tübingen 1987
   Band 3:   Barock – Mystik, Tübingen 1988
   Band 5,1: Aufklärung und Pietismus, Tübingen 1991
   Band 5,2: Frühaufklärung, Tübingen 1991
   Band 6,1: Empfindsamkeit, Tübingen 1997
Killy, Walther: Wandlungen des lyrischen Bildes, 8. Aufl., Göttingen 1998
Lamping, Dieter: Das lyrische Gedicht. Definitionen zu Theorie und Geschichte der Gattung, 3. Aufl., Göttingen 2000
– : Moderne Lyrik. Eine Einführung, Göttingen 1991

Ledanff, Susanne: Die Augenblicksmetapher. Über Bildlichkeit und Spontaneität in der Lyrik, München 1981
Matt, Peter von: Die verdächtige Pracht. Über Dichter und Gedichte, München 1998
Zur Lyrik-Diskussion. Hg. von Reinhold Grimm, 2. Aufl., Darmstadt 1974

Der weitaus überwiegende Teil der in diesem Band abgedruckten Interpretationen ist bisher unveröffentlicht. Im Laufe der letzten Jahre in der von Marcel Reich-Ranicki herausgegebenen *Frankfurter Anthologie* erschienen sind die Interpretationen zu Gedichten von:

Sybilla Schwarz, Matthias Claudius, L. Ch. H. Hölty, J. W. Goethe *(Aussöhnung, Wink)*, Clemens Brentano, Eduard Mörike, Heinrich Heine *(Ich hatte einst ein schönes Vaterland)*, Hugo von Hofmannsthal, Georg Trakl, Richard Huelsenbeck, Georg Heym, Gottfried Benn, Bertolt Brecht *(Zufluchtsstätte, Die Pappel vom Karlsplatz)*, Hans Sahl, Elisabeth Borchers, Ingeborg Bachmann, Peter Rühmkorf, Wolf Biermann und Günter Kunert.

Zu den Abbildungen

Abb. 1 (Martin Luther): Gemälde von Lucas Cranach d.Ä., 1526
Abb. 2 (Andreas Gryphius): Kupferstich nach einem nicht erhaltenen Gemälde von Philipp Kilian
Abb. 3 (Johann Wolfgang Goethe): Kreidezeichnung von Joh. Heinrich Lips, 1791
Abb. 4 (Friedrich Hölderlin): Bleistiftzeichnung eines unbekannten Mitschülers, 1786
Abb. 5 (Heinrich Heine): Bleistiftzeichnung eines Unbekannten, nach 1825
Abb. 6 (Rainer Maria Rilke): Porträt von Lou Albert-Lasard, 1916
Abb. 7 (Gottfried Benn): Büste von Gustav Heinrich Wolff, 1927
Abb. 8 (Joseph von Eichendorff): Lithographie von Franz Kugler
Abb. 9 (Durs Grünbein): Foto von Julia Scheiermann, 1998